ECOSYSTEM COMPETITION

生态竞争

数字时代的企业生存法则

SURVIVAL OF THE FITTEST IN THE DIGITAL ERA

易靖韬

— 著 —

中国人民大学出版社
·北京·

本研究受教育部哲学社会科学研究重大课题攻关项目（22JZD018）资助

前 言

信息技术的浪潮席卷全球，人类社会浩浩荡荡地迈进数字时代。近年来，互联网、大数据、云计算、人工智能、区块链等技术加速创新，日益融入经济社会发展各领域全过程，数字经济发展速度之快、辐射范围之广、影响程度之深前所未有，正在成为重组全球要素资源、重塑全球经济结构、改变全球竞争格局的关键力量。

在数字经济的环境下，企业形态具体发生了什么改变？

新形态的企业将以什么方式开展经营、持续运转？

在新的运转模式下，企业该如何培养自己的核心竞争力，又将以什么姿态与众多对手竞争？

在本书中，我们尝试搭建起回答如上问题的框架，尝试论证在新的商业格局下，并不是所有的现象都是新与旧的二元对立，并不是所有的逻辑都被打碎、被颠覆、被重构。新事物是从旧事物中发源，从旧事物中攫取能量，又对旧事物进行批判性继承的。我们想要理解这种"残酷的转型"，必然要对经典的东西熟稔于心，在此基础上，继续推演新时代的企业发展趋向。这一追寻的历程最终指向我们的时代"终极问题"：数字时代，是否存在一条通行的生存法则？在生物学领域，一个基本的共识是"物竞天择，适者生存"。在商业领域，这众多的"新物种"，又该向何处去？

"生态竞争。"这是我们的答案。

过去的商业形态是以企业为主体，特别是表现为网络状的跨国企业；现在的新商业形态则是生态系统，生态系统主要以数字平台为载体。传统意义上的企业竞争策略，以迈克尔·波特教授为代表，以研究国家和产业层面竞争策略居多，而企业层面主要表现为定位战略。生态系统竞争优势理论则是对波特竞争优势理论的继承和颠覆，主要研究数字经济中的企业竞争策略，表现形式是竞争主体将从企业走向生态、未来的竞争形态更多表现为生态系统之间的竞争，而生态优势是单个企业无法具备的。生态竞争将给企业的生存和发展带来前所未有的颠覆性冲击，也将改变从现在到未来的企业竞争格局和竞争思维。

没有同事、朋友和家人的帮助，我是无法完成这本书的。感谢中国人民大学商学院的所有同事，感谢李家涛教授、李卅立教授、陈亮教授、陈煜、陈雪茹、郝晶睿、张元泽、曹若楠、何金秋、王悦昊等对本书的构思和写作提供的帮助。感谢中国人民大学出版社的熊鲜菊、谷广阔等在本书编辑和出版过程中的卓越工作。最后，感谢我的父亲、母亲、太太、儿子和女儿对我科研工作的大力支持，他们始终是我进行创作的源泉。

目　录

理论篇 生态系统竞争优势理论

实践篇　生态竞争的企业实践论

第 8 章
生态系统竞争优势的塑造 ———————— 183

第 9 章
生态系统竞争优势的升级 ———————— 217

第 10 章
国际竞争场上的真实角力 ———————— 232

格局篇

数字经济行业竞争格局

第 1 章

数字时代，到来了

信息技术的浪潮席卷全球，人类社会浩浩荡荡地迈进数字时代。数字技术将商业环境变成巨大的试验场，一些全新的物种正在众目睽睽之下生长壮大。

1.1　商业文明进化到数字时代

大幕开启：实验室里诞生了一只庞然大物

数字时代的大幕，开启于 1946 年 2 月 15 日。

当晚，美国陆军部与宾夕法尼亚大学联合宣布，人类第一台通用计算机 ENIAC（Electronic Numerical Integrator and Computer，中文译为电子数字积分计算机）研制成功。不过在那时，这台一旦开启就会使"全镇的灯光变暗"的笨重机器并没有引起大多数媒体的兴趣。

但是，《纽约时报》（*The New York Times*）仍然从未尽的第二次世界大战余烟中，嗅到了一丝新时代的气息。在题为《电子计算机闪电般给出解答，可加速工程发展》（Electronic Computer Flasher Answers, May Speed Engineering）的专稿中，《纽约时报》写道："作为战争时期的一项最高机密，美国陆军部在今晚正式对外公布的这台神奇的机器能够以电子速度完成烦琐的计算工作。这是有史以来第一台能够实现这一点的机器。"

美联社则看到了更宏大的远景："这台机器将通过数学方式，提升全人类的生活水平。"

ENIAC研发团队牵头人约翰·莫奇利（John W. Mauchly）和约翰·埃克特（John P. Eckert）的立场更为超前。他们认为，计算机除了服务科学和商业计算，在商业领域也将大有可为。他们离开大学，投身商界，推广大型商用自动计算机UNIVAC，协助美国人口普查局处理调研数据。

不过，UNIVAC真正大放异彩的时刻是1952年美国总统大选。UNIVAC用5%的提前投票进行预测，认为德怀特·艾森豪威尔（Dwight D. Eisenhower）将以438票比93票的压倒性优势击败当时呼声甚高的阿德莱·史蒂文森（Adlai E. Stevenson）。社会各界一片哗然。最终的结果是，两人分别获得442张和89张选票，UNIVAC的预测误差不到1%。哥伦比亚广播公司（Columbia Broadcasting System）主播沃尔特·克朗凯特（Walter Cronkite）不住地惊叹："UNIVAC是无与伦比的电子大脑。"

更令人惊叹的是，20年后，庞大的UNIVAC所拥有的能力将被一个12平方毫米的微处理器超越。

1965年4月，戈登·摩尔（Gordon Moore）在《电子学》（Electronics）上发表了一篇三页纸的文章，提出了一个大胆的推断。摩尔认为，计算机性能将呈现极有规律的增长：集成电路上的晶体管密度和它的潜在计算能力，每隔18~24个月便会翻一番；10年之后，一块电路板里容纳的电子元件会从60个增加到64 000个，而电路板的价格则相应地逐年递减。

摩尔不会料到，他的这一大胆推断，竟然命中未来 50 年的数字轨迹。1968 年，摩尔与罗伯特·诺伊斯（Robert Noyce）共同创立英特尔公司（Intel）。仅以英特尔的微处理器业务来看，从 1971 年人类历史上第一个微处理器 4004，到 1978 年第一个 16 位微处理器 8086，再到 1985 年第一个 32 位也是第一个"多任务"处理器 80386，以及 1993 年后的"奔腾"（Pentium）时代，微处理器的功能越来越强，价格越来越低。每一次更新换代，都是摩尔定律的直接结果。

与此同时，个人电脑的内存储器容量由最早的 480K 扩大到 8M、16M，与摩尔定律更为贴近。

种种应验的迹象，让人们相信数字技术不再是实验室里的大象，而是可以降临人间的精灵。2015 年 5 月，摩尔接受《纽约时报》专栏作家托马斯·弗里德曼（Thomas L. Friedman）专访，就"摩尔定律"诞生 50 周年发表了自己的看法："互联网的发展实在太令人惊叹了。在刚提出摩尔定律时，我根本没有意识到，它会引领一个如此生机勃勃的新世界。我们对计算机的认识才刚刚起步，对机器智能的探索也是如此。数字世界的进步，必然是增量式的。"

与摩尔所见略同的，还有 IBM 前首席执行官路易斯·郭士纳（Louis Gerstner）。他认为，计算模式每隔 15 年发生一次变革。人们把它称为"15 年周期定律"。

郭士纳的判断像摩尔定律一样准确。1965 年前后发生的变革以大型计算机为标志，1980 年前后以个人计算机的普及为标志。而 1995 年前后，在政府的助力下，人类迎来了互联网革命。

改航换道：政府铺设了一条"高速公路"

1993 年，以"笨蛋，问题还是在经济"为口号强势入主白宫的年轻民主党人威廉·杰斐逊·克林顿（William Jefferson Clinton），铺设了一条"信息化高速公路"，带领美国搭上了开往数字世界的快车。

在克林顿之前，美苏对峙达到冰点。美国在第二次世界大战后参与的几场战争导致美国政府赤字不断攀升，加上1971年"布雷顿森林体系"瓦解和1973年石油危机，美国在冷战中的处境雪上加霜。为了挽回颓势，1981年，时任美国总统罗纳德·里根（Ronald W. Reagan）连下两个大招。他一手策划"星球大战计划"，在军备竞赛中拖垮老对手苏联；另一手推行"经济复兴计划"，压缩政府开支、减少政府对企业干预、降低个人与企业税率，一力促使美国政府经济政策从凯恩斯主义转轨到新自由主义方向。在里根任内，通货膨胀率从19.99%下降到9.72%。然而，表面上的经济繁荣早已在暗中埋下了隐患，这直接将里根的继任者乔治·布什（George H. W. Bush）请出了白宫。在老布什任期第二年，美国联邦政府财政赤字高达2 200亿美元，是1980年的三倍。海湾战争后，石油价格迅速攀升，经济持续恶化。一时间，"复兴美国"成为全美上下之共声。

与政治经济的寒冬相呼应的是，科技世界严格遵循了摩尔定律的指令，正处在生机萌动的季节。计算机网络、数据库、有线电视、光纤传输以及多媒体终端技术，这些从实验室里飞出的精灵走向人间烟火，在商业与社会领域落地生根。数据通信、图像传输等业务逐年增加，世界经济结构正朝着从物质型向信息型、从本土化向全球化的方向发展。发展信息产业，已是箭在弦上。

1993年9月15日，克林顿政府提出实施跨世纪的"国家信息基础设施"工程。早在竞选阶段，克林顿就系统性地提出了建设信息化国家的设想。"1956年，艾森豪威尔在全美建立的高速公路网，让美国在之后的20年取得了前所未有的发展。为了使美国再度繁荣，就要建设

'21 世纪的道路'。它将使美国人得到就业机会，将使美国经济高速增长。"由于这个形象的比喻，后来的人们更愿意把这项工程称为"信息高速公路计划"。

尽管克林顿借助高速公路网来类比信息高速公路，但二者有着本质性的区别。"信息高速公路计划"并不只是作为克服萧条、刺激经济增长的危机应急策略，也不单纯是计算机行业或电信行业的产业扶持政策，它是作为国家最高战略，并被克林顿政府视为新时代美国的核心竞争力来抓的。

新官上任三把火。克林顿政府接连发布《技术：经济增长的发动机》《将技术用于美国经济增长：构筑美国经济实力的新方向》等一系列声明与报告。1994 年，克林顿政府发布了《科学与国家利益》。这份被称为奠定了"克林顿时代"基础的报告明确提出，"为了建设美国的明天，本届政府将把对科学的投资置于最优先的地位"。

为了巩固信息化建设的决心，克林顿政府还找到了四个政策抓手：

一是成立新的专门机构。挑大梁的机构是白宫信息基础设施特别工作组。作为空降的"领头者"，它一方面带领国会和民间企业为信息高速公路加速建设建言献策；另一方面监督信息高速公路的建设进度，并集中处理电信政策、信息政策领域的问题。

二是对现有机构进行重组。克林顿政府对国家电信与信息管理局、管理和预算办公室、联邦通信委员会等机构的组织结构、办事流程做出必要调整，又拨付了足够的人员和物资，保证必需的智力和物质基础。简言之，要将原本分散的机构拧成一股合力，劲儿都往信息高速公路的方向使。

三是明确政府的行动原则。包括以法律作为推动创新和技术革新的触媒、促进民间企业投资、提供政府信息等。显然，这种定位既不同于哈佛学派倡导的"干预的政府"，也不同于芝加哥学派宣传的"放手的政府"。按照克林顿自己的话说，政府走的是"第三种道路"。

四是明确信息高速公路的具体构成：信息网络、通信技术、信息、信息设备，还有信息从业人员和用户。这相当于为信息高速公路锚定了一系列具体的坐标。

此番改航换道，让美国的经济动能再度觉醒，在这条纵贯世纪的高速路上，有了全新的活力。

自 1993 年起，美国经济加速增长，并在当年第四季度创下了自 1984 年下半年以来最快的经济增长纪录。更出人意料的是，强劲的经济势头竟持续十年之久，甚至打破了 20 世纪 60 年代最长持续 106 个月经济增长的记录。到 1998 年，美国国内生产总值（GDP）增速达到 3.5％，1999 年更是突破 4％。与此同时，失业率从 1991 年的 6.7％ 降为 1998 年的 4.5％。国民经济形势一片大好。

高技术部门对经济的贡献举足轻重。在里根和老布什执政期间，美国高技术部门对经济增长的贡献率为 14％ 左右。到了克林顿时代，1991—1995 年，高技术部门的贡献率达 28％ 以上，而 1996—2000 年高达 35％。克林顿卸任之际，与高技术及信息产业相关的产业已经占到了美国 GDP 的 40％。

最不招美国人待见的"滞胀"，也在这一轮经济增长势头下偃旗息鼓。20 世纪 60 年代以前，美国经济持续增长往往伴随通货膨胀，尤其在经济持续增长而失业率下降之后，通货膨胀的压力会不断累加。但在克林顿治下，通货膨胀率始终被控制在 3％ 之内，在其任期结束时降至 1.8％。另外，政府财政赤字也从 1992 年近 3 000 亿美元的高位稳步回落，并在 1997 年实现财政盈余。

股市的反应也十分抢眼。1993 年 1 月，道·琼斯指数为 3 310 点。

而在 1997 年，道·琼斯指数从 1 月上升到 6 448 点后不久，很快就突破 7 000 点大关，7 月中旬再次乘胜突破 8 000 点大关。

拂晓时分：数字化企业"一鸣惊人"

在这场以技术创新为驱动力的经济增长之后，全球的经济理论、产业结构、商业实践，甚至社会思潮，均来到了一个重大拐点。

学术界率先开始了对科技创新在经济发展中作用的讨论。《剑桥美国经济史》提出了这样一个问题："美国 20 世纪的技术变迁，是否在很大程度上取决于美国式的创新制度？"经济学教授斯坦利·恩格尔曼（Stanley L. Engerman）和罗伯特·高尔曼（Robert E. Gallman）明确指出，"自然禀赋和制度这两个方面的因素，在美国的经济和技术发展上都发挥着不可替代的作用，二者的影响不能也不应该被分开"。

与此同时，"新经济"概念占据了极大的市场。1996 年 12 月 30 日，《商业周刊》（Business Week）刊发系列文章，首次将克林顿时期的经济模式定义为"借着经济全球化浪潮诞生的、由信息技术革命驱动的、以高新科技产业为龙头的经济体系"。在新经济下，经济的周期性不再明显，一国可以在保持低通货膨胀率和低失业率的同时实现经济增长。信息技术革新驱动的产业结构升级，成为新经济下最强劲的增长点。信息产业用 20 年的时间为美国创造的价值，远远超过汽车工业一个世纪累积的财富。至此，数字时代的经济逻辑，正式与工业社会分道扬镳。

在新经济理论觉醒的同时，商业实践也迈入了一个新宇宙。哈佛大学商学院教授理查德·泰德罗（Richard S. Tedlow）在阐述铁路和电报的商业意义时说："任何能够打破对人、产品和信息的时空限制的新发展，都会对商业运作方式产生巨大影响。"敏锐的人们注意到，信息高速公路再一次生猛地打破了时空的桎梏，物质的世界开始向虚拟的世界急速转弯。这将是一个电子商业大有可为的年代。

杰夫·贝索斯（Jeff Bezos）无疑是其中最敏捷的先行者。1994 年，他做了一个惊人的决定：离开风生水起的华尔街套头基金交易管理公司 D. E. Shaw，白手起家，创立网络书店 Cadabra。而这场戏剧性转身的起点，只源于一个数字——"2 300％"。

1994 年 2 月，《矩阵新闻》（*Matrix News*）发布了一组报道，尝试用数据阐述互联网的成长轨迹："在 1993—1994 年间，网络传输速度提升了 2 057 个单位，单位数据的网络传输速度也提升了 2 560 个单位。"贝索斯将两个数字取了平均，推断互联网的年增长率大约是 2 300％。

他被隐隐地击中了。

从 5 岁起，贝索斯就极度迷恋太空探索。有一天，在观看"阿波罗 11 号"宇航员巴兹·奥尔德林（Buzz Aldrin）在返回地球前的最后一次电视转播时，由于激动，贝索斯浑身战栗。他直觉地认为，踏入人类未曾到达的境界，必将是他的使命。在高中毕业典礼演讲词中，他引用了《星际迷航》（*Star Trek*）的一句话："Space, the final frontier. Meet me there."[①]。

如今，强烈的预感冲击着贝索斯敏锐的神经末梢：迈向星辰大海的时刻来了。传统商业的地平线，已没有什么值得他顾念了。

1995 年 7 月 16 日，Cadabra 正式更名为亚马逊（Amazon）。谈到公司新名字的起源，贝索斯说："亚马孙河不仅是世界上最长的河流之一，还比其他任何一条河的流量都大上好多倍。它可以湮没其他任何一条河流。"正如贝索斯期望的那样，亚马逊的声浪迅速席卷北美大陆。1996 年的第一周，亚马逊月收入增幅已经达到 30％～40％，引得《华尔街日

---

① 翻译成中文为："太空，是最后的边际。我们在那里相见。"

报》（*The Wall Street Journal*）头条新闻惊呼："华尔街的奇才是如何发现网上售书的秘密的？"

亚马逊的崛起引起了传统书商巴诺（Barnes & Noble）的恐慌。这个成立于 1873 年的百年老店还没有从出版业"黄金时代"的光辉中回过神来，就被亚马逊打掉了一半的市场。20 世纪 80 年代，美国图书市场毫无疑问是巴诺的天下。巴诺的成功源于三个大招：一是占据渠道优势实行低价策略；二是用"标准化"的连锁模式不断自我克隆；三是借助星巴克（Starbucks）咖啡的力量包装成文艺爱好者的天堂。鼎盛时期，巴诺在美国建立了 1 000 多家实体店，成为名副其实的"大书箱"（The Big Box）。

但是，巴诺不会料到，互联网的标准化与规模效应更胜一筹，它的三个大招均被亚马逊轻易化解。首先，亚马逊与巴诺都瞄准了畅销书市场，但是亚马逊的折扣力度更大，且亚马逊根据用户大数据进行精准营销，本身几乎"零库存"，成本优势无可比拟。其次，网络空间向所有人开放，亚马逊不必在现实世界与巴诺争夺一亩三分地。最后，咖啡能留住顾客看书，却不能吸引顾客买书。当消费者发现足不出户亚马逊也能把书邮寄到自己手里时，自然更愿意动动手指就把书买回家。

另外一个有趣的故事是，巴诺甚至早在 20 世纪 90 年代初就开始研究电子书的可行性。但是，当主营业务还赚着钱，而新技术却烧钱并且前景模糊的时候，电子书计划一再止步。直到 2007 年亚马逊推出 Kindle 的时候，巴诺只能"徒有羡鱼情"。

1998 年，汤姆·汉克斯（Tom Hanks）主演的《电子情书》（*You've Got Mail*）上映。在电影中，独立小书店店主与大型连锁书商在白天互相斗法，却在深夜通过电子邮件成为灵魂伴侣，成就了网络上的浪漫传奇。

巴诺与众多独立书店之争尚且能为童话故事赋予灵感，但亚马逊与巴诺之争，却不再有丝毫脉脉温情。互联网世界的创新，几乎具有完全的颠覆性，身在主流的大型传统企业往往难以察觉，甚至当传统企业意识到必须改变时，也不得不感叹"成功易，守功难"。自我革新也意味着自我否定，一体两面，无有反例。不敢革自己的命，也很难在数字时代的洪流中延续生命。

亚马逊一位早期员工乔纳森·科奇默（Jonathan Kochmer）曾告诉《财富》（*Fortune*）杂志，"在创立初期，团队只有唯一的使命——让世界上每个人都能看到书。"然而，仅过了半年，图书销售就再也不能填饱亚马逊的胃口。这个带着世界上流域面积最大河流的基因的公司，开始汹涌地向各个商业领域泛滥，鲸吞四方。

从 1998 年 4 月到 2018 年年底，亚马逊一共进行了 80 笔收购、73 笔投资，先后"吞没"了电影资料公司 IMDb、数据挖掘公司 Junglee、社交网络公司 Planetall 和排名网站 Alexa。如今，亚马逊不仅涉足电子书阅读器 Kindle、智能音箱 Echo、流媒体音乐服务 PrimeMusic 和生鲜超市 Amazon Fresh，还凭借网络服务 Amazon Web Service（AWS），成为全球云计算行业一支强劲的力量。《哈佛商业评论》（*Harvard Business Review*）谈到贝索斯时不禁感叹："他创造了一种新的经商之道。"

此刻，是数字经济的拂晓时分。蛰伏半个世纪的新物种们争先恐后地现身，与旧的商业世界分庭抗礼。天地间就要充斥着它们高亢的鸣声了。

皮埃尔·奥米迪亚（Pierre Omidyar）不会想到，自己帮女朋友建立的拍卖网站，日后竟能成为呼风唤雨的跨境电子商务巨头。这个诞生于 1995 年 9 月"网络跳蚤前身"，就是 eBay 的前身。后来，奥米迪亚重金聘请在宝洁、迪士尼担任过副总裁的梅格·惠特曼（Meg Whitman）

担任首席执行官。这位干练的女性高管带领 eBay 快速崛起，只用 10 年
时间就将这个 50 人的小公司变成拥有 1.5 万名员工、年营业额 85 亿美
元的电商王国。

在圣何塞，被奉为"硅谷精神坐标"的彼得·蒂尔（Peter Thiel）
创立了 PayPal。这家秉持着"普惠金融，服务大众"愿景的企业，在
2002 年以 15 亿美元的身价加入 eBay，成为向全球大众开放的电子钱
包。蒂尔创建的团队也凭借"PayPal 黑帮"的名号横扫硅谷。2002 年
后，团队里的埃隆·马斯克（Elon Musk）与别人合办了特斯拉汽车公
司（Tesla），里德·霍夫曼（Reid Hoffman）创立了领英（LinkedIn）
社交网站，陈士骏（Steve Chen）、查德·赫尔利（Chad Hurley）和贾
维德·卡里姆（Jawed Karim）创办了 YouTube 视频网站，杰里米·斯
托普尔曼（Jeremy Stoppelman）和拉塞尔·西蒙斯（Russel Simmons）
成立了 Yelp 点评网站，戴维·萨克斯（David Sacks）与其他投资人共
创了 Yammer 企业社交服务公司。而蒂尔本人，则与别人合作创办了帕
兰提尔科技（Palantir Technologies）大数据公司。如今，这七家公司市
值均超过 10 亿美元。

加入这场寻宝之旅的，还有斯坦福大学电机系学生杨致远（Jerry
Yang）和戴维·费罗（David Filo）。1994 年，他们将全球网址整理成
科学、新闻、教育、娱乐等 14 个门类，编制成搜索软件公开发布。一
时间，为了写论文疯狂查资料的学生们一拥而入，挤爆了电机系网站。
"任何人都能在网上建立数据库，但有多少人知道宝藏的所在地？我们
所做的，就是为人们提供一把进入这个神奇世界的钥匙。"杨致远和费
罗从《格列佛游记》（Gulliver's Travels）中的"慧骃国之旅"获得灵
感，将搜索网站命名为"Yahoo!"（雅虎）——一个外表和行为都十分
粗鄙的怪物。他们认为，在强调平权的互联网门前，所有人都是一无所

知的乡巴佬。

1998 年，同样在斯坦福大学的学生宿舍里，拉里·佩奇（Larry E. Page）和谢尔盖·布林（Sergey Brin）共同开发了谷歌（Google）在线搜索引擎。当他们在安迪·贝克托斯海姆（Andy Bechtolsheim）的面前演示这项技术时，这位闯荡硅谷多年的老江湖当即意识到，互联网的天下将是眼前两个年轻人的了。他毫不犹豫地给谷歌签下了一张 10 万美元的投资支票。10 年后，互联网流量监测机构 comScore 披露，谷歌在美国搜索市场的份额高达 60%，而他们的前辈杨致远和费罗创立的雅虎，占据市场的 20%，排在第二名。

漂洋过海：东方大国迎来"新格局"

数字企业凯歌频奏，自然也影响了媒体业的风向。

成长在 20 世纪 80 年代的人们，都不会对《第三次浪潮》（*The Third Wave*）感到陌生。美国未来学家阿尔文·托夫勒（Alvin Toffler）在书中明确地将人类社会划分为农业、工业和信息化三个阶段，这影响了一代人的世界观。

1996 年 12 月，麻省理工学院教授尼古拉斯·尼葛洛庞帝（Nicholas Negroponte）的《数字化生存》（*Being Digital*）在中国出版，一时间畅销不衰。在这本书中，尼葛洛庞帝大胆地预言了数字科技对人类的生活、工作、教育、娱乐带来的种种影响。其中一些已经应验，成为今天的常识；另一些正在实现的路上，将成为明天的岔路口。

在中译本的封面，醒目地印着这样一句话："计算不再只和计算机有关，它决定我们的生存"。翻译者胡泳坦言，这样的定位很大程度上刺激了中国人的民族主义情绪，那时的人们希望迅速地获取新知，以免落后，"你不能够允许你再次被甩掉，不然就不能立于世界民族之林。

如果你不这么做的话，连生存的可能性都会消失了。"

刚刚经历了邓小平南方谈话与市场化改革的中国人，不停地在反省、思索、追问、探寻。尼葛洛庞帝的话语，再次挑动了新一代奋起直追的神经。尼葛洛庞帝曾敏锐地指出，"如果要问某个产业在数字化世界中有什么前途，其实，前途取决于这个产业的产品或服务能不能转化为数字形式。"胡泳认为，这样的信息无疑在提醒人们，"世界的潮流在往这个方面走。对很多互联网业界的人来讲，好多人因为这本书进入行业中，围绕这崭新的事物来创业。"[①]

无疑，美国已经搭上了通向数字世界的快车。那么，"互联网离中国还有多远?"

1987 年，北京计算机技术及应用研究所的答案是，"Across the Great Wall, we can reach every corner in the world"。这是中国自己的邮件服务器向世界发出的第一封电子邮件内容，也是中国试探性地向数字化浪潮投入石子后激起的第一波涟漪。

1995 年，张树新的回应是，"向北 1 500 米"。这位中国互联网的"大姐大"成立了国内最早的网络公司——瀛海威[②]，准备将互联网接入普通大众。她在中关村零公里处立了一个巨大的广告牌——"互联网离中国有多远?"而向北 1 500 米，正是瀛海威科技馆所在的地方。

1999 年，马云给出了回答。

1999 年 2 月 20 日，18 个人在杭州湖畔花园开了一场著名的动员会。"第一，我们要建立一家生存 102 年的公司；第二，我们要建立一家为中国中小企业服务的电子商务公司；第三，我们要建立世界上最大

①　曾梦龙.1996 年，《数字化生存》和互联网在中国的起步 | 畅销书让我们看到了什么样的中国⑦.（2017 - 05 - 26）. http://www.qdaily.com/articles/41273.html.

②　有趣的是，瀛海威是音译名，它原本的名字"Information Highway"正是"信息高速公路"的英文。

的电子商务公司。"听众们对马云的话"既茫然，又没太大兴趣"。他们不会想到，中国未来 20 年的商业版图，已经从这一刻起被重构了。

在之前的七年里，马云一直在折腾。他从 1992 年起先后创办了海博翻译社、中国黄页和国富通，他认为这些都"失败"了。1995 年他北上访问张树新，却铩羽而归。他始终有一腔意气不得舒展。

如今，他终于将这股气一股脑地宣泄到电子商务的试验田中了。这看起来是个有点儿"不合时宜"的决定：彼时，中国仅有 29.9 万台计算机，人们还在使用调制解调器，也就是"猫"，并通过固定电话拨号上网，每小时上网费用高达几十元，被人们戏称为"龟速中的奢侈"。

实际上，阿里巴巴占尽了天时、地利、人和。

其一，阿里巴巴赶上了好时候。1997 年，尼葛洛庞帝受国务院信息办邀请，第一次来到中国，在中科院举行了一个小型的、偏重技术的研讨会。活动的赞助者正是张树新。那时，她和瀛海威都已深陷资本链危局，"卖面包的利润无法负担种麦子的成本"。这场活动，也基本没有激起任何水花。当 1999 年尼葛洛庞帝第二次来到中国时，情况已是地覆天翻。活动举办地搬到了中国大饭店，大厅座无虚席。先行者瀛海威退局了，死于互联网经济的前夜，因为"它太早了"。而马云赶上了好时候，后发制人。被财经作家吴晓波列为《大败局》中的第一人的张树新坦言，"自己不过是中国互联网的垫脚石"。

其二，阿里巴巴选对了好地方。阿里巴巴落地在浙江省，这里是中国民营企业最为活跃的基地。义乌小商品批发市场和"温州模式"先行多年，邻近的苏沪闽粤也有数十万以外贸为生的中小型制造工厂。生意的确做得风生水起，但大家都苦于消息闭塞，打不开销路。阿里巴巴恰逢其时地出现，扛着"让天下没有难做的生意"的大旗，成为这数十万小制造商几乎唯一的营销渠道。

实际上，在海博翻译社与中国黄页时期，马云就捕捉到了中小企业冲出国门的渴求。1992 年，当时还是杭州电子工业学院英语教师的马云为杭州的外贸公司提供翻译，订单多得忙不过来。五年后，马云注册中国黄页网站，意图"传播中国新闻和中国商业信息，介绍中国企业、中国工业、中国贸易、中国文化"。现在，马云更为直接，变成了为买卖双方牵线的平台。2000 年 7 月，《福布斯》（Forbes）将阿里巴巴评为全球最佳 B2B 站点："自 1999 年 3 月 10 日成立以来，阿里巴巴已汇聚了全球 25 万商人会员。每天新增会员数达到 1 400 人，新增供求信息超过 2 000 条，是全球领先的网上交易市场和商人社区。"

其三，阿里巴巴建立了好团队。1998 年年底，国富通内部出现理念分歧，马云带着一支团队"败退"杭州。"你们要是跟我回家二次创业，工资只有 500 元，办公就在我家那 150 平方米里，做什么还不清楚，我只知道我要做一个全世界最大的商人网站。如何抉择，我给你们三天时间考虑。"团队根本没考虑三天，当即决定跟随马云，这便是阿里巴巴的"十八罗汉"。1999 年，时任瑞典银瑞达集团（Investor AB）亚洲总裁的蔡崇信毛遂自荐，成为阿里巴巴的"19 号"员工。蔡崇信绝不是一时冲动："阿里巴巴特别吸引我的有两点，第一是马云的个人魅力，第二是阿里巴巴有一个很强的团队。这是一种独特的气场。"[①] 高瞻远瞩的领头人，高度凝聚的团队，高度专业的加盟者，阿里巴巴注定从诞生起，就携带了全球顶级互联网公司的基因。

回溯中国数字经济史，我们会发现，许多不平凡的事件都集中出现在 1999 年。

这年的第一天，《南方周末》以一篇献词火遍大江南北："有一种力

---

① 迟宇宙. 湖畔花园 16 幢 1 单元 202 室　回顾马云 18 年创业历史. (2017 - 09 - 08). http://finance. sina. com. cn/chanjing/gsnews/2017-09-08/doc-ifyktzim8921135. shtml.

量，正从你的指尖悄悄袭来；有一种关怀，正从你的眼中轻轻放出。在这个时刻，我们无言以对，唯有祝福：让无力者有力，让悲观者前行，让往前走的继续走，让幸福的人儿更幸福；而我们，则不停为你加油。"

也正是在这一年，无数创业者抓住了世纪末的祝福，迎来了互联网企业的"寒武纪爆发"。

张朝阳是尼葛洛庞帝的学生。从观念到行动，他都深深地被老师影响。尼葛洛庞帝给张朝阳投资了 7.5 万美元创立搜狐——这是国际上对中国互联网企业最早的风险投资。1999 年，搜狐推出内容频道，坐稳了中国门户网站的头把交椅。一年后，在纳斯达克（NASDAQ）挂牌上市。

"摇滚明星般"南下演讲的张朝阳，鼓动了马化腾。马化腾和另外四人共同成立了深圳市腾讯计算机系统有限公司，借鉴国外一款即时通信软件研发了 QQ 的前身——OICQ。

年底，成立一年多的京东在北京一家酒店举行年会。在当时留存的影像中，刘强东总结道，公司"总体营业额 600 多万元，可以说，很小、很小、很小"。现在，与淘宝二分天下的京东，已经是"很大、很大、很大"的电商巨头。

12 月 25 日那天，李彦宏从美国硅谷乘飞机落地中国北京。他嗅到了时机成熟的味道："互联网在中国成熟了，大环境可以了。"自此，百度崛起，牢牢扼住了绝大多数中国人通过网络获取信息的通道和算法。公司名字的来源，是《青玉案·元夕》："众里寻他千百度，蓦然回首，那人却在，灯火阑珊处。"

在阿里巴巴、搜狐、腾讯、京东、百度这些后来深刻改变了中国消费、信息、传媒的互联网企业之外，还有数以万计的公司曾经涌起，又在互联网泡沫里折戟沉沙。

无论成败，它们都为世纪之交的中国经济打开了一个新格局。

1.2 新生代下的新格局

时至今日，数字经济的热潮已经高涨了 20 多年。1946 年问世的通用计算机，用半个世纪搭建了信息世界的新格局，又用一代人的时间催生了新的商业范式，天地为之一宽。

站在高处俯瞰，我们不禁要问，是谁在推动这股热潮浩浩荡荡地前进？我们如何对众多新现象进行提纯，从中抽象出最核心的逻辑？阿里巴巴集团首席执行官张勇回答："在互联网之外，还有大数据、云计算，此三者是经济整体提升的关键动能。"

新能源：大数据

没有人能确切说明数据大爆炸的"奇点"在哪里，但数字宇宙的边界，实实在在地以指数级别的速度疯狂膨胀。

2010 年 2 月，《经济学人》（The Economist）发表了一篇长达 14 页的专题报告——《数据，无所不在的数据》。作者肯尼思·库克耶（Kenneth Cukier）与维克托·迈尔-舍恩伯格（Viktor Mayer-Schonberger）敏锐地记录道："世界上悄然充斥着无法想象的巨量数字信息，并以极快的速度增长。从经济界到科学界，从政府部门到艺术领域，很多方面都已经感受到了这种巨量信息的影响。"美国信息存储资讯科技公司易安信（EMC）则对大数据规模做了一个定量分析。据易安信计算，人类在 2015 年产生的数据，已经超越了过去 5 000 年的总和。根据国际数据公司（IDC）的统计，从 2013 年到 2020 年，全球数据量从 4ZB 增长到 44ZB，到 2025 年更是会增长到 180ZB。2020—2024 年，全球大数据市场规模在五年内约实现 10.4％的复合增长率，预计 2024 年全球大数据市场规模约为 2 983 亿美元，到 2026 年，全球大数据市场规模将超过 3 600 亿美元。

庞大的人类世界，正在被"0"和"1"解构成电信号。而每一个个体，也微缩成蓝屏下的一个像素。在大数据的热潮下，也有人开始进行"冷思考"，企图为大数据找到实体世界的深层勾连。

数据爆炸，首先冲击了人们对价值的定义。经济学家哈尔·范里安（Hal R. Varian）曾冷静地指出，"数据非常之多，而且具有战略重要性。但人类真正缺少的，是从数据中提取出价值的能力。"2012 年，瑞士达沃斯世界经济论坛发布《大数据，大影响》（*Big Data*，*Big Impact*），为大数据的"3V"特性①增加了第四个"V"，即价值（value）："大数据已经成为一种新的经济资产，如同货币与黄金。"

IBM 前首席执行官罗睿兰（Ginni Rometty）也充分肯定了大数据的经济潜力。她在致全球投资者的年度公开信中写道："数据在当今时代的角色，就像蒸汽、电磁和化石燃料在工业时代的角色一样。它不亚于一种生产要素，并有潜力推动更高一层的社会进步和繁荣。"

在国内，2017 年中共中央政治局就实施国家大数据战略进行了集体学习，明确指出"要构建以数据为关键要素的数字经济"。这一论述第一次明确了数据是一种生产要素，并肯定了其在发展数字经济过程中所起的关键作用。

价值观的改变，迫使人们对科学研究方法重新思考。在《大数据时代》（*Big Data*）一书中，维克托·迈尔-舍恩伯格开宗明义地指出，大

---

① 2001 年，美国格特纳公司（Gartner Group）分析师道格拉斯·兰尼（Douglas Laney）用"3V"归纳了大数据的特质："volume，规模庞大的数据集合；velocity，高速的累积和变化；variety，广泛的来源种类。"

数据给人类的分析思路带来了三个重要转变。

第一个转变，"更多"。人类可以分析更多的数据，不再依赖于随机采样。与局限在小数据范围相比，大数据可以带来更高的精确度，也让我们更清楚地看到了样本无法揭示的细节。

第二个转变，"更杂"。当测量事物的能力受限时，我们最关心的是让数据尽可能地精确。但这种思维方式只适用于"小数据量"的情况。拥有了大数据，人们就无须也不可能再沉迷于追究数据的精确度。不过，适当忽略微观层面上的精确度，可以让人们在宏观层面拥有更好的洞察力。

第三个转变，"更好"。人们不再热衷于寻找难以捉摸的因果关系。大数据告诉人们"是什么"而不是"为什么"。相关关系也许不能准确地告知我们事情为什么会发生，但是它会提醒我们，这件事情正在发生。在许多情况下，这种提醒的帮助足够大。

研究方法的转变，则直接重塑了商业逻辑。更多、更杂、更好，都指向一条共同的革命之路——"让数据自己发声"。

在数字时代，互联网企业是这场革命最强劲的倡导者，也是最大的受益者。它们比传统企业拥有更多的数据，也更有动力将数据转化为价值。它们用两大法宝，将沉默的大数据点化成金。

第一，把零散的数据整合到一起来。

大数据又多又杂，但弊端也暴露得很明显：数据太乱了。比如，消费者在电商留下的足迹，既有文字评价，又有图片的"买家秀"，还有跟客服人员的语音咨询，这些数据无论是格式还是结构，完全不统一。技术人员把它们称作"非结构化数据"。而正是这样的非结构化数据，占到企业所有数据的 80% 以上。整合不好，就要搭上巨大的成本，更别提创造价值。

怎么办？互联网企业的方案，简言之，就是打碎、提取、再重组。这通常需要计算机视觉、自然语言处理、知识图谱等人工智能技术的共同努力。它们努力发掘非结构数据之间的逻辑关联、共同特征，以及内在规则，将零散在各处的信息规规矩矩地整合在一起。正如迈尔-舍恩伯格描述的那样："数据的碎屑实际上是金粉，收集在一起，才能锻造成一枚闪亮的金币。"

第二，让悬空的数据降落到地上来。

阿里质检员小哥去了一幢 120 层的高楼做抗摔测试，打算把一种号称"从高空摔下，不碎不裂"的杯子扔到楼下，看杯子最高到几层能摔不坏。如何为他设计一种最优方案，让他爬最少的楼，就测出准确的结果？

饿了么外卖小哥去一座大楼送餐，他需要等待多久才能坐上电梯？如果客户乘电梯到大堂找外卖小哥，会不会比前一种方案更快？

这是 2020 年第二届阿里巴巴全球数学竞赛的真实考题。尽管答案指向简明的数学，而非庞大的统计，但它反映了互联网企业的价值取向：大数据若想真正成为产出的科学，不是靠偶尔的灵光一闪，不是靠偏颇的统计分析，也不是靠模糊远景感召下的无谓投入。它靠的是从实际业务出发，对应到数据的解答，并最终回到应用。这才是让飘浮的价值落地的方法。

互联网企业凭此两大法宝，嵌入了大数据的智慧。因此，淘宝算出我们的衣柜里恰好缺了一件衣服，百度列举出我们最想得到的答案，微博知道我们默默关注的明星是谁，而豆瓣了解我们读书的品位。

托夫勒在《第三次浪潮》中曾不乏激情地写道："大数据，是第三次浪潮的华彩乐章。"而迈尔-舍恩伯格则预言："数据的奥妙只为谦逊、愿意聆听，且掌握了聆听手段的人所知。"互联网企业幸运地成为大数据乐章的聆听者，它们将沐浴在数字时代的华彩中。

新价值：云计算

如果说，大数据点燃了互联网巨头的独自狂欢，那么云计算则引爆了价值的普惠共享。

1961 年，麻省理工学院建校 100 周年。计算机科学家约翰·麦卡锡（John McCarthy）在庆贺致辞中描绘了计算机的成长模式："每个人只需要支付他需要的那一部分计算量，就可以使用整个计算机系统上的所有程序。"麦卡锡预言，这种"共享资源、按需付费"的模式，将使得计算在未来成为像电话一样普遍的公共基础设施。[①]

半个世纪后，麦卡锡的预言以一朵"云"的形式，飘入了人类世界。

阿里巴巴是最早在"云"端漫步的中国企业之一，也是最能体会到"上云"不易的企业。生意借着大数据的东风做强做大，阿里巴巴的困境也越来越大。消费者在增加，需求在增加，数据在增加。这一切的压力，全部押注在企业计算能力上。

10 年前，阿里巴巴提升计算能力的方案是配齐 IOE——数据计算的"三大件"：

IBM，服务器提供商，它负责提供服务器，俗称"小型机"；

Oracle，数据库提供商，也称为甲骨文商业数据库；

EMC，存储设备提供商，它负责提供集中式存储。

---

① 英文原文为：Computing may someday be organized as a public utility just as the telephone system is a public utility，each subscriber needs to pay only for the capacity he actually uses，but he has access to all programming languages characteristic of a very large system. . . Certain subscribers might offer service to other subscribers. . . The computer utility could become the basis of a new and important industry.

那时的阿里巴巴是一头大象。"三大件"没能让它跑得更快，反而像铁索般绑缚住它的手脚。流水样的银子砸了出去，买设备要钱，组建运维团队也要钱。而随着数据量越来越大，IOE 也渐渐地难以跟上阿里巴巴扩张的步伐。一封邮件直达董事局："如果再没有替代方案，'IOE'就要拖垮阿里了。"① 2009 年年底，阿里巴巴下了一个改变历史的决心："从今天开始，淘宝不再采购小型机。""去 IOE"的革命揭竿而起。

阿里巴巴认为，云计算是"去 IOE"的必由之路。云端上聚合了企业必要的计算服务：服务器、数据库、存储，以及数据分析服务。这些服务都是开放共享的，将应用部署到云端后，云服务提供商的专业团队会解决计算所需的硬件和软件问题。企业大可做个"甩手掌柜"，只管使用多少计算资源就支付多少钱，不再亲力亲为包揽一切。这样，经费被极大地俭省了，企业的注意力也终于可以从计算问题上解绑。

起初，阿里巴巴也尝试沿用 Greenplum 和 Hadoop 等业界顶级的大规模数据处理平台部署云计算。但每逢"双 11"节庆，"剁手党"的力量还是会将服务器冲垮。"重启！重启！"当时负责淘宝技术的刘振飞常常一面给过热的服务器扇着扇子，一面一直嘟哝着。随后，阿里巴巴宣布自力更生，开启云操作系统"飞天"的自主研发。自研前期巨大的投入，也曾让阿里巴巴内部产生巨大分歧。马云向焦虑的技术团队抛出一颗定心丸："我每年给阿里云投 10 亿元，投个 10 年，做不出来再说。万一失败了，我们也为中国培养了成千上万的工程师，没什么可惜的。"2011 年，阿里巴巴首次应用自研数据库 OceanBase，2014 年实现异地多活，2015 年实现混合云弹性架构，2018 年首次应用神龙服务器。

---

① "双 11"零点时刻的技术会战．（2019 - 11 - 13）．https://ishare.ifeng.com/c/s/7rZbhEw9lpL．

"经过不断地'试水温'，全球各行各业对云计算的认知逐渐趋同。已经很少有人质疑云计算对未来科技进步的重要作用。"阿里云计算有限公司总裁胡晓明 2018 年在瑞士达沃斯接受新华社记者专访时表示。

到了 2019 年，阿里巴巴实现核心系统 100％上云。在当年"双 11"庆典落幕时，天猫商城全天成交总额高达 2 648 亿元，成交量共计 12.92 亿笔订单，平均每秒 54.4 万笔，与 2009 年首届"双 11"活动每秒 400 笔的成交量相比，增长了约 1 360 倍。惊人的数字背后，是阿里云为整个服务系统提供强有力的支持，抗住了全球最大规模的流量洪峰。

阿里巴巴这头大象，终于起舞在云端。

瞄上了云计算价值的，还有亚马逊。早在 2007 年，贝索斯就开始布下云计算业务 AWS 这盘棋。起初，AWS 的目标只是为了支撑日益庞大的电商业务。随着贝索斯持续地在电子书阅读器、智能音箱等其他领域开疆拓土，AWS 的优势不断扩大，更是出人意料地取代电子商务，成了亚马逊最赚钱的部门。从 2014 年的 46.44 亿美元到 2019 年的 350.2 亿美元，AWS 营收增长了约 6.5 倍，占亚马逊总营收的比重也从 5.22％提高到了 12.49％。

无论是阿里巴巴还是亚马逊，它们都有一个共同特征：扩张速度极快，但自身技术能力有限。为了使业务发展挣脱技术的限制，没有什么比部署大数据和云计算更为合适的了。即便到了今天，它们已经在购物、搜索、游戏、社交等垂直行业取得领先，也依然在探索云计算的可能性。这不是"赢者通吃"，而是成本、技术、数据、安全甚至战略层面的未雨绸缪。

不仅是对互联网企业，对普通人来说，这朵"云"也并不是远在天边。当我们使用 OneNote 做笔记、用百度网盘备份文件、用 QQ 音乐听歌、用大众点评找餐馆、用携程订机票、用高德地图查路线时，正是云计算在幕后使得这一切成为可能。

至此，我们不禁要问，为什么云计算能为数字经济赋予更强大的能力？

中国信息通信研究院云计算与大数据研究所副所长栗蔚认为，答案的关键在于"场景化"。

自从互联网企业发现了云计算这个宝藏，人们对云计算的理解就不再局限于实现开放共享、虚拟化软件或云服务的单个环节，而是更加好奇云计算如何在现实场景中落地生根。如今，我们看到，掌控全局的大型云服务商整合应用资源，以"云"之名向社会提供整体解决思路，单个环节的中小企业则积极参与上下游合作，共同完善解决方案。云计算，正在从技术与理论上的"单点突破"，走向更加务实的"整体效能提升"。

"今天的创新就是明天的标配。"2019年12月的拉斯维加斯，在被称为"云计算行业风向标"的AWS re: Invent技术大会上，亚马逊说出了这样的宣言。未来，几乎所有的新生科技公司，都将基于"云"来构建自己的技术框架。人类的日常生活与消费模式，也将产生惊人而积极的改变。

新物种：平台生态系统

讨论至此，我们不难发现，不论是互联网、大数据还是云计算，都不是一个"点对点"的独立生意。它一定要依赖各方各面的能量，它需要连接一切。

20年间，阿里巴巴从一家纯电商企业，衍生出了一张巨网。这是一种完全不同于工业时代的制度构建——在巨网的周边，缀着淘宝、天猫、阿里妈妈、阿里云、钉钉、蚂蚁金融、饿了么、盒马鲜生、墨迹天气、高德地图等众多子公司。

自从借上了大数据和云计算的东风，企业看起来再也不是一个单一的企业，它长得更像一个"经济体"。百度、腾讯、亚马逊，都走上了与阿里巴巴相似的进化之路。它们什么都可以包揽，什么都可以联结，什么都可以吸收。它们笼盖大众的生活日常，重新编织商业逻辑，也交汇许多普通人的人生际遇。

今天，有一个更为人熟悉的词汇可以描述这种商业模式——"平台"。

从互联网、大数据、云计算的试验田中跳出平台这个新物种，不是商业基因的突变，而是一个再自然不过的选择。

一方面，互联网、大数据和云计算是普惠共享的，普惠共享理念，正是平台的胚芽。阿里巴巴"上云"后最初的客户，是它众多的中小合作伙伴。对中小企业而言，单打独斗实在不划算。它们一无资本，二无经验，人才和技术也卡在瓶颈处。加入阿里巴巴的网络，不仅与专业化的系统对接，还能顺势获取阿里巴巴在国际国内市场、社交关系、数字内容、移动支付领域的资源，以及高并发、安全、流媒体等领域的技术能力，甚至包括阿里巴巴独有的经验。这样一来，阿里巴巴直接促成了全社会的大规模协作，自然地从纯电商变成了"大平台"。

另一方面，互联网、大数据和云计算是频繁换代的，平台"小步试错，迭代快跑"的性质，恰好通过了数字时代的自然选择。工业企业的组织结构不易动摇。然而，稳定牢靠却衍生出另一个大问题：当面临重大的技术转型时，企业精心培育的核心能力可能瞬间被市场淘汰，曾经的牢固结构，转眼成了桎梏企业的牢笼。管理学家把这种现象称为"核心刚性"。但平台极少遭遇这样的麻烦。它们从"小处着眼，滴水穿石，既不期望出手不凡、一鸣惊人，也不刻意追求面面俱到、完美无缺……小步快跑，累进循环，使之能积小胜为大胜，直至催生出颠覆性的变革"[①]。

2015年5月7日，张勇接任阿里巴巴集团首席执行官，马云通过员工信表达了自己的感想："形势比人强，形势逼人强。我们很幸运抓到了互联网带来的机遇，我们也在模糊的感觉和坚定的自觉之中，形成自己对IT时代到DT（Data Tech）时代的理解。未来是最难把握的，因为它变化、它无常。把握未来的最佳方法，不是留住昨天或争取保持今天，而是开创未来。云计算，大数据，人工智能……将会让无数的梦想成真。"

讲到这里，数字时代的背景要告一段落了。只有在对数字经济整体格局做了全景式解读后，我们才可能渡过芜杂的概念之海，打下一根根清晰可见的木桩，将我们沉浸其中、视若无睹、尚未察觉的问题全部打捞上来，找到深藏海底的价值内核。

我们尝试着搭建起问题的框架：在数字经济的环境下，企业形态具体发生了什么改变？新形态的企业，将以什么方式展开经营、持续运转？最重要的是，在新的运转模式下，企业该如何培养自己的核心竞争力，又将以什么姿态与众多对手竞争？

在这种框架性结构外，我们还尝试论证，在新的商业格局下，并不是所有的现象都是新与旧的二元对立，并不是所有的逻辑都被打碎、被颠覆、被重构。新事物是从旧事物中发源，从旧事物中攫取能量，又对旧事物进行批判性继承的。我们想要理解这种"残酷的转型"，必然要对经典的东西熟稔于心，在此基础上，继续推演新时代的企业发展趋向。

---

① 罗仲伟，任国良，焦豪，等.动态能力、技术范式转变与创新战略：基于腾讯微信"整合"与"迭代"微创新的纵向案例分析.管理世界，2014（8）.

我们去归纳、去分析、去叩问商业世界的旋涡中心正在发生什么事情，它的昨天意味着什么，明天又可能意味着什么。

这一追寻的历程最终指向我们的时代"终极问题"：数字时代，是否存在一条通行的生存法则？

在生物学领域，一个基本的共识是"物竞天择，适者生存"。在商业领域，这众多的"新物种"，又该向何处去？

"生态竞争。"这是我们的答案。

第 2 章

新物种萌芽——数字化平台诞生

毫不夸张地说，数字化平台正在成为促进国民经济发展的重要支柱。亚马逊、谷歌、微软（Microsoft）等国际顶级企业和京东、百度、阿里巴巴等国内互联网龙头都构建了自己的数字化平台。大家都热衷的数字化平台到底具有什么特点？

2.1　新物种萌芽

诞生：数字化平台萌芽

平台是什么？

平台本意指那些高出地面的宽平的场所；而现在，人们通常用平台指那些用来施展才华的舞台，或者人们开展某项工作所需的环境或条件。但不论是本意还是引申意，平台本身具有的空间感是相通的，创造这种空间感的或是有形的空间，或是无形的媒介，但都能让平台容纳更多的人和物，让这些人和物之间彼此产生联系。

集市作为有形的空间，是平台的典型代表。

早期，人们常说"一手交钱，一手交货"，这种面对面的交易虽然极大地降低了交易风险，但同时也限制了交易双方的地理范围。张三为了买鱼，翻山越岭去找渔民李四，完成面对面交易之后再风尘仆仆地赶回来，且不说一路山高水长、危险重重，单说这带回来的鱼恐怕也已经失去了鲜味。

渐渐地，随着生产力的发展，人们种植的果蔬、捕捞的鱼虾等越来越多，已经远远超过了自身生活所需，但是仅靠这样小规模的面对面交易来消耗剩余物品明显不划算，费时费力还有风险，因此人们规定了一个特点的时间和地点进行大规模的集中交易，这便有了集市。《周易·系辞下》中描绘，"日中为市，致天下之民，聚天下之货，交易而退，各得其所"，说的正是此情此景。

集市的出现使得物流逐渐进入人们的视野，让物流完成于交易之前、生产之后，且由买卖双方共同承担。张三不用千里迢迢地去找李四买鱼，李四的鱼也不用被动地等着人寻来买走，一个就近的农贸交易市场就可以满足二人的买卖需求，在一定程度上缓解了交易前的资源损耗问题，同时也降低了交易成本、扩大了交易范围。且随着集市的兴起，物流也逐渐向着更安全、更高效、更经济的方向演进，镖局、运输队等角色渐渐登上了历史的舞台。

集市的雏形一直沿袭至今。假日节庆时，孩子们总期待着和家长一起去赶集；夜幕降临，年轻人常三五成群地去夜市瞧瞧。除了这些情景性的集市，人们的生活中也出现了很多常驻的正规化集市，比如超市、百货商场、商业街等。它们以商品为纽带，连接了或许不曾相识或许相隔千山万水的顾客和厂家，汇聚了商流、物流和资金流，源于空间感的集市反倒消除了陌生人之间的距离感。

但是随着人们对美好生活的需求层次越来越高，有形集市面对多样的商品、各异的需求渐渐有些力不从心。一方面，有限的空间无法容纳琳琅满目的商品，也就不能向所有消费者都交上一份满意的答卷；另一方面，如果集市一味地扩展占地面积、扩充商品种类，虽然最小存货单位（SKU）增加了，但是消费者的搜寻成本也提高了，在众里寻他千百度，蓦然回首仍不见之后，购物体验自然就下降了，如此做法可能得不偿失。

那么如何在不增加搜寻成本的前提下，突破传统平台空间的限制，将经济活动从时空的桎梏中解放出来呢？

"世纪佳缘"对媒婆说：我们借助互联网打造真实交友、严肃婚恋的线上平台，推出"懂你"系统，根据用户填写的恋爱问卷等数据信息实现高效高质的交友推荐，成功牵线 1 700 多万海内外单身人士[①]，成为婚恋行业的旗帜和标准制定者。

淘宝、京东对沃尔玛（Walmart）、家乐福（Carrefour）说：我们借助互联网打造包揽万物的线上购物平台，向用户个性化推荐商品，以大数据和算法赋能商家实现精准营销，同时结合物流体系给予消费者足不出户的购物体验。

在互联网时代，云计算、大数据、5G 等新技术赋予了平台更大的能力。如今，平台不再只是那个看得见、摸得着的实体空间，它也有可能是为我们提供房源信息的 58 同城、提供二手车信息的瓜子二手车、提供线上问诊服务的春雨医生等非实体平台。我们称后者为数字化平台，指那些通过互联网和软件为平台企业、商户和用户提供商品和服务交易的平台。在数字时代，数据成为土地、劳动、资本、管理和技术等要素以外的新型生产要素，互联网、云计算、智能终端等成为传统经济基础设施以外的新型数字经济基础设施，数字化平台因而变得灵动起

---

① Skr! 百合网七夕上线"比武招亲"啦!. (2018 - 08 - 21). https://it. gmw. cn/2018 - 08/21/content_30684698. htm.

来，以模块化资源拥抱更多的平台互补者，共同打造欣欣向荣的数字生态，迸发出前所未有的生机活力。

数字化，为平台插上了飞翔的翅膀。

四梁八柱：数字化平台的特征

信息集成：大数据

任何产品的产出必然有相应的投入，而投入的生产要素并非一成不变，它会随着生产力的发展而改变。

在农业社会，劳动和土地是最重要的生产要素。17 世纪古典政治经济学家威廉·配第（William Petty）说："土地为财富之母，而劳动则为财富之父和能动的要素。"在 18 世纪 60 年代以蒸汽机为代表的第一次工业革命的驱动下，"经济学之父"亚当·斯密（Adam Smith）将资本列为生产要素之一，并在《国民财富的性质和原因的研究》（*An Inquiry into the Nature and Causes of the Wealth of Nations*）中提出，"无论在什么社会，商品的价格归根结底都分解成为这三个部分（即劳动、资本和土地）"。

随着社会生产力的提高，人们的生产活动日趋复杂，其他生产要素的重要性也凸显出来。19 世纪 60 年代，第二次工业革命爆发，人类开始进入电气时代。这一时期，企业的分工日趋严密，规模不断扩大，产能日益提高，企业家和经理人的管理才能对企业的发展产生了深远的影响，因此催生了管理作为新的生产要素。第二次世界大战之后，技术进步对生产力提高的作用更加明显，技术也被列入生产要素之一。

20 世纪末，互联网浪潮兴起，越来越多的学者把信息（更确切地说是"数据"）作为第六大生产要素。^①如今，数据要素被誉为"21世纪的石油"，在当今社会经济发展的重要性愈发突出。2020年3月30日，中共中央、国务院《关于构建更加完善的要素市场化配置体制机制的意见》中明确指出，加快培育数据要素市场。数据作为一种新型生产要素被写入中央文件中，与土地、劳动、资本、管理和技术等传统要素并列为生产要素之一。

大数据是数字化平台的最主要特征，大数据的首要特征是"大"，即数据规模大。IDC发布的《数据时代2025》（*Data Age 2025*）报告显示，全球每年产生的数据将从2018年的33ZB增长为175ZB。如果把这175ZB全部存在DVD光盘中，那么DVD叠加起来的高度将是地球和月球距离的23倍（月地最近距离约39.3万千米），或者绕地球222圈（一圈约为4万千米）。^②

我们每天刷手机、网上购物、看视频、聊微信，都会产生数据，数据的类型丰富多样，并不局限于数字，也不局限于文本格式，图片、视频、音频、地理位置信息等都属于数据的范畴。人口众多，经济体量大，人们在工作和生活中24小时不间断地产生数据，这是我国在大数据时代所具有的天然优势。

大数据中包含海量的信息，虽然有用的信息不少，但是这些信息的密度可能并不大。比如在不间断的监控视频中，一天连续24小时监控，最后能派上用场的可能只有几分钟，甚至一秒钟也没有，因此数据挖掘十分重要。程序员和分析师基于大数据进行各种分析和预测，在海量数据中经过重重"数据清洗"提取出有用的信息并进行有效的

---

① 宏观经济增长框架中的数据生产要素：历史、理论与展望 | 企鹅经济学.（2020 - 06 - 12）. https://www.tisi.org/14625.

② 不可思议的数字：互联网每天到底能产生多少数据?.（2019 - 04 - 15）. http://finance.sina.com.cn/stock/relnews/us/2019 - 04 - 15/doc-ihvhiqax2729117.shtml.

分析。

大数据被应用在各行各业。在电商行业，淘宝、京东都能做到主页"千人千面"，个性化推荐用户可能感兴趣的商品和内容；在地图行业，高德地图、百度地图和腾讯地图能提供越来越精确的定位和导航服务；在广告行业，可以实时监测广告流量和转化率，以便于精准投放……

技术接口：平台互补者和平台衍生品

数字平台运转不仅依赖庞大的用户基础，还需要聚合大量"互补者"，提供多样化的互补性商品或服务。

在宏观层面，以安卓（Android）平台为例，各种各样的移动应用为平台提供产品或服务，如微信、抖音、携程和大众点评等，它们是安卓平台的互补者。相对于平台提供者（如华为、三星（Samsung）等）和平台所有者（如谷歌）来说，平台互补者（移动应用）能够更近距离地接触用户，洞悉用户需求的变化，更多地与用户进行互动；对于平台互补者来说，平台提供者可以为其提供模块化的技术资源，平台所有者则为其提供实物化的运营平台，三者各取所需，共创价值，实现"互补"。

在微观层面，以携程为例，携程的正常运营不仅需要大量的用户和携程平台本身，还需要众多的酒店、景区、第三方支付作为平台互补者加入，为用户提供产品和服务。在平台、平台互补者和用户的不断互动过程中，平台发现用户的新需求，通过平台本身或与互补者合作，提供一些新的产品和服务，即平台衍生品。如携程在不断发展壮大的过程中，逐步上线了很多出行相关的功能，如 Wi-Fi 电话卡、保险签证、外币兑换和购物等。

技术架构：模块化资源

"模块化"是平台管理互补者的常用方式。[①] 与传统企业围绕产品生产流程将企业内部价值链进行分解相似，平台依据生产流程、生产分工和技术功能，将"核心"平台分解为若干个子平台[②]，进而构成一组相互支持、功能互补的子模块。每一个子模块都具有独特的模块化资源，包括软件开发工具包、平台分销能力、平台中植入的广告等，它们能够组织平台上的多方互补者共同参与生产进程，并且互补者之间无须相互了解其他人的生产工序和生产进度。[③] 同时，子模块上存储的独特资源可以为未来不确定的用户需求提供多种组合的可能性，给平台带来足够多的选择机会。

模块化有助于激活平台互补者多样互补性。比如在电子商务领域，主导企业拥有电子商务搜索平台，但是支付平台和物流配送平台往往由作为模块供应方的第三方拥有，它们会独立研发标准化数据库和应用软件，借助相对标准化的接口，就可以同时为多种服务功能提供支持，例如 PayPal、微信、支付宝这些"模块"，通过应用程序接口，同时连接到电子商务平台，相互独立地为消费者提供在线支付服务。依靠模块化的结构，就可在一个平台上生产出多样性产品，从而满足用户的个性化

---

① Baldwin C Y，Clark K B. Design rules：the power of modularity. Cambridge：The MIT Press，2000.

② Kwak K，Kim W，Park K. Complementary multiplatforms in the growing innovation e-cosystem：evidence from 3D printing technology. Technological Forecasting and Social Change，2018（136）：192 - 207；Su Y S，Zheng Z X，Chen J. A multi-platform collaboration innovation ecosystem：the case of China. Management Decision，2018，56（1）.

③ Baldwin C Y，Woodard C J. The architecture of platforms：a unified view//Gawer A. Platforms，markets and innovation. Cheltenham，UK：Edward Elgar，2009：19 - 44；Schilling M A. Toward a general modular systems theory and its application to interfirm product modularity. Academy of Management Review，2000（25）.

需求。①

模块化有助于激发平台互补者创新潜能。一方面，模块化减少平台所需的协调工作量，使得独立的各方参与者相互连接，降低了隐性知识转移成本②；另一方面，平台所有者与平台互补者耦合的难度较低、灵活性增强，为平台互补者创新性地获取和组合平台上各种资源和服务提供了便利，帮助平台互补者敏捷地解决复杂问题，有效应对新环境。

2.2　新物种裂变

"以数据为关键要素，以价值释放为核心，以数据赋能为主线"③，是数字平台的使命。天生具有数字化基因的互联网企业自诞生以来，以焕然一新的商业模式为数字平台代言，将其推向公众的视野；传统企业顺应时势，或是被迫或是自愿，也搭上了数字化转型的顺风车，希冀对内实现降本增效，对外提升客户体验；政府集众家之所长，稳中求进，从实践中来到实践中去，联手企业推出数字政务，在感受数字时代红利的同时践行为民生谋福祉的初心。

---

①　Baldwin C Y, Woodard C J. The architecture of platforms: a unified view//Gawer A. Platforms, markets and innovation. Cheltenham, UK: Edward Elgar, 2009: 19-44; Gawer A, Cusumano M A. Industry platforms and ecosystem innovation. Journal of Product Innovation Management, 2014 (31).

②　Jacobides M G, Cennamo C, Gawer A. Towards a theory of ecosystems. Strategic Management Journal, 2018 (39); Kotabe M, Parente R, Murray J Y. Antecedents and outcomes of modular production in the Brazilian automobile industry: a grounded theory approach. Journal of International Business Studies, 2007, 38 (1); Baldwin C Y, Clark K B. Design rules: the power of modularity. Cambridge: The MIT Press, 2000.

③　携手跨越重塑增长: 中国产业数字化报告 2020. (2020-07-03). https://www.sohu.com/a/405614733_492538.

数字平台已不再是蛰伏的种子、破土的嫩芽，在接受阳光的沐浴、风雨的洗礼时，它的细胞正以惊人的速度分裂、分化，如今的它已长成一棵大树，一处森林，还是一片热带雨林？

数字平台，让互联网企业崭露头角

"年轻一点，穿韩都！连续 7 年全网销量领先，赢得超过 5 000 万年轻女性选择。"

2019 年 11 月 11 日 24 时，韩都衣舍"双 11"全网交易额定格在 4.7 亿元，位居"双 11"互联网服饰品牌榜榜首，这是自 2014 年以来韩都衣舍连续获得的第六个"双 11"互联网服饰品牌冠军。在 2019 年淘宝女装热销前十中，韩都衣舍是唯一一个登榜的互联网品牌。

从 20 万元起家做到销售额 15 亿元，韩都衣舍都做了什么？

要想分得淘宝平台的流量红利，借助营销的东风，韩都衣舍首先破除的就是禁锢服装行业已久的库存问题。传统的服装销售模式，通常是先生产再物流再交易，但是交易端的不确定性并不能及时反馈到生产端和物流端，库存挤压、物流成本过高等问题积重难返。若能够预知各区域对各款式的需求，以销定产，再配合合理的物流调配，那这些问题似乎就迎刃而解了。

那么，如何能够预知需求呢？

秘诀就是创建一套独特的"爆旺平滞"算法，利用大数据分类 SKU，对爆款和旺款进行追单继续生产，平款和滞款则立即打折促销、清仓处理。这套信息系统为韩都衣舍带来了高达 95％的售罄率，帮助其实现了精准的单品管理，从而能够为消费者提供款式多样、快速出新的服装，如韩风男装品牌 AMH、韩风快时尚童装 MiniZaru、韩风少女装娜娜日记等。

　　韩都衣舍一路势如破竹，积累了宝贵的服装品牌线上经营经验。2016 年，韩都衣舍成立了韩都动力，全面开放其内部运营平台。对于想要转型到线上的传统线下品牌，或者已经转型线上、销量却不如预期的品牌，韩都衣舍运用自己在互联网服装行业十余年积累的经验和资源，通过自身的供应链体系、丰富的消费者数据和强大的数据挖掘与分析能力，提供包括品牌线上代运营、品牌定位、品牌策划、数字化精准营销，渠道定制化管理服务，OMS、WMS、ERP 信息化解决方案，仓储物流一体化解决方案，客服全托管解决方案，品牌官网搭建及代运营服务等。[①] 目前，韩都衣舍的成功不仅能在其他服装品牌上复现，韩都动力的客户还涵盖了零食、家具和化妆品等品类。

　　韩都衣舍已不仅仅是一家互联网服装品牌商，它还通过开放运营平台，成为其他品牌商的"服务商"[②]，助力更多品牌伙伴融入新零售。

　　渐渐地，人们发现线上店铺虽然解决了库存问题，但是叠加各种滤镜、修图技术的静态商品展示总显得不那么真切。经历了几次"图片仅供参考，请以实物为准"的教训之后，不少人望图却步，尽管逐字阅读了每一条评论、仔细浏览了每一张卖家秀，但还是带着疑虑关掉了支付界面，重新回归线下实体店。

　　为了让线上交易更加真实生动，而不是止步于以脆弱信任纽带拴系着的商品交换，短视频和直播带货出现了，各大平台不断做大自己的流量池子，各大主播、品牌方致力于将池子里的公域流量转化成私域流量，建立品牌忠诚度，让线上交易开始走向以主播个人魅力和平台信誉为背书的带有情感的线上交互。

---

① 资料来自韩都动力官网（http://www.handudongli.com）。
② 谢莉娟，毛基业，王诗桪. 互联网驱动的自有品牌服装零售：韩都衣舍. 中国管理案例共享中心案例库.

"买它！买它！"

"3，2，1，上链接！"

在主播卖力的魔音之下，我们抑制不住激动的心、颤抖的手，不得不再次感叹直播带货的魔力。

其实直播并不是一个新鲜事物，从小时候饭桌上的背景音——新闻联播到春晚、元宵晚会等节日性的电视节目，直播于我们而言就是一场通过卫星、光纤等传输方式将视音频信号传到不同地点的手段，互联网的出现只不过增加了一种传输手段，它让直播的视音频效果更好，受到的时间、地点限制更少。

但互联网为直播带来的远不止于此。我们主动关注了一个主播，我们在偶然划进的某直播间购买了商品，我们在平台推荐的某直播间只停留了数秒便即刻划走……这些行为于数字平台而言就是一组组数据，通过这些数据，平台对我们进行实时的动态数据挖掘，分析我们的爱好，探寻我们的心理，通过数据存储、计算等优化直播分发，让我们在平台上获得沉浸式的互动体验，让商家或者主播将一批批新人培养成铁粉、钻粉和挚爱粉。

数字时代，简单的数据变成了财富，因此本身就掌握流量密码、流淌着的数字基因的互联网企业便如雨后春笋般破土而出，蓬勃发展。

数字化转型，让传统企业冯虚御风

2017年11月，在华为的愿景与使命研讨会上，任正非提出自2018年起，华为要带着新的愿景和使命扬帆再起航，要"把数字世界带入每个人、每个家庭、每个组织，构建万物互联的智能世界"，要让每个人都平等地享有连接与被连接的权利，要让每个组织都因数字平台焕然一新、充满朝气。届时，学习办公、生产消费等全场景的体验将被重新定义，一个和现实物理世界互相映照的数字孪生世界将熠熠生辉。

在欣赏华为的数字化转型成果之前，我们必须先想明白一个问题：作为"全球领先的 ICT（信息与通信）基础设施和智能终端提供商"，华为为什么要启动数字化转型，并将数字化上升到企业战略的高度？

任正非给出的答案是：**为了客户**。

"以客户为中心"是华为一以贯之的价值观。数字时代，数据能够及时记录客户现状，算力能够精准翻译客户需求，云和人工智能（AI）能够高效满足客户需求，当这些生产元素、生产力和生产工具被纳入生产、管理、销售等环节，企业将在研发设计、生产加工、经营管理、销售服务等方面为客户带来焕然一新的体验。但让客户满意还远远不够，**"使能"** 才是数字化转型这局棋的撒手锏。

"使能"是让医院能够为患者提供丝滑的全生命周期就诊服务。2021 年，广东省第二人民医院携手华为打造全场景智能医院，通过构建传统网络与新一代无线网络（Wi-Fi 6＋5G＋物联网）相结合的融合网络，网络的稳定性大幅提升、延时性明显下降，同时支持更多设备并发接入，使得高清图片、视频的传输不再卡顿。通过建立智慧病房，每一位患者的健康信号都被实时地记录、追踪；救护车上的病人信息也能同步回传医院，在和时间的赛跑中抢得先机；医疗资源贫瘠的偏远地区也向着"小病不出村、大病不出县"迈进了一步。通过建立智能运营中心 HOC，医院的运营管理、医疗业务、科研数据等系统将以模块的形式让人一目了然，"逢山开路，遇水搭桥"的过程中建立起来的信息孤岛将被打通，有了一个"能感知、会思考、可执行、能进化"的系统[①]，医院的运营管理人员也能够轻装上阵了。

---

① 广东省第二人民医院："新联接"下的未来医院样板.（2022-04-30）. https://e. huawei. com/cn/case-studies/industries/healthcare/2021/smart-hospital-gd2h.

　　"使能"是让机场能够在严守安全底线的前提下为旅客带来无间隙的畅游体验。2019年，深圳机场借力华为，第一个启动国内机场的数字化转型，在智慧机场的探索道路上先试先行。在机场运行方面，以航班流为核心，对各个环节进行数字化改造，比如开展智能机位分配项目，大幅提升靠桥率，让摆渡车不再是登机的唯一渠道；在筑牢安全墙方面，以全场景为目标，实行全区域、前后端的数字化改造，对航站区、公共区、飞行区、货运区进行分级监控、统一监管；在优化出行体验方面，以旅客流为中心，进行线上线下、全链条的数字化改造，通过小程序值机、行李自助托运、刷脸安检、刷脸乘机等自助线上服务，让旅客享受全流程的无感出行。

　　"使能"是让学校能够更好地践行"有教无类，因材施教"的教育初心。2019年，华为和科特迪瓦共和国展开合作，共同推动国家级智慧教育项目 E-education 的落地，从教、学、管、测、评、服六个方面，打造健康、安全、高效、创新的智慧校园，让教育资源在全球范围内的均匀化分布成为可能。比如，华为通过数字技术设立了远程在线学习平台，便利化教学材料、课后作业、考试反馈的上传下发；设立了远程互动教室，通过 IdeaHub Board 实时展示直播课堂的视频画面，让即使处于偏远地区的孩子也能通过直播加入课堂，并且身临其境地和老师、同学们进行问答、讨论。经过两年的建设，E-education 项目已经在科特迪瓦的10座城市、74所中学实现校内网络覆盖，共计133个站点间成功运行[1]，为科特迪瓦构建了现代化、数字化、平等化的新一代教育系统，为国家的可持续发展输送人才。

　　"明者因时而变，知者随事而制。"比起带有数字基因的互联网企

---

[1] 科特迪瓦携手华为开启智慧教育新旅程.（2022-04-30）. https://e.huawei.com/cn/case-studies/industries/education/2021/smarter-education-in-the-lvory-coast.

业，华为等生产制造发家的非原生型数字企业也不甘落后。它们对内提升自身运营能效，对外优化客户体验、使能客户，迈着不停息的数字化转型步伐，向着已来的未来招呼一声："你好，数字时代！"

数字政府，让我们的生活更美好

2015 年 12 月 16 日，浙江乌镇。

"中国正在实施'互联网＋'行动计划，推进'数字中国'建设，发展分享经济，支持基于互联网的各类创新，提高发展质量和效益。"在国家主席习近平于第二届世界互联网大会开幕式上的讲话中，"数字中国"四个字掷地有声，标志着继福建、浙江之后，数字战略的种子将借助互联网的东风，以官方认可的身份在中华大地的每一处角落生根发芽，将数字时代的红利播撒进我们生活的方方面面。借三大哲学终极问题，我们来看看数字时代对我们的生活影响几何。

第一个问题：我是谁？

在人口流动性较弱的古代，平民老百姓并不需要证明自己是谁，一张脸就可以走遍乡间邻里，偶尔碰到隔壁村来串门的生面孔，靠着老乡三言两语的介绍，大家的身份也就明了了，这样的熟人社会至今在一些封闭性较强的地区依然存在着。在古代需要证明身份的往往都是那些有身份、干大事的人，譬如唐僧去西天取经需要带着自己的通行证"通关文牒"、官员们施发行政号令或调动兵马时需要出示竹使符、铜虎符等。

新中国成立之后，人口流动性不断增强，证明"我是我"这个命题也越来越复杂。在身份证出现之前，户口簿和单位介绍信是自证身份缺一不可的工具；1984 年一代身份证逐渐生效之后，我国开始实施居民身份证制度，对居民实施户口证件化管理，凭着被聚酯薄膜密封包裹着、多为手工填写的第一代身份证，多数情况下我们可以证明"我是我"，但是受经济、技术所限，第一代身份证防伪效能较差，伪造事件时有发生，有时候我们甚至需要证明"这不是我"；直至2004年3月29日，第二代居民身份证登上舞台，内藏非接触式IC卡智能芯片，采用数字防伪措施，将个人图像和资料进行编码，成为证明"我是我"的首选。

但是如果身份证丢了怎么办？如果临时出差忘记带身份证了怎么办？当实体证件和人分离的时候，我如何证明"我是我"？

电子身份证（Electric ID Card）给出了答案。2018年4月17日，由公安部第一研究所可信身份认证平台（CTID）认证的"居民身份证网上功能凭证"（简称"网证"）首次亮相支付宝，这是基于居民身份证、采用活体人脸识别技术的可信身份认证，是将公民个人身份，通过人脸识别的生物技术手段比对后，在手机应用上生成的电子证件，首先在衢州、杭州、福州三个城市的多个场景同时试点。

作为"互联网＋警务服务"的新探索，"网证"让证明"我是我"翻开了新的一页。在数字时代，不管是就医挂号、购物支付，还是旅游买票、政务办事，我们的言行举止都被翻译成一连串的代码和数字记录了下来，就好像在虚拟世界里也有这样一个"我"，会看病、消费、游玩、办事。在这样一个全方位、立体且互相印证的系统中，我们凭借着自己的数字身份，在"我是我"这道证明题面前不证自明。

第二个问题：我来自哪里？

新冠肺炎疫情的暴发彻底打乱了我们的生活节奏。因疫情防控需要，对于一些流动人口需要进行流调，但是谁来证明一个人都经过了哪里，是否与新冠肺炎病毒携带者有密切接触呢？

第一种思路是通过人工登记的方式记录每个公共场所每天接待的顾客信息，一有异动，立刻逐级下发通知，进行隔离筛查。显然，这种做法朴实无华、一目了然，但是如果考虑到中国的人口体量，就不难发现这种做法烦琐低效、耗时费力，不仅可靠性低、易出现排查疏漏，不能有效控制传染源，最致命的是排队等候的时间越长，被感染的风险就越高。

第二种思路是构建数字防疫平台，让每个人像持有电子身份证那样持有一个可以"自证清白"但是不可自行篡改、由第三方记录的电子通行证。这张通行证不仅具有和本人身份证对应的唯一性，而且可以实时更新，但凡电子通行证持有人所到之处，必留痕迹。为满足这些诉求，大数据和定位技术不可或缺：一方面，记录着 14 亿人出行信息的数据浩如烟海，对其进行采集、存储、分析以及整合，应用大数据势在必行；另一方面，为确定手机所在位置，记录个人历史行程轨迹，全球卫星定位系统、北斗导航系统、基站、无线网等定位方式也将派上用场。

与第一种思路相比较，第二种思路显然充满了数字时代的气息：高效便捷、诚实可信。

2020 年 2 月，浙江省全面启动"一图一码一指数"举措："一图"指五色"疫情图"，以县域为单元，对全省各县（市、区）疫情情况进行风险评估，用五色反映疫情风险等级，每日一报让全社会知晓各县域疫情动态；"一码"指个人健康凭证"健康码"，分红、黄、绿三种，市民和"三返"（返工、返学、返岗）人员可在手机上自行申报，经后台审核通过生成属于个人的二维码，通过个人通行打卡的方式进行动态管理；"一指数"指"管控指数和通畅指数"，对各地防输入、防集聚工作的开展情况，以及物流、人流、商流的状况进行评估衡量。[①]

—————————

① 浙江"一图一码一指数"全面启动精密智控防疫和复工.（2020 - 02 - 19）. https://www.163.com/news/article/F5PBDODU000189FH.html.

数字防疫平台，让该静的瞬间静下来，让该动的有序动起来。精准高效的管控政策构筑起坚实的健康屏障，智慧防疫让动态清零成为可能。

第三个问题：我要到哪里去？

北漂青年小周为办护照，返回老家河北省衡水市武邑县达6次，跑了县工商局、镇工商分局等，前前后后开了5张证明，多跑了3 000千米；江苏省徐州市丰县的小狄为给迁址的稀有水产养殖合作社办营业执照和法人执照，在县工商局和镇工商分局之间来回跑了11趟，错过了购进饲料的好时候，合作社农户的收入大打折扣。①

这些镜头下的"办事慢、办事难、办事繁"在日常生活中屡见不鲜。每个人自呱呱坠地起，就和办证分不开了：出生证、户口本、学籍、在读证明、社保证（卡）、各种职业资格证等。一个企业自成立之日之起，也要办各种证明，以餐饮业为例，需要办食品卫生许可证、排污许可证、食品流通许可证、营业执照等。每当去办证遭遇被踢皮球时，我们都不禁要在内心中嘀咕一句：我到底该到哪里去？可最终的结果往往是"腿跑断，事没办"。

这背后不仅有软件的失灵，也有硬件的落后。软件指的是与人相关的因素，因为归根结底和百姓打交道的是工作人员，人员的专业性、工作态度和职业操守等会直接影响办事的效率和效果。为杜绝类似的庸政、懒政、恶政，对工作人员进行上岗培训、开通群众监督反馈渠道等措施势在必行。

但硬件上的问题就比较棘手了。硬件指的是各部门之间的信息不流通，每一个部门就像一个与外界隔绝的数据孤岛一样，将自己的数据视

---

① 解决"办事难"为何那么难.（2013 - 10 - 14）. http://cpc. people. cn/n/2013/1014/c78779-23197797. html.

为私有财产，不轻易示人也不愿轻信从别的部门传来的信息，部门之间彼此不信任、不沟通。因此，只能"麻烦"老百姓作为"信使"，多跑跑路，多开证明，将信息从一个部门带到另一个部门。

要想根除弊病，只能对症下药。2017 年年初，浙江省深化"互联网＋政务"改革，启动"让信息多跑路，让人民少跑腿"的"最多跑一次"行动，将原来按部门职能分设的窗口整合为投资项目审批、商事登记、不动产交易登记、医保社保、公安服务等综合窗口。这种"前台综合受理、后台分类审批、综合窗口出件"的政务服务新模式本质上反映了以人民办事需求为中心的服务宗旨，从百姓揣测"我要去哪里"变成部门提前调研"百姓需要什么"。在这种服务理念之下，各部门之间从单打独斗走向协同作战，让数据信息在各部门之间充分涌流。

但"最多跑一次"还不够，下一步是让老百姓"一次不用跑"，实现大事小事的网上办。为实现这一跨越，浙江省打通 25 个省级部门 45 个"信息孤岛"和 214 套市县系统，开放 57 个省级单位 13 500 余项数据共享权限，建立了完善的个人综合库、法人综合库、信用信息库、电子证照库①，建设全省统一的政务服务网，实现部门间的数据共享。

"凡益之道，与时偕行。"数字政务平台，从数据中来，将数据连点成线、聚线成面，但同时又到数据中去，以数据驱动业务，通过群众的搜索数据、评价数据等走进百姓的需求，让政务服务实现了由低效到高效、从被动到主动、从粗放到精准的转变，让群众和企业省心省力更幸福。

---

① 浙江深化"最多跑一次"改革：持续发力打破"信息孤岛". (2018－05－08). http://www.gov.cn/xinwen/2018－05/08/content_5289244.htm.

2019 年我国 11 个大城市群数字政务发展情况如图 2 - 1 所示。

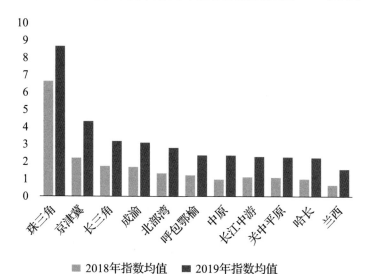

■ 2018年指数均值　■ 2019年指数均值

图 2 - 1　11 个大城市群数字政务发展情况

资料来源：腾讯 2020 年 9 月发布的《2020 数字中国指数报告：未来经济，数字优先》。

第 3 章

残酷的转型——从企业竞争走向生态竞争

新格局下，传统企业竞争模式患上一系列不适应症。当旧系统遭受猛烈冲击时，人们开始呼唤新逻辑的登场。商业格局从企业竞争向生态竞争陡然进化，并正在重塑全球经济格局。

3.1 迈克尔·波特的想法

近 50 年以来，对世界影响最大的管理理论之一就是哈佛大学教授迈克尔·波特（Michael Porter）提出的竞争战略和竞争优势理论。他本人被喻为"竞争战略之父"，曾在 1983 年被任命为里根政府的产业竞争委员会主席。迈克尔·波特的《竞争战略》（*Competitive Strategy*，1980）、《竞争优势》（*Competitive Advantage*，1985）、《国家竞争优势》（*The Competitive Advantage of Nations*，1990）三本书被称为"竞争三部曲"。

21 世纪是一个战略制胜、竞争制胜的时代。如何在竞争中求发展，是每个企业都在思考的命题。被誉为"清凉饮料之王"的可口可乐公司（Coca-Cola），是当今世界上最大的饮料公司。然而，自百事可乐公司（Pepsi-Cola）诞生后，可口可乐就无一宁日。

面对强大的可口可乐，百事可乐最早是以拟态策略进入市场：你是可乐，我也是可乐。为了"Cola"一词，可口可乐控告百事可乐盗用其商品名称。两家为此纠缠多年，最后法院判决"Cola"为一般名称，而非专利名词。至此，百事可乐获得与可口可乐同等竞争的权利。

1963 年，百事可乐做出了长期占领市场的战略决策，成功地掀起了一场被称为"百事新一代"的市场营销运动。百事可乐将重点放在用户需求上，一方面努力扩大自身产品的市场份额，另一方面又特别注重改进这些产品在人们头脑中的印象。公司认为，与其艰难地吸引可口可乐饮料的忠实用户，让他们变换口味改饮百事可乐，不如努力赢得尚未养成习惯而又有迫切需求的目标顾客。当时十几岁的少年儿童，对于老品牌忠诚度较低，具有叛逆个性，不喜欢和大人做同样的事。就在这时，百事可乐来到他们身边，获得了他们的广泛青睐。

百事可乐十分注重广告攻势。从 1961 年开始，广告强调"现在，百事可乐献给自认为年轻的朋友"。1964 年喊出"奋起吧！你是百事的一代"，使这一观念更明确风行，大大影响了年轻人的观念。1974 年得克萨斯州的"百事挑战"让对手非常恐慌。百事可乐利用消费者对两种未标明品牌名称的可乐进行盲目测试。测试结果表明，偏爱百事可乐与可口可乐的受测者比例为 3∶2。百事可乐将测试过程拍成广告片大肆宣传。百事可乐还不惜重金邀请知名摇滚歌星迈克尔·杰克逊（Michael Jackson）、电影演员比利·克里斯托（Billy Crystal）等做电视广告，来吸引年轻一代。

可口可乐也不甘示弱，凭着老字号招牌及雄厚的实力，在广告和公关等方面进行反击。从广告上看，可口可乐策划很周密，既有永恒的基本主题——"喝可口可乐吧！"又有不同时期和地域中的变换主题，比如某个版本的广告主题是通过活泼动人的小调唱出："常令你欢喜，令你最愉快。"宣传顾客喝了可口可乐会有愉快的感觉。后来,主题又换为"倍添情趣"。这种基本主题与变换主题相结合的适度广告宣传,同样取得了很大成功。

我们不得不承认百事可乐作为后起之秀的功力,但也同样敬佩可口可乐的坚守。"既生瑜,何生亮",曾经的周瑜感叹上苍不公,但是在现在这个社会里,百事可乐或者可口可乐绝不会发出这样的感叹。相反,它们应该由衷感激自己的对手。正是在与对方不断的缠斗中,两家公司都得到了真正的成长。

企业如何在激烈的市场风云中占据一席之地,找到自身的竞争优势至关重要。迈克尔·波特教授在其"竞争三部曲"中,提出了行业及行业内企业竞争的分析框架,并由此为企业如何通过实施竞争战略来获取和保持竞争优势,以及特定国家的特定行业如何通过政策影响获取成功这两个重要命题提供了解决方案。

波特认为,**竞争战略决定企业成败,竞争战略的选择要考虑两个核心问题:行业的吸引力和行业内企业的竞争地位。**一是行业的吸引力,即行业的长期盈利能力及其影响因素。不同行业的盈利水平和盈利机会不同,行业固有的盈利能力是决定该行业中某个企业盈利能力的关键。二是决定行业内企业间相对竞争地位的影响因素。因为在大多数行业中,不论其平均盈利能力如何,总有一些企业可以获得超过平均水平的利润。这两个问题不可分割,企业如果只解决其中的一个问题,并不足以制定其竞争战略,因为即使在平均盈利水平高的行业中,也有亏损的企业;而有些利润微薄的行业中表现最好的企业的利润也可能低于其他行业的平均利润。对这两个问题的回答共同决定了企业的竞争战略。

在传统经济的视域里,行业间往往筑起一道进入壁垒,凭借有限的企业资源,想要跨行业竞争实属不易,企业要想扩张相关的业务,一般首选在行业内部或相关行业领域进行扩张。通常来说，企业会选择在同行业内自己熟悉的领域进行竞争。正是由于不同行业提供了不同的盈利机会，对企业来说，选择在哪一个行业竞争至关重要，这个选择也是企业进行竞争战略抉择的关键一步。波特提出"五力模型"，用来分析行业内企业竞争的规模和程度。他在《竞争优势》中写道："在任何行业，无论是国内或国际的，无论生产产品或提供服务，竞争规律都体现为五种竞争的作用力：新进入者的威胁，替代产品或服务的威胁，供方的议价能力，买方的议价能力，以及现有竞争者的威胁"（见图 3-1）。

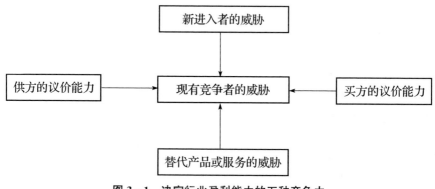

图 3-1　决定行业盈利能力的五种竞争力

企业竞争优势的缘起

波特认为，五种竞争力影响价格、成本、投资和行业结构等诸多因素，它们综合起来决定了行业的盈利能力。然而，这五种作用力并非在所有的行业中都同等重要，由于不同的行业具有不同的特征，五种作用力的表现形式在不同行业也不尽相同。比如，对于汽车零部件制造行业，关键压力来自买方的议价能力，因为汽车制造企业都是大买家，且通常有多个供应商可供选择，其替代成本相对较低。

新进入者给行业带来新的投资和新的生机与活力，同时也瓜分了原有的市场份额，加剧了行业内的竞争，严重的可能还会危及原有企业的生存。替代品也会影响行业内的竞争形式，替代品的价格越低、用户转换成本越低，其所能产生的竞争压力就越强。供方的议价能力影响企业的成本，而买方的议价能力则影响企业所能索取的价格。在门槛低、产品或服务差异小、需求增长缓慢且用户转换成本低的行业中，行业内通常面临激烈的竞争。

基于对行业结构和行业吸引力的深刻理解，结合自身的资源条件，企业或创造或保持自己的竞争优势，并制定竞争战略，这是企业竞争优势（firm-specific advantage，FSA）理论的核心。竞争优势是相对于竞争对手拥有的可持续性优势，分为成本优势、差异优势、聚焦优势。相对应的，企业有三种基本战略，即成本领先战略、差异化战略、专一化（集中）战略。企业需要从这三种战略中选择一种，作为其主导战略。要么通过严格控制成本，把成本降到平均水平以下，获取更高的利润；要么提供特色的产品和服务，满足客户个性化、多样化的需求，通过产品溢价弥补差异化导致的成本上升；要么致力于服务某一特定的细分市场、某一特定的产品种类或某一特定的地理范围。如果企业没有在三种基本竞争中选择一种作为主导战略，就被称为"夹在中间"。三种战略的差别很大，成功地实施一种战略所需的资源和技能并不相同，"夹在中间"的企业可能因为架构混乱、目标模糊、资源错配而遭受损失，在竞争中处于不利地位。"夹在中间"的企业面对实施成本领先战略的竞争对手，会失去大量的价格敏感型客户；对于高利润业务，又无法与那些做到了全面提供差异性产品或服务的企业相抗衡；对于某一细分市场，"夹在中间"的企业也不像采取专一化战略的企业那样能够精准和细致地满足客户需求。"夹在中间"的企业最终只能寻找市场空隙，在夹缝中生存。

一般性竞争战略：企业竞争优势的方法论

三种一般性竞争战略如图 3 - 2 所示。

图 3 - 2　三种一般性竞争战略

成本领先战略：严格控制成本，使总成本低于竞争对手

智能制造的快速迭代，使移动互联网领域的创新创业公司面临着急速变化的外部商业环境，企业如果选择自己建造生产线，资产专用性很高，沉没成本过大，因此，选择外包是大多数移动互联网公司的最优选择。小米公司成立于 2010 年 4 月，是一家专注于高端智能手机自主研发的移动互联网公司。它把注意力集中在软件研发，而将硬件研发和生产外包出去以降低产品研发和制造成本。通过饥饿营销、微博营销、网络社区营销及口碑营销，小米避开了传统的各级经销商中介，创新了销售模式，以较低营销成本实现了最大化收益，粉丝经济体现得淋漓尽致，树立了较好的口碑。小米的成长烙下了深深的成本领先的印迹。

成本领先战略是三种战略中最清晰的战略。在成本领先战略指导下，企业目标是降低成本，成为其产业中的低成本生产企业。而企业成本优势的来源各不相同，可能来自规模经济、专有技术、廉价的劳动力、优惠的原材料和其他因素。例如，在电视机方面，取得成本上的领先地位需要有足够规模的显像管生产设施、低成本的设计、自动化组装和有利于分摊研制费用的全球性销售规模。在安保服务业，成本优势要求极低的管理费用、源源不断的廉价劳动力和因人员流动性大而需要的高效率培训程序。

如果企业能够创造和维持全面的成本领先地位，那么只要将价格控制在产业平均或接近平均的水平，它就能获取趋于或超过平均水平的经营业绩，成本领先者的低成本优势将转化为高收益。然而，成本领先者不能无视差异化，如果它的产品或服务不能与其对手相比或不被客户接受，成本领先者为了增加销售量，将降低价格，以至于以远低于竞争者的价格销售，这将抵消低成本所带来的收益。

成本领先战略的逻辑要求企业就是成本领先者，而不是成为竞争这一地位的几个企业之一。很多企业因并没能认识到这一点而犯过严重的战略性误判。当有意成为成本领先者的企业不止一个时，它们之间的竞争常常十分激烈，因为市场份额的每一份都被看作至关重要。如果没有一个企业能获取成本领先并且劝阻其他企业放弃它们的成本战略，那么正如大量石油化工产业的例子一样，对盈利能力造成的后果可能是灾难性的。因此，成本领先是格外依赖于先发制人的一种战略，除非重大的技术变革允许某个企业从根本上改变其竞争地位。

差异化战略：产品和服务同竞争对手有明显区别

海底捞的服务是餐饮界的楷模，也一直被其他品牌学习。海底捞之所以强调服务，是因为餐饮行业本身竞争激烈，而且火锅又是标准化的餐种，如果别的火锅品牌也能做到标准化，那剩下就只能看管理和服务了。海底捞在服务上是非常人性化的。在顾客等餐的时候给顾客免费美甲、擦皮鞋，还提供清爽饮料和独特小点心。在顾客就餐时，秉承着企业的三级服务标准，不断为顾客提供贴心和惊喜的服务，经常推出爽心悦目的小节目。在竞争异常激烈的餐饮市场中，海底捞通过贴心的差异化服务创造了港交所首日发行市场破千亿市值的传奇。

在差异化战略的指导下，企业力求在产品、服务、企业形象等方面与竞争对手有明显的区别，以获得竞争优势。这种战略的重点是创造被全行业和顾客都视为独特的产品和服务，并因此而获得溢价的报酬。差异化战略同样可以通过许多方式实现，如产品设计、品牌形象、技术特点、客户服务、经销网络和其他方面的独特性。

一个能创造和保持差异化的企业，如果其产品价格溢价超过了它为创造差异化而付出的额外成本，它就成为其行业中盈利高于平均水平的佼佼者。因此，一个实行差异化战略的企业必须持续探索使得价格溢价超过额外附加成本的经营方式。差异化和高成本是一枚硬币的两面。为了获得差异化的竞争优势，企业通常需要付出额外的附加成本，成本的劣势会抵消企业获得的价格溢价优势，因此企业绝不能忽视对成本的控制。也就是说，采取差异化战略的企业必须通过削减所有不影响差异化的各方面成本，来实现与竞争对手相比的成本相等或成本近似。应当强调的是，差异化战略并不意味着公司可以忽略成本，但此时成本不是公司的首要战略目标。

差异化战略的逻辑要求企业选择那些有别于竞争对手并使自己的经营独具特色的特质。企业如果期望得到价格溢价，必须有所不同，真正做到标新立异。然而，与成本领先战略相反的是，如果存在多种为客户广泛重视的特质，行业中可能存在不止一种成功的差异化战略。

专一化战略：主攻细分市场，聚焦细分的消费群体或地区市场

2013 年以前，当不少厂家都在为产品的销路犯难，甚至为吸引消费者的眼球不惜祭起降价大旗的时候，格力向北京、广州、上海、重庆等大中城市投放了一款高档豪华的空调新品——"数码 2000"，它以其智能化的人体感应功能、安全环保的一氧化碳监测功能和独具匠心的外观设计，受到了各地消费者特别是中高收入阶层的空前欢迎，掀起了一轮淡季空调市场少有的抢购热潮。缘何在众多空调降价之时，价格昂贵的格力"数码 2000"却能在淡季热销？就因为格力"数码 2000"已经不再是"一篮子普通的鸡蛋"。它的过人之处在于采用了世界独创的人体感应和一氧化碳感应两项新技术，使空调步入了感性化时代，具有了智能化和环保两大优势。格力空调是少数坚持专一化经营战略的国内大型家电企业，空调业务占总体业务达到 97%。

专一化战略与其他战略相比迥然不同。实行专一化战略的企业一般选择某个特殊的顾客群体、某产品线的一个细分区段或某一个地区市场为主攻目标，为其量体裁衣。尽管并不拥有在全面市场上的竞争优势，但选择专一化战略的企业以高效率、更好的效果为某一特殊对象服务，从而超过服务于广泛市场的竞争对手。

专一化战略有两种形式：一是低成本，即在成本领先战略指导下，企业寻求其细分市场上的成本优势，探索不同于全面市场的降低成本的途径；二是差异化，即在差异化战略指导下，企业寻求其目标市场上的差异化优势，开发差异细分市场上客户的特殊需求。这些差别意味着服务于广泛市场的竞争者不能很好地服务于这些细分市场，因为它们在服务于细分市场的同时也服务于其他市场。例如，护肤品企业通常会推出全套护肤产品，如洁面乳、化妆水、精华液、乳液、面霜、眼霜、面膜和防晒霜等，而来自瑞士的护肤品牌优佳（Ultrasun）则专注于防晒，在防晒领域深耕数十年，与瑞士皮肤癌预防中心共同研发推出了一系列防晒产品，除了为人们所熟知的防晒霜，还包括防晒唇膏以及眼部防晒、头皮防晒和晒后修复产品，这些产品对脸部、眼部和唇部，甚至头皮的防晒做了更细致的区分。优佳还针对儿童的娇嫩肌肤推出了儿童防晒产品，针对户外运动推出了运动防晒产品，此外还推出了针对想晒黑但是又不想晒伤人群（如晒太阳浴人群）的防晒产品。

对于实施专一化战略的企业来说，细分市场结构上的吸引力是一个必要条件，因为在同一个行业中，一些细分市场比其他市场盈利率要低得多。大多数行业包含了大量的细分市场，即反映不同的客户需求或采取不同于广泛市场的降低成本措施的细分市场。这些细分市场都是专一化战略的候选市场。如果一个企业能够在其细分市场上持久地保持成本领先或差异化地位，并且这一细分市场的行业结构很有吸引力，那么实施专一化战略的企业将会成为其产业中获利高于平均收益水平的佼佼者。

价值链：企业竞争优势的入口

将企业作为一个整体来看，会很难发现它的竞争优势所在。波特发现了价值链是寻求企业竞争优势的重要入口。从企业的活动来看，它由设计、生产、营销、服务等基本活动和辅助活动组成，有些活动使企业获得了成本优势，有些活动使企业能够提供差异化的产品和服务，有些活动使得企业能够更好地服务于特定的目标市场。因此，**竞争优势可以沿着价值链的脉络去寻求与企业资源禀赋相匹配的定位（positioning），从而获得与竞争对手具有显著差异的优势。**

有位顾客在当地海尔专卖店购买了一台海尔电热水器。第二天突然要出差，希望海尔的工作人员能马上来安装，于是拨通了热线反映情况。10 分钟后，海尔工作人员立即回了电话。半小时后，两位工作人员便带着机器一起来到顾客家中，并立即对顾客家的用电情况进行检测。工作人员画好钻孔位置后，还用透明胶粘好塑料袋贴在墙上接灰尘。顾客怕工作人员麻烦，就告诉他们说不用这样做了，他可以自己收拾。可是工作人员执意贴好塑料袋，并解释说这是海尔服务中规定的无尘安装，不仅仅是工作过程中产生的垃圾得注意，事后还要帮客户收拾好卫生。工作人员的服务瞬间获得了顾客的好感。这是海尔顾客在网上分享的真实体验。

海尔集团从一个亏损 147 万元濒临倒闭的小厂发展到今天中国家电行业名列前茅的国家特大型企业集团，最重要的原因在于其管理特色。而售后服务更是作为典范被广泛推崇。海尔无疑是找到了最佳的定位，从价值链的售后服务环节获得了美誉和口碑。

企业的竞争优势来源于基本活动和辅助活动，这些活动的各种组合形成了企业独一无二的价值链（见图 3 - 3）。虽然同行业的价值链有其相似之处，但是每个企业因为产品、买方、市场规模、地理位置、分销渠道的差异而有所不同，每个企业的价值链都有其独特之处。对价值链的分析是以企业为基础的，如果以行业为基础进行分析，会因为过于宽泛而混淆竞争优势的各种来源。每个企业面临的竞争者之间的价值链也会有很大的不同，竞争者价值链之间的差异是竞争优势的一个关键来源。

辅助活动	企业基础设施					利润
	人力资源管理					
	技术开发					利润
	采购					
基本活动	内部后勤	生产经营	外部后勤	市场营销	服务	

图 3 - 3　企业价值链

对企业价值链的分析是一种研究竞争优势的适宜的方法。价值活动可以分为两大类：基本活动和辅助活动。基本活动，即一般意义上的"生产经营活动"，是涉及材料供应、产品生产、成品储运、市场营销和售后服务的各种活动。在任何企业中，基本活动都可以划分为五种基本类别。辅助活动是辅助基本活动并通过提供组织建设、技术开发、人力资源以及为公司各种职能提供支持的活动。价值链的各环节之间紧密相连，相互影响。例如，采购的原材料质量直接影响了产品的质量。如果对采购环节加强控制，提高原材料的质量，生产环节的成品次品就会减少，品质控制也会更加简单。

就竞争角度而言，价值是买方愿意为企业提供的产品和服务所支付的价格。价格用总收入来衡量，总收入则是企业产品和服务索取的单价与所销售的数量的乘积。如果企业所得的价值超过创造产品所花费的各种成本，那么企业就获得利润。为买方创造不低于成本的价值是任何基本战略的目标。分析竞争地位必须使用价值而不是成本，因为企业为了获取经营差异化所带来的价格溢价常常有意提高成本来提升为客户创造的价值。波特的价值链理论揭示企业与企业之间的竞争，不仅仅是某个环节的竞争，还涉及整个价值链的竞争，而整个价值链的综合竞争力决定了企业的综合竞争力。用波特的话来说："消费者心目中的价值由一连串企业内部物质与技术上的具体活动与利润构成，当你和其他企业竞争时，其实是内部多项活动在进行竞争，而不是某一项活动的竞争。"

3.2 生态系统论的观点

这是网络上曾经非常流行的一个故事。

滴滴花了许多年苦心孤诣地和各家打车平台打补贴大战，试图拉高其他平台的"用户获取成本"，结果被一个"局外人"高德地图"截和"了。

现在用户可以直接用高德地图一键跨平台打车，不仅大幅提升打到车的概率，而且可以"货比三家"来省钱。

从行业的角度来说，高德这项功能把市场上所有的"供给方"放到了同一起跑线上竞争。没有垄断，不拼品牌，不必下载 App，甚至你都不需要听说过这个平台……一键打车，自然会有人来接你。

在这种情况下，打车平台的用户获取门槛瞬间归零。只要你率先响应，只要你便宜，就会被消费者选择。

凭什么高德地图可以这样，用一个小小的功能设置，影响整个打车行业的竞争格局？

高达 4 亿的用户体量固然重要，但同样重要的是它的"生态层级"更占优。

"地理位置感知"的用户需求层级相比"出行"更底层，"出行"相比"打车"更底层。当用户想要做一件事情，想要去一个地方，想要了解某一个场所时，都需要先获得一个感知："这个地方在哪儿？"然后才去想："我怎么去？""选择哪种通勤手段？""哪种方式更快？"

以上问题，高德地图能够给出非常好的回答，但滴滴则回答不了。高德是真正从用户需求出发，为用户排忧解难的。而滴滴是从"让用户使用自己的服务"这个出发点来考虑问题的。

从本质上说，这就是用户需求层级的差异。上层需求（打车）只是底层需求（地理感知＋出行）的一个分支。因此，满足上层需求的企业，很容易就成为底层需求平台的"一项功能"。

滴滴千算万算，结果被人抄了后路。战术层面做得再好，能起到的作用也是有限的；生态系统没站稳，自己所做的努力，都是为别人做了嫁衣。

生态系统打破了传统的竞争模式。在互联网时代，企业面临的竞争者不仅仅来自同行业，在更多的时候竞争对手可能来自意想不到的地方。在生态竞争模式下，地图平台高德可以成为打车平台滴滴的竞争对手，社交软件微信会成为支付宝的竞争对手；你永远也不知道你的下一个竞争对手在哪里。美国施耐德物流公司（Schneider National）首席信息官朱迪·莱姆克（Judy Lemke）形象地把这种现象称为"优步（Uber）综合征"，即竞争对手以一种完全不同的业务模式闯入行业，你发现自己完全没有招架之力。竞争的主体已经由单个的企业转变为包括平台所有者、互补者等在内的共同参与的整个生态系统。数字平台企业的发展不仅仅以原有的产品和服务为基础，向相关行业扩张，更重要的是，平台企业以用户为主，通过大数据分析，了解用户的需求和喜好，通过自身的资源协调能力，将用户牢牢地绑在自己的生态体系上。如微信作为我国最大的社交软件，拥有广大的用户群体，除满足用户的社交与通信需求，微信以用户为基础，逐步上线了金融科技服务（如微信支付、理财通、乘车码等）、数字内容（如腾讯视频、腾讯新闻等）和工具（如腾讯地图、小程序等），不少人早上睁开眼睛的第一件事和睡前的最后一件事都是看微信，微信已经牢牢地将用户绑定在微信生态系统中。

高德打车服务：打车领域的"淘宝"平台

2017 年 2 月 14 日，美团在南京高调上线了一项新功能，该功能允许用户在美团 App 里打车。这不是美团和其他网约车公司的合作入口，而是美团自己运营的约车服务。

美团上线打车产品的这一天，滴滴创始人兼首席执行官程维和美团点评首席执行官王兴一起吃饭。程维回忆，当时并不知道王兴在做这个事情，王兴也只字未提。吃完饭看新闻才知道了这件事。

随后程维表示，"尔要战，便战。"

美团做打车，滴滴做外卖，分别进入各自的腹地作战，谁能笑到最后？

外卖与打车市场的核心竞争力到底是什么？

从竞争角度来说，外卖市场并未形成一家独大的市场格局。美团和饿了么可以说是旗鼓相当。但是在打车市场上，滴滴已经实现了一统天下。

这就意味着，美团在外卖市场的竞争优势，低于滴滴在打车市场的优势。

唯一能够一较高下的是资金和技术，问题是：烧钱，烧出壁垒了吗？

发起打车和外卖大战，一方面要有钱，另一方面要有技术。

美团从团购业务做起，一直在疯狂烧钱。在外卖业务烧钱也没获得垄断地位的同时，现在又增加了打车、共享单车两个更加烧钱的项目。加之滴滴发行 ABS 债券 100 亿元，进军外卖市场，更是让美团不得不继续加大烧钱力度。

在技术方面，如果说配送技术、路况数据是美团的优势，那滴滴利用网约车业务掌握了全国几乎所有大街小巷的路况数据，通过成熟的智能调度算法，可以为骑手提供更好的送货路线，提高配送效率。

滴滴、美团之战轰轰烈烈、愈演愈烈，似乎难分高下。

然而 2018 年 3 月底，正当美团与滴滴正因打车业务"厮杀"、未能决出高下之际，高德地图上线了顺风车业务；同年 7 月初，"高德打车"上线，并推出各类优惠券。

国内的打车市场经过从优步到快的、滴滴、神州、曹操，再到美团等出行平台的激烈竞争，在高德地图出现之前，滴滴已成为出行市场的垄断性服务商。看似已成定局的打车市场，突然闯入了一名"不速之客"——高德地图。

　　高德地图原本是一个提供数字地图内容、导航和位置服务的数字化平台，其原始业务以地图和导航服务为主，似乎与打车行业并不直接相关。然而，高德地图通过接入打车平台，即滴滴快车、阳光出行、AA出行、曹操专车、首汽约车、金银健出行等主流出行服务商，一方面实现了一键跨平台打车，提高了打到车的概率，另一方面，"货比三家"能给消费者带来实惠，为消费者提供出租车、快车、专车等不同价位的多种出行选择。从地图服务供应商到叫车服务提供方，高德地图实现了角色转换，打破行业壁垒，直接参与出行市场的竞争，从打车平台的参与者成为打车平台的领导者和治理者。高德打车的价值创造在于平台价格加成。相对于在滴滴、神州或首汽约车平台上叫车，高德会稍稍调高打车价格。例如，从作者所在的中国人民大学到求是公证处，滴滴上经济型快车价格为13元，高德上为14元，随着区间距离的增加，调高的幅度也会越大。

　　相比于传统的打车软件，高德的主要竞争优势表现在以下两个方面：第一，高德通过早期的定位和导航地图业务积累了高达4亿用户群体，具有天生的流量优势。第二，也是更为重要的一点，高德从用户的底层需求入手。"地理位置感知"即"我在哪儿?""我要去哪儿?"的问题是用户的底层需求。相比之下，"我怎么去那里?""怎么去更快?"则是用户更高层次的需求。用户的需求首先是地理感知＋出行，然后才是是否打车。而高德打车恰好既能解决用户的底层需求，又能在此基础上解决用户更高层次的需求。

　　在一个"下雨天，车少路堵"的情境中，如果选择滴滴，滴滴给你提供的方案是，"你现在排位168位，请耐心等待，司机马上就来接你"。而由于高德本身是一个导航软件，能提供步行、骑行、地铁、公交、驾车等多种出行方案。自2018年7月上线高德打车服务后，又集合了一系列的打车平台，会提供一系列的备选方案：（1）坐地铁，如何换乘，用时多久；（2）打车，用时多久，预计花费；（3）坐公交，如何换乘，用时多久……

我们从平台企业、平台互补者和用户这三个构成要素来诠释高德的生态系统构建。首先，高德地图作为平台企业提供定位与导航服务，解决用户的底层需求。比如，"我在哪儿？""我要去哪儿？"其次，各类打车软件和支付软件作为平台互补者，为用户提供出行相关服务，解决用户的高层次需求。比如，"我怎么去那里？""怎么去更快？"最后是具有定位导航和出行需求的庞大用户群体。这三者之间紧密联系，构成了一个平台生态系统。

生态系统竞争优势的缘起

互联网商业化以来的 20 多年间，商业模式不断更迭创新，信息技术的创新使得数字化企业间的竞争更为激烈。根据传统的企业竞争优势理论，企业面临着五种竞争力，即新进入者的威胁、替代产品或服务的威胁、供方的议价能力、买方的议价能力、现有竞争者的威胁。[①] 这五种竞争力影响了产品的价格、成本、投资和产业结构，企业根据自身的实际情况采取成本领先战略、差异化战略或专一化战略，企业竞争的目的是获得更多的资源和市场，这往往体现一种零和博弈效应。

新的时代催生了新的商业逻辑，召唤新的理论提供新的解释性框架。伴随数字时代的到来，生态系统竞争优势（ecosystem-specific advantage，ESA）理论也应运而生，成为支配数字经济运行逻辑的理论

---

① Buckley P J, Casson M C. The future of the multinational enterprise. London：Homes & Meier，1976；Rugman A M，Verbeke A. Edith Penrose's contribution to the resource-based view of strategic management. Strategic Management Journal，2002，23（8）.

基石。[①] 该理论主要研究数字经济中的竞争策略。竞争主体将从企业走向生态，未来的竞争形态更多表现为生态系统之间的竞争，而生态的优势是单个企业所无法具备的，这将给企业的生存和发展带来颠覆性的冲击，也将改变从现在到未来的企业竞争格局。企业与企业之间的关系不再是单纯的非敌即友，或者非友即敌，既合作又竞争的关系非常普遍，体现一种共生和利他的关系。

在生态系统竞争优势理论中，滴滴既拥有自己的平台，与高德地图形成竞争关系，又接入了高德的平台，是高德打车的合作者之一。竞争目的是通过自我创新，不断创造价值，满足消费者需求，占领市场。因此，**企业竞争关系是创新、分享、共赢、开放、合作的竞争，共建平台生态系统、增强生态系统的竞争优势，才是企业生存之道。**

生态系统竞争优势理论是对波特竞争优势理论的颠覆和拓展。传统的波特竞争是零和博弈效应，而生态竞争却是共生和利他关系，因此生态系统竞争优势理论在未来将具有更强的生命力，也从另一个角度解释了占世界经济支配力量的数字经济的运行方式和理论逻辑，为数字时代平台企业的崛起奠定了理论基础。

学术界认为 50 年为一个阶段，之后将会形成新的商业形态。过去的商业形态是以企业为主体，特别是表现在网络状的跨国企业；而现在的新商业形态则是生态系统，生态系统主要以数字平台为载体。所谓数字平台，生态系统竞争优势理论将其定义为具有模块化架构、为促进用户同提供互补产品和服务的服务商进行多边交易而提供接口的平台。有些数字平台全部依靠数据流动而进行线上运营，有些则把线下资产和操作与线上运营相结合。

---

① Li J T，Chen L，Yi J T，Mao J Y. Ecosystem-specific advantages in international digital commerce. Journal of International Business Studies，2019（50）.

　　传统意义上的企业竞争策略，早期以研究国家和产业层面居多，到了企业层面发展成为定位战略。传统行业进入壁垒高，边界定位清晰，行业内部已然充分竞争，而要形成竞争优势就要采取差异化战略或成本领先战略，企业需要提供更便宜、更好、更有吸引力的产品和服务。企业可以围绕从研发、设计、生产投入到营销、售后服务的价值链进行定位战略设计，优化配置自身资源在具有竞争力的环节并做到极致，培育和发展可持续的竞争优势，例如海尔早期以售后服务著称而形成海尔竞争优势。

　　然而，随着云计算、大数据和人工智能的发展，用户和数据成为企业的核心战略资源，行业边界不再清晰而呈现流动状态，例如 2018 年美团进军网约车市场、滴滴推出外卖服务，双方互相进入对方的业务领域，说明只要有足够的用户就可以进入新领域，同时也无法预测新的竞争对手的出现。而数字企业的内生需求就是撬动规模效应，从而赚取更高收入并降低运营成本，跨界竞争成为必然趋势。与波特竞争理论不同，数字经济竞争所形成的流动行业边界导致市场竞争具有很强的发散性，在市场上很难锁定具体的潜在竞争对手，因而定位战略的实施具有很强的不确定性甚至颠覆性。

　　生态系统竞争优势理论强调，在数字经济前提下，行业边界不清晰、企业内生的业务网络效应以及竞争格局的不确定性，说明只有生态系统才能形成生命力。生态系统形成竞争优势主要通过以下途径：（1）**整合互补性的外部资源**；（2）**有效配置资源，发挥资源的互补性和网络外部性**；（3）**高效的激励机制设计激活资源利用效率和配置效率，使得差异化的合作伙伴能够协同创新，为整个生态系统共创价值**。[①]

　　与传统网络状的跨国公司相比，数字平台生态系统的价值创造需要

---

① 　Li J T，Chen L，Yi J T，Mao J Y. Ecosystem-specific advantages in international digital commerce. Journal of International Business Studies，2019（50）.

差异化的合作伙伴协同创新，为系统整体创造更大的价值即价值最大化；而传统的跨国公司则是嵌入网络状关系中，需要通过协同生产来获得更低的成本即成本最小化。生态为多边结构且生态领导者为生态的协调者和编排者，生态的合作伙伴来自不同行业且具有互补能力，生态的目标是为整个生态系统进行价值共创；传统网络状的跨国公司结构为中心辐射型，轴心公司为经纪人角色，合作伙伴是同一价值链的上下游公司，其目标是获取网络中的资源并为轴心公司进行价值捕获。因此，生态系统竞争优势理论显著有别于传统的跨国公司理论，成为引领数字型企业和数字经济的全球发展的新的基石。

理论篇

生态系统竞争优势理论

第 4 章

揭开繁复的面纱——认识数字平台生态系统

看起来复杂的生态系统，其结构原来这么清晰——数字化平台以自身为核心，构筑了由多方参与的平台生态系统；生态系统参与者既展开价值交互，又进行价值共创。

"穷则变，变则通，通则久。"《周易·系辞下》中的这句话是说当事物发展到了极点，就要发生变化、做出改变，只有拥抱改变才不会阻碍事物发展的步伐，从而助力其实现长久的优质发展。互联网商业化以来的 20 多年间，信息技术日新月异，以云计算、大数据、物联网（IoT）、人工智能、下一代移动网络技术等为代表的数字经济不断发展，孕育了全新的商业模式和经济范式，全球经济格局正在逐渐被解冻、重塑和再次冻结。为获得或保持持久的竞争优势，企业在坐享发展惯性的同时，不得不思考接下来的发展道路：我们将为谁创造价值？要创造什么价值？又该如何创造这一价值？

2010 年 4 月，小米公司正式成立，3 年后营收首破千亿元，2019 年营收达 2 058 亿元。作为"一家以手机、智能硬件和 IoT 平台为核心的互联网公司"[①]，小米公司的收入主要源于三个板块——智能手机、IoT 与生活消费品以及互联网业务。近年来，小米的手机销售收入占比持续下降，

---

① 资料来自小米公司官网（https://www.mi.com/about）。

IoT与生活消费品以及互联网业务成为营收增长新动能，如图4-1所示。

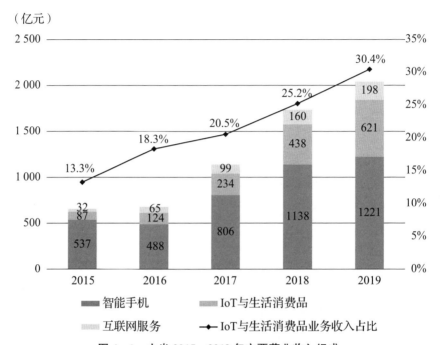

图 4-1 小米 2015—2019 年主要营业收入组成

资料来源：小米公司 2019 年年度报告及小米集团公开发行存托凭证招股说明书。

成立伊始，小米公司借助苹果公司（Apple）打开的智能手机风口，建立以"手机+MIUI+小米商城"为核心的商业模式，在"米粉"的帮助下以低成本开启中低端智能手机市场。随后，为增加用户黏性和消费频度，2013 年起小米公司开始布局生态链，以延长产品线、提升软件服务。2016 年，小米生态链基本成型，三年间共投资孵化 77 家生态链企业。① 通过独特的"生态链模式"，小米公司坚持"参股不控股""帮忙不添乱""建议不决策"②，投资带动了更多志同道合的创业者，同时

---

① 雷军在中国移动全球合作伙伴大会上发表主题演讲.（2016-12-20）. https://www.sohu.com/a/122100251_540319.

② 苗兆光：小米生态链模式的厉害之处.（2018-04-23）. https://www.sohu.com/a/229112115_343325.

建成了连接超过 1.3 亿台智能设备的 IoT 平台，形成了以智能手机为核心，覆盖手机周边、智能硬件以及生活耗材等的生态链（见图 4-2）。

图 4-2　小米生态链示意图

资料来源：根据公开资料整理。

面对环环相扣的生态链，有的顾客"埋怨"道：在小米买东西总有一发不可收拾的趋势，只要买了一件，你就会接着买第二件、第三件……因为你想把这些东西连接起来，享受万物相连的快感。生态链的魅力在这种连接中被无限放大，小米公司和生态链企业之间通过共享数据、能力、供应链、渠道、品牌等，共同为顾客源源不断地创造价值。

《大国崛起》中提到，"我们面对的是一个比一百年前更相互依赖的世界"。这种深度依赖性既体现在企业之间，又蕴藏在行业之间。在数字时代，企业与企业之间共享着"数据"这一新能源，坐拥着"平台"这一新物种，它们之间的关系不再是简单的竞争或合作，而是抱团御外、赋能助内，以普惠共享的方式创造新价值。随着各个企业纷纷建立或参与相关的数字平台生态系统，企业之间的联盟已突破行业的边界，行业与行业之间的界限也不再那么清晰。很多业界资深人士提到，在互联网的力量下，所有行业都将被肢解，这不是会不会的问题，而只是时间先后的问题。

行业之间的竞争正逐渐将被平台生态系统之间的竞争所替代，这些平台生态系统看似复杂，实则结构清晰——数字化平台以自身为核心，构筑了由多方参与的平台生态系统；生态系统参与者既展开价值交互，又进行价值共创。

4.1 生态小伙伴

过去，商业模式被定义为行业内企业的竞争方式；然而未来 10 年内，随着商业"生态系统"的迅速崛起，商业模式将由企业在生态系统中的竞争有效性重新定义。这里的生态系统覆盖了各行各业的细分领域。[①]

——麦肯锡 2017 年第三季报告《无界竞争》

平台生态系统的庞然大物

1998 年，马化腾等 5 人在深圳创立腾讯计算机系统有限公司，主营通信业务；1999 年，马云等 18 人在杭州创立阿里巴巴网络技术有限公司，主营市场、消费业务；2000 年，李彦宏在中关村创建百度公司，主营搜索业务。20 多年间，坐着互联网和数字经济的顺风车，百度、阿里巴巴、腾讯（BAT）三巨头通过发展自有业务和开展对外投资的方式不断开疆拓土，2020 年的业务版图如图 4 - 3 所示。

---

① 英文原文为：Within a decade, companies will define their business models not by how they play against traditional industry peers but by how effective they are in competing within rapidly emerging 'ecosystems', comprising a variety of businesses from dimensionally different sectors.

2000年		
通信	搜索	市场、消费
腾讯	百度	阿里巴巴

2020年		
金融	移动互联网	电子商务
财付通、理财通、众安在线、人人贷	手机QQ、微信、应用宝、猎豹移动、iTools、刷机大师	微信电商、拍拍网、京东商城、美丽说
百度钱包、百付宝	手机百度、百度搜索、猎豹移动、Pixellot	Peixe Urbano
支付宝、余额宝、天弘基金、德邦基金	YunOS、阿里通信、UC、高德地图、墨迹天气	天猫、淘宝、聚划算、苏宁易购、美团网、日日顺物流
教育	文化娱乐	汽车交通
腾讯精品课、腾讯课堂；微学明日、易题库	腾讯视频、华谊兄弟、呱呱视频	i车生活平台、路宝盒子、滴滴打车、优信拍
百度文库、百度百科、作业帮、沪江网、万学教育	百度视频、百度音乐、爱奇艺、纵横中文网	智能自行车、无人驾驶汽车、道道通
淘宝大学、阿里师生、VIPABC	阿里影业、淘宝阅读、优酷土豆、天天动听	快的打车
旅游	医疗健康	游戏
QQ旅游、同程旅游、面包旅行	微信全流程就诊平台、"糖大夫"血糖仪、丁香园、PICOOC	腾讯手游平台、擎天柱、星创互联
知心搜索、去哪儿、携程	百度健康、百度医生	百度爱玩、多酷游戏中心、蓝港在线
去啊、ASLAN（阿斯兰）、穷游网	阿里健康、华康全景网、中信21世纪	阿里巴巴手机游戏平台、KTplay盟游网络、1771网游交易平台

图 4-3　百度、阿里巴巴、腾讯业务版图
资料来源：根据公开资料整理。

BAT 被迫分享自己的领地，同时也在谈笑间攻城略地，竞争从行业内、企业间的一对一的个体对抗变成了整个"系族"间的团体战。"阿里系""腾讯系"等名词的背后是成百上千个企业，这些企业构成了一个个生态系统，每个生态系统内大大小小的企业在共同愿景的牵引下，共享资源、共生共赢。

其实对于这个生态系统，我们并不陌生。在地球这个自然界最大的生态系统里，存在着生产者、消费者、分解者和非生物的物质与能量，它们相互影响、相互制约，通过彼此之间的物质循环、能量流动以及信息传递，使整个系统实现自我调节，并在一段时间内处于相对稳定的动态平衡状态。类似地，数字时代孕育的价值共同体——平台生态系统也是这样一个由多种元素组成的"唇齿相依"的稳态集合体，我们将其定义为**平台以及平台上各参与方能够产生交互作用从而增加价值的网络**。平台生态系统以平台自身为核心，构筑了由平台所有者、平台互补者、平台提供者、平台产品或服务的用户等多边组成的动态系统，如图 4-4 所示。[①]

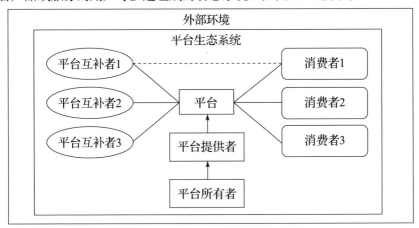

图 4-4 平台生态系统结构

---

① Li J T，Chen L，Yi J T，Mao J Y. Ecosystem-specific advantages in international digital commerce. Journal of International Business Studies，2019（50）.

麦肯锡 2017 年第三季报告预测：按照经济发展轨迹，截至 2025 年，12 个大型生态系统将陆续涌现，并对传统行业带来颠覆性影响。部分产业中出现的生态系统如图 4-5 所示。

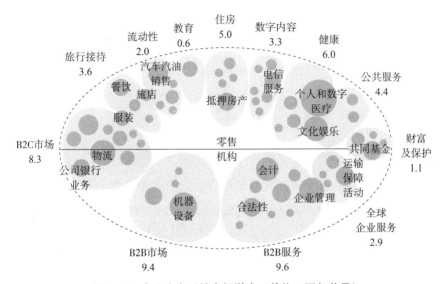

图 4-5　产业生态系统市场潜力（单位：万亿美元）

资料来源：根据 IHS World Industry Service，Panorama by McKinsey，McKinsey analysis 资料整理。

平台生态系统的出现正不断打破企业的边界，一次次刷新我们对于传统企业的认知。通信起家的腾讯如今这样定义自己的业务：连接生态——从连接人、服务和设备，到连接企业和未来科技，形成共赢的产业生态。"连接"这个词已成为腾讯业务的核心，因为在平台生态系统中，连接能力决定企业的边界与寿命。这种连接能力就好像是一种势能，不是单独的物体所有的，而是相互作用的物体共有的。比如物体拥有重力势能，不仅是因为物体有质量，还因为物体处在万有引力势场中，确切来说，重力势能是物体和地球共同具有的能量。物理上重力势能的计算公式是：$E_p = mgh$，其中，m 是物体的质量，g 是重力加速度（一般为常量），h 为相对高度。数字时代来临之前，企业的质量取决于企业自身创造价值的能力，所处的高度取决于用户规模以及用户黏性；但在数字时代，企业融入平台生态系统后，在与系统内的其他参与者产生连接、发生价值交互时，单个企业能力的提升或者用户规模的增长、用户黏性的增加不但能增加该企业的重力势能，还会赋能系统中的其他企业，同时该企业的重力势能也会随着系统内其他企业重力势能的改变而改变。

平台生态系统的五个伙伴

一个完整的平台生态系统一般包括如下五个伙伴：平台、平台所有者、平台提供者、平台互补者以及用户。它们就像自然生态系统中的生产者、消费者、分解者和非生物的物质与能量，各司其职又密不可分，共同维系着整个生态系统的健康运转。

平台作为平台生态系统的核心，为系统中的一系列产品提供技术支持。在数字时代，它更多地表现为一个基于技术架构的数字化平台，例如安卓系统、iOS 系统等。平台不同于产品。直观上来讲，产品是相对封闭的，产品的开发商希望通过成本领先战略或者差异化战略等高筑行业壁垒，抵御竞争对手的入侵，从而达到抢占或保持市场份额、延长产品生命周期的目的；但平台是相对开放的，它希望并鼓励更多志同道合的合作伙伴接入，大家共织一张网，随着这张网上的成员越来越多，平台才能够充分发挥自身价值并获得升级动力。因此，从某种意义上讲，产品思维始于供给端实现规模经济，而平台思维则从需求端出发实现规模经济。

平台所有者是平台信息技术的提供方，**平台提供者**是为用户提供平台接口的硬件方。在同一平台生态系统内，二者可以相同也可以不同，之间没有必然联系。比如，三星手机为三星集团所有，但是采用的安卓系统为谷歌公司所有，故平台所有者为谷歌公司，平台提供者为三星公司；而苹果手机及其采用的 iOS 系统均为苹果公司所有，故平台所有者和提供者均为苹果公司。如果将平台视作整个平台生态系统的地基，那么平台所有者就是那个打地基的人，平台提供者则扮演在此基础之上搭建楼房的角色。平台提供者将无形的技术有形化，为其提供面向用户的媒介，帮助其迈出为用户创造价值的第一步。随着物质和精神水平的提高，一个空荡荡的房子无法满足人们不断升级的生活需求，价值创造的第二步需要平台互补者的加入。

平台互补者是为平台提供产品或服务的第三方，如抖音、大众点评等一些移动应用。对于平台提供者和平台所有者来说，平台互补者能够更近距离地接触用户，更好地洞悉需求端的变化并争取更多的与用户进行互动的机会。对于平台互补者来说，平台提供者可以为其提供模块化的技术资源，平台所有者则为其提供实物化的运营平台，三者各取所需，共创价值，称得上"互补"关系。当然，平台提供者和互补者、平台互补者之间不可避免地会产生竞争，这就需要平台领导者进行科学的管理和正确的激励，促进信息的有效流动和知识的高质量共享，协调生态系统成员之间的关系，激励每个成员找到自己存在的意义，实现从单个企业到整个系统的价值觉醒。在平台生态系统内，一个企业的繁荣并不意味着整个生态的繁荣，如果单个企业的进步于整个系统而言具有负的经济外部性，即其进步是以系统内其他成员的利益受损为代价的，那么整个生态系统将失去平衡，会导致衰退和瓦解。

用户则是平台产品或服务的需求方。彼得・德鲁克（Peter Drucker）在《管理的实践》（*The Practice of Management*）中说，"顾客是企业的基石，是企业的命脉"[①]，企业是为了创造顾客而存在的，只有当

---

① 德鲁克. 管理的实践. 齐若兰，译. 北京：机械工业出版社，2018.

企业采取行动把顾客未被满足的需求变成有效需求后，顾客才真实存在，市场也由此诞生。这部分未被满足的需求可以分为两类：一类是顾客已存在但未被满足的需求，如吃饱、穿暖、出行，吃得有营养、穿得更时尚、出行更便捷等，传统行业的发展见证了这部分需求"被满足—升级—再被满足—再升级"的螺旋上升趋势。另一类是顾客尚未察觉到的、未被满足的需求，这为一些新兴行业的发展提供了契机。如在互联网行业出现之前，人们根本不知道足不出户就可以探索世界；在网上购物出现之前，人们未曾想过购物还可以不去实体店。但是，"互联网之父"蒂姆·伯纳斯·李（Tim Berners-Lee）想到了，淘宝创始人马云想到了。

史蒂夫·乔布斯（Steve Jobs）曾说，消费者并不知道自己需要什么，直到我们拿出自己的产品，他们就发现这正是自己要的东西。但这并不意味着企业在创造需求、创造顾客的同时也可以定义产品或服务的价值。产品或服务就像股票，没有人知道股票的真正价值，但是每个人在心中都对其进行了定价，当一只股票的实际价格低于股民心中的价值时，股民认为这只股票被低估了，往往会产生买入的动机。因此，企业认为自己的产品或服务是什么样的往往不是最重要的，顾客心中如何定义该产品或服务、如何判断该产品或服务的价值才决定了产品或服务的发展空间乃至企业的战略决策。归根结底，企业的使命是满足顾客需求、为顾客创造需求，但这一系列行为是否成功取决于顾客心中对于该项产品或服务的价值评估。顾客的反馈是整个平台生态系统绩效的考核官，也是整个生态系统发展的风向标。

用户的作用仅仅如此吗？在平台生态系统中，答案是否定的。1901—2000年间我们经历了三次管理革命。福特汽车（Ford）采用科学管理提升生产效率，林肯电气（Lincoln Electric）引入人本管理激发员工积极性,丰田汽车(Toyota)开创精益管理让用户需求拉动生产,管理的重心从效率转向人、从组织内转向组织外的用户。如今在第四次管理革命中,用户的重要性进一步上升,他们不再只是价值的接收者和消费者,"苹果粉""米粉"让我们看到用户也可以成为价值的传播者和创造者。雷军在为《参与感》① 一书作序时说:"台风口上,猪也能飞——凡事要'顺势而为',如果把创业人比作幸运的'猪',那行业大势是'台风',还有用户的参与也是'台风'。"小米一直倡导和用户做朋友,让用户参与企业做产品、做服务的过程,和用户通过微博、论坛、米聊等一起讨论产品、改进产品,这种参与式消费将企业的产品卖给用户,同时也通过提升用户的成就感和忠诚度为企业建立优质口碑,用户和企业之间实现了双向的价值创造。

在平台生态系统中,从平台所有者创造平台到平台提供者、平台互补者实现平台与用户的高质量连接和价值交互,没有哪一方的存在是没有意义的,所有平台生态系统的参与者都是价值的创造者,它们为了共同的愿景披荆斩棘、携手同行。

4.2 生态伙伴们的游戏

一个强大且成熟的平台生态系统往往是一个建立于核心资产——技术之上的复杂多边网络,网络节点上的各个主体——平台、平台所有者、平台提供者、平台互补者和用户相互独立又相互依赖,在自主创新、提升实力的同时进行价值交互、价值共创,为平台生态系统的增长

---

① 黎万强 . 参与感:小米口碑营销内部手册 . 北京:中信出版社,2014.

提供动力源泉，使其永葆青春，生生不息。

开放与封闭的技术圈

一种新型组织形态往往是新技术和时间共同作用的结果。但并非所有新兴技术都能促成新组织形态的产生，一般只有当某项新技术能够支持更多其他技术系统至关重要的功能，或者能为更广泛的公司与用户解决业务问题时，组织形态才会发生演变。[①] **平台生态系统作为数字时代的新型组织，存在的价值就在于其核心——数字化平台能够为系统中的一系列产品或服务提供技术支持或技术标准，能够为系统中的企业提供非地域性的竞争优势[②]，即这种优势不因企业进入市场的不同发生改变，具有一定的地理普适性。**数字化平台通过从根本上赋能个体、赋能企业，实现整个生态系统的共同繁荣。

技术既奠定了整个生态系统的基石，又构筑起整个生态系统的护城河。护城河围绕着中心城市日夜不息地流淌着，拒"敌"于外，迎"友"入内，分明地昭示着整座城市的边界。这种边界既可以是相对开放的，又可以是相对封闭的，但无论开放与否，都各有千秋。

我们一般认为谷歌的安卓系统是开放的，而苹果公司的 iOS 系统是封闭的。最直观的体验就是安卓手机软硬件分离，用户不仅可以从官方应用商店下载应用，还可以通过其他应用分发平台下载；但苹果手机则推行软硬件一体，苹果公司独占操作系统，用户只可以从苹果官方应用商店下载应用程序，被牢牢地锁定在了苹果的生态系统中。相比安卓系

---

① Gawer A. Platforms, markets and innovation. Northampton: Edward Elgar Publishing, 2009.

② 有些企业竞争优势是与地域相关的，具有很强的地域局限性。参看 Rugman A M, Verbeke A. A note on the transnational solution and the transaction cost theory of multinational strategic management. Journal of International Business Studies, 1992, 23 (4).

统，iOS 系统为用户筑起了一定的社交壁垒：使用苹果手机和华为手机的两个人是否能够联机打某一款游戏？使用苹果电脑和使用 Windows 系统的两个人怎样成功完成文件互传？但这一系列的问题并不妨碍"苹果粉"为之疯狂，因为受益于高度封闭，苹果公司做到了自家软硬件的完全适配和全方位覆盖，让用户得到更加流畅和完整的使用体验。而在开放的安卓系统中，第三方应用开发者可以基于自身理解和需求来更改系统，常常出现软硬件不协调导致系统卡顿、手机死机的情况，用户时常需要重启、清理内存，使用体验不尽如人意。

《2020 年 Q1 智能手机行业季度数据研究报告》显示，2020 年第一季度苹果手机用户的忠诚度[①]为 53.3%；但在安卓阵营中，除了华为的用户忠诚度高达 52.4%，其余品牌的用户忠诚度都低于 40%，小米与 OPPO 只有 29.3% 与 27.0%。具体如图 4-6、图 4-7 所示。

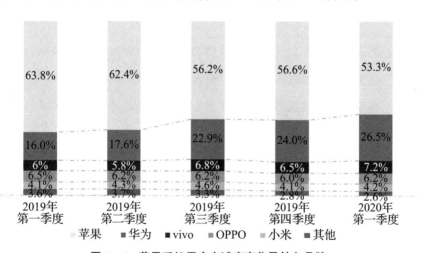

图 4-6　苹果手机用户忠诚度变化及转向品牌
资料来源：2020 年 Q1 智能手机行业季度数据研究报告.（2020-04-27）. http://www. moonfox. cn/insight/detail? id=909.

---

① 用户忠诚度指用户对某一特定产品或服务产生好感，形成依附性偏好，进而重复购买的一种趋向。

图 4-7　2020 年第一季度安卓手机用户忠诚度

资料来源：2020 年 Q1 智能手机行业季度数据研究报告.（2020-04-27）.http://www.
moonfox. cn/insight/detail? id＝909.

从平台提供者和平台互补者的角度讲，苹果的 iOS 系统是闭源的，
而安卓系统是开源的。开源与闭源的关键区别在于源代码是否开放，其
他人是否可以在遵循开源协议等的基础上，对源代码进行编译、使用和
再发布。以安卓系统为例，华为在此基础上开发了 EMUI，融入 GPU
Turbo（图形处理加速技术）、Link Turbo（全网络聚合加速技术）、方
舟编译器等，不断优化手机的硬件底层，治疗安卓系统的宿疾，让系统
使用更加流畅。

如果说开源意味着站在巨人的肩膀上，那闭源则是从零做起、单打
独斗但注重品质。二者各有千秋，前者免去了很多重复性工作，提高了
平台生态系统的协同效率；后者守卫了自己的核心资产，确保平台生态
系统的长治久安。

开疆拓土的网络外部性

平台生态系统之间的竞争与企业之间的竞争的最大区别在于平台具
有网络外部性（也被称作网络效应），简单来讲就是指平台的价值会随
着用户数量的增加而增加，用的人越多，平台就越好用。这种网络外部
性又可进一步分为直接网络外部性和间接网络外部性。

**直接网络外部性是指消费该产品的用户数量越多，那么这些用户通
过消费该产品获得的效用就会越大。因为用户的消费需求之间存在一定**

的相互依赖性，消费者在做消费决策时往往会看已经有多少人做了自己将要做的决策，然后再决定要不要购买该产品或服务。这种直接网络外部性不完全等同于口碑营销，因为人们的口口相传侧重通过直接增加产品或服务的销量带来规模效应，而非通过直接增加该产品或服务的价值提升已有用户的效用。

　　这和电话的普及、微信等社交软件的流行是一个道理：如果只有少数人使用电话，消费者通过电话不能找到想找的大多数人，那消费者为什么要购买电话呢？如果消费者身边的人都在使用微信，一些重要的信息也经常通过微信发布，那为什么不注册一个微信号，和大家处于同一个社交圈子呢？电话的联络价值、微信的社交功能随着其用户数量的增多得以充分发挥。

　　间接网络外部性涉及产品的提供方和消费方，如果消费某产品的用户数量越多，就会吸引更多的互补者提供该产品，进而提升用户因消费该产品获得的效用。在传统经济中，用户的需求互补性往往源于产品功能的互补性，比如汽车行业景气将会带动轮胎销量增加，电脑行业景气将会带动鼠标销量增加。但在平台经济中，这种互补性更多依存于平台内双边或多边用户的存在，比如在阿里巴巴的平台生态系统中，淘宝网作为一个 B2C 平台，如果拥有的商家数量越多、质量越高，就会为消费者提供更多的优质选择，吸引更多的消费者。同时，我们在淘宝购物进行支付时需要使用支付宝，因此淘宝网达到为支付宝引流的目的。多个互补性软件的用户群之间存在一定的交集，各自价值的增加将会产生 $\underbrace{1+1+\cdots+1}_{n\text{个}}>n$ 的效果。

　　淘宝的网络外部性效应如图 4-8 所示。

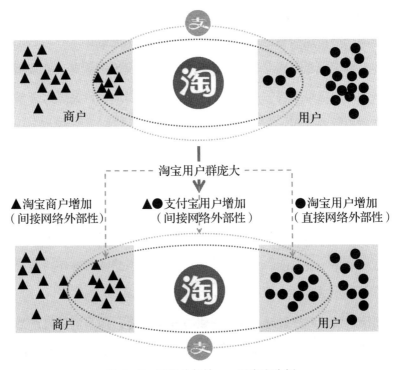

图 4-8 网络外部性——以淘宝为例

　　直接网络外部性和间接网络外部性之间并不是孤立的，当某一平台同时具备这两种较强的网络外部性时，就有可能出现"赢者通吃"的局面。微软开发的视窗（Windows）操作系统曾占据个人电脑（PC）操作系统 95％左右的市场份额[①]，如此高的普及率与其庞大的应用集合和用户群体密不可分。

　　一方面，微软公司公开标准，控制接口和设计，将平台作为连接开发商和用户的桥梁，吸引大量应用程序开发商为平台提供多种多样的高质量应用程序，满足用户娱乐、工作、学习等多方面的需求，全方位打造极致的用户体验，吸引了越来越多的用户。在直接网络效应的影响

---

① 刘学. 重构平台与生态：谁能掌控未来. 北京：北京大学出版社，2017.

下，Windows 的用户增量，又是用户基数的增函数，随着用户基数越来越大，用户增量也会呈现出明显的上升趋势，这种滚雪球式的增长受益于操作系统之间的壁垒。首先，不同操作系统之间要想读取互传的文件，常常需要进行转码等操作，且极易发生乱码、丢失数据等意外；其次，不同操作系统间性能、操作方式等差异也增加了用户的转换成本。这些壁垒既是抵御竞争对手的屏障，又是自己迈不过的雷区，忠实的用户会更加忠实，那些不属于自己的用户也很难青睐自己。

另一方面，在间接网络效应的影响下，这些大量的用户群体也让应用程序开发商感受到了平台的魅力：通过网络效应大幅降低获客成本带来的成本节约、用户提供的已有程序的不足和未来的改进方向等用户知识，都为开发商提供了创新的动力，增加了创新的可能性。

这种网络外部性也内在驱使平台生态系统不断开拓国际市场，激活更大范围的网络效应。随着平台生态系统在某一地理市场中的增长达到瓶颈，为了恢复增长或保持自己的发展态势，国际化是一个诱人的选择。那里有更大的用户群体、更多的平台参与者，平台生态系统能够充分发挥网络效应，蓄力增长。但同时它们和传统企业一样，也必须面对自己身为一个外来者必须承担的风险，包括跨文化风险、国家（政治）风险、货币（金融）风险和商业风险。[①] 和传统企业不同的是，平台生态系统的增长更多依赖于用户等平台参与者的价值共创行为，因此，应对跨文化风险和商业风险更为重要。

在跨文化风险方面，除了谈判方式、道德礼仪等各个出海企业都要注意的问题，平台企业更需要了解当地消费者的生活习惯、消费偏好、消费方式等文化。2014 年 2 月，美国叫车软件优步在上海召开发布会，

---

① Cavusgil S T，Knight G，Riesenberger J R. International business：strategy，management，and the new realities. Upper Saddle River：Prentice Hall，2008.

决定正式进军中国市场。但优步在中国的发展却不尽如人意。优步进入中国市场后，照搬在国外的经营模式，让国内用户感觉"高高在上、不接地气"：支付时必须至少绑定一张银行卡或开通支付宝海外代扣，且过程极为烦琐；搜索地名时没有近似匹配一说，要求用户输入准确地名，否则搜索无效；售后服务联系方式开始仅限于推特（Twitter）、短信、邮件，没有官博、400 客服等为中国用户熟悉的渠道。优步在中国市场进行了对自身英文版的翻译之后，出现了水土不服的反应，其在中国的品牌、业务、数据等全部资产于 2016 年 8 月被滴滴收购。

在商业风险方面，由于平台生态系统的核心——技术在进入不同市场时并无太大变化，整个系统的质量就更多地依赖于平台的新晋参与者，但要想吸引优秀的平台参与者，"外来者"除了亮出自己的实力，还必须找到并放大双方合作的价值以说服其参与生态系统的建设。在阿里巴巴的生态系统中，蚂蚁金服作为金融子生态系统中的顶梁柱，一直为系统中的消费者和商家提供稳定且优质的支付、借贷等金融服务。自 2015 年实施全球化战略以来，蚂蚁金服以技术出海为核心，通过少数参股的方式投资那些已经获得金融牌照且在当地具备一定用户基础的企业，在印度、泰国、菲律宾、韩国、印度尼西亚、马来西亚等 9 个"一带一路"沿线国家成功复制支付宝模式。在协助当地企业实现跨越式的技术进步的同时，也帮助沿线国家打造完善的移动支付系统，辅助东南亚构建了良好的区域数字金融生态，为阿里系其他企业的出海奠定了良好基础。

这种网络外部性为平台生态系统披荆斩棘，帮助其开疆拓土、占领市场份额，同时也为其深挖护城河。它向新的市场进入者宣战：你要想取而代之，仅提供比我更好品质或更低价格的产品或服务是远远不够的，你还必须说服我的用户，将他们收入麾下。

"货比三家"的用户

在现实生活中，我们常常会"货比三家"，这里的"家"可能是同一品牌下的类似商品，也可能是不同品牌下的类似商品，前者被称为"分散忠诚"[①]，后者被称为"多忠诚"[②]。近年来，随着数字经济的兴起，这个"家"又被赋予了新的含义，它有可能还指不同却功能类似的平台，这些平台之间往往是竞争关系。**产品或服务的需求方为了获得最大的利益，经常在多个平台上注册并进行交易，这种现象也被称作"多归属"[③]。**

在平台生态系统中，产品或服务的供需双方都需要进行这样的决策：我是否只忠诚于某一个平台？使用单平台还是多平台对我的收益大？这些决策的根源在于归属成本和归属收益的比较。当用户选择多归属时，往往只需要承担包含学习成本、搜索成本、适应成本、比较成本、可变成本[④]在内的较低的多归属成本。获得的收益于消费者而言可能是更低的价格、更优的质量或更便捷的流程，于商户而言可能是更高的消费者接受度和更大的市场渗透率。

例如我们在购买电影票时，选定了时间和影院后，往往会在不同售票平台（如淘票票、猫眼等）之间进行比较，最终做出消费决策。在这一过程中，我们需要承担因寻找售卖目标电影票平台产生的搜索成本、因学习不同平台使用方式产生的学习成本、因适应新平台并进一步比较电影票价格或观影质量产生的适应成本和比较成本。此外，如果充值了

---

①　Brown G H. Brand Loyalty-Fact or fiction？. Advertising Age，1953（23）.

②　Rust R T，Lemon K N，Zeithaml V A. Return on marketing：using customer equity to focus marketing strategy. Journal of Marketing，2004，68（1）.

③　Rochet J C，Tirole J. Platform competition in two-sided markets. Journal of the European Economic Association，2003，1（4）.

④　Roson R. Platform competition with endogenous multihoming. SSRN Electronic Journal，2005.

平台会员以获取更优惠的支付价格，消费者还需要承担因平台而异的可变成本。当身为消费者的我们辗转于多个竞争性平台之间时，商户也会采用多归属行为。例如商家在京东、淘宝等同时上架相同的产品，它们虽然需要承担类似的学习成本、搜索成本以及平台注册费、客佣金等可变成本，但也通过不同平台接触到了更多类型、更多层次的消费者群体，拓宽了产品或服务的销售渠道，扩大了品牌或店铺的知名度。

用户低成本的多归属行为加剧了平台之间的竞争。近年来，各大平台纷纷采取横向合并的方式扩大用户规模，占领有利市场。2012 年 8 月，优酷和土豆以 100％换股的方式合并为优酷土豆股份有限公司，合并后土豆退市；2015 年 10 月，美团和大众点评宣布 5∶5 换股合并并实施联席 CEO 制，在人员架构上保持不变，且保留各自的品牌和业务独立运营；同时期，携程和去哪儿也通过资本整合的方式进行合并，百度将拥有携程 25％的股份，携程将拥有去哪儿 45％的股份……在与对手的竞争中，"物竞天择，适者生存"，活下来的平台才有资格充分发挥网络效应，获得新一轮的增长机会。

因人而异的入场券

平台虽然本身不生产任何产品，但它为产品或服务的供需双方架起了沟通的桥梁。因此对于供给方来说，平台存在的价值在于聚集碎片化的需求方（所谓的长尾效应）；对于需求方来说，平台的价值在于聚集地理分散的供给方。在平台搭建初期，只有一方的聚集度达到某个阈值后才会吸引另一方，平台的价值创造才步入正轨。

那率先达到这个临界值的是供给方还是需求方呢？

平台在搭建初期，往往需要依靠自己的资源，通过补贴一方的进入成本吸引其聚集，而先被资本青睐的这一方往往是市场中掌握话语权的一方。如今由于产能过剩，买方在绝大多数情况下占优势，且买方需求价格弹性较高，对于价格较为敏感，因此平台常常投资大量金额、推出各种优惠福利吸引消费者，有时甚至低于边际成本。例如外卖软件上的首单大额优惠、购物软件上的津贴红包补贴、支付宝的扫码领红包等活动。

为了打开买方市场、培养消费习惯，烧钱甚至倒贴等行为已司空见惯，但若这"烧"来的流量可以帮助平台跨过阈值、吸引另一侧的资源供给方，平台便会从补贴模式转为盈利模式。爱奇艺等平台起初免费向用户提供视频内容服务，后来转为会员付费模式、加入超前点播等后依旧在业内风生水起，前期的补贴换来了用户的依赖性消费，用户的高度忠诚让爱奇艺的持续变现成为可能。

当平台积聚了一定规模的消费者后，它对供给方便有了"坐地起价"的资本。淘宝、京东对第三方商户收取开店押金，但对我们这些消费者却不收取入场券；应用商店对应用开发商收取年费，同样对我们也不收取入场券。这种倾斜于消费者的定价行为造成了平台生态系统中价格结构非中性的特点。

所谓价格结构，就是指平台收取的总价格在消费者和商户之间的分配情况。对于平台生态系统而言，平台企业是否能够以科学的价格结构拥抱平台接入者对于整个系统的发展至关重要。在平台生态系统中，即使平台对消费者和商户收取的总费用一定，整个平台的交易量也会随着总费用在消费者和商户之间的比例，即价格结构的变化而变化。

在传统经济中，成本决定定价，若制作蛋糕的成本是 100 元，那么售价绝不会低于 100 元；但在平台经济中，价格结构反映的不是过去，不是聚集、管理两方产生的成本，而是未来在网络效应的影响下，消费者和商户之间会如何更好地为平台生态系统创造价值。这是一场事关消费者、平台、商户的三方博弈，在这场博弈中，平台需要牢记自己的使命愿景，洞悉市场变化，寻找最适合自己的成长路径。

万家灯火的辉煌

1901—1940 年，在第一次管理革命浪潮中，以"科学管理之父"——弗雷德里克·泰勒（Frederick W. Taylor）为代表的一些经济学家提出要进行"科学管理"，实现"高技能-高效率-高工资"三者间的良性循环。在这一过程中，"管理"第一次有了明确的定义：管理是一个通过完成主要职能（计划、组织、指挥、协调和控制）来实现目标的过程。[①] 这时候的管理强调对人的控制，推崇效率至上。但也有人发现，科学管理下的工人更像一台在流水线上冰冷工作的机器，生产力并未发生本质性提升，激发工人生产热情的因素还需要被发现。

1924—1932 年，在美国霍桑工厂进行的长达 8 年的实验，发现了人经济属性之外的社会属性，证实了组织内非正式群体的存在，开启了以人为核心的第二次管理革命。受霍桑实验的影响，弗雷德里克·赫兹伯格（Frederick Herzberg）在美国匹兹堡对 11 个行业的 200 多名工程师和会计员进行了简单访谈，并根据结果提出了双因素理论：宜人的工作环境、良好的工作福利、严谨的规章制度等因素满足了员工的低层次需求，能够避免"不满意"这种情绪的出现，故这些因素被称为"保健因素"；而具有挑战性的工作、自己取得的成就、来自他人的赏识、获得成长和发展的机会等因素满足了人的高层次需求，能够让员工对目前的工作感到满意并且激励员工做得更好，因此这些因素被称为"激励因素"。因为两种因素的非同体存在的特质，即不满意的对立面并不是满

---

① 法约尔. 工业管理与一般管理. 迟力耕，张璇，译. 北京：机械工业出版社，2013.

意，而是没有不满意，所以管理人员只将保健因素做到极致是远远不够的，激励因素才是提升工作效率的关键。

随着技术更替速度越来越快，工作内容越来越脑力化，管理人员很快发现只激励员工并不能有效提高生产率，因为员工会"心有余而力不足"，他们还需要一个学习的机会，需要一个充电的过程。如今进入平台生态经济时代，虽然平台所有者管理的边界由单个组织扩展至整个系统，但之前的管理思维依然有可借鉴之处——平台所有者仍需要激励、赋能互补者。曾鸣在《智能商业》中说："赋能是我新造的一个词，赋是赋予的赋，能是能力的能，它所传达的核心理念是如何让他人有更大的能力完成他们想要完成的事。"

2014 年 6 月，海尔开放式创新平台（Hair Open Partnership Ecosystem，HOPE）完成升级，由之前的海尔各产业线发布需求、外部技术持有者按需提供方案，变为向所有用户开放，技术供需双方可自行发布各自的技术需求和技术方案，成为海尔赋能合作伙伴的主要力量。作为"一个创新者聚集的生态社区、一个全球范围的庞大资源网络、一个支持产品创新的一站式服务平台"，HOPE 把技术、知识、创意的供需双方聚集到一起，提供交互的场景和工具，持续产生颠覆性创新产品。从天樽空调二代到首款母婴冰吧——馨享冰吧，再到"无外筒"的免清洗洗衣机，HOPE 平台从用户需求中找到创新灵感，向相应学科专家收集创新的理论依据，邀请各个领域的创新伙伴提供创新方案。目前，HOPE 平台上聚集着高校、科研机构、大公司、创业公司等各类群体，覆盖了 100＋的核心技术领域，社群专家 12 万＋，全球可触达资源 100 万＋。[1] 在"成为中国最大的开放创新平台"这一愿景的指引下，

---

[1] HOPE 简介. (2022-04-29). http://hope.haier.com/hope_web/? page_id=1277.

HOPE 平台不仅服务于海尔集团，也服务于海尔生态系统中的第三方，为合作伙伴提供用户需求痛点、技术竞争情报、技术专家咨询等，赋能合作伙伴，实现价值共创。整个生态系统如何被激活汇聚成创新的资源池变得尤为重要。

在自然生态系统中，能量是"单向流动、逐级递减"的，但在平台生态系统中，除了平台所有者向其他参与者单向赋能，所有平台参与者都可以积蓄能量，最终实现相互赋能，由"一灯照隅"走向"万灯照世"。这张生态网就像一个能量辐射圈，每一个节点都有可能成为辐射源，源源不断地为整个生态系统输入能量，各节点上的企业通过共担责任、共创价值、共享利益，共同打造健康、增长、繁荣的生态系统。

第 5 章

你从哪里来——生态系统竞争优势的来源

明确生态系统竞争优势的来源，是打开生态竞争大门的金钥匙。入门之后，你或许开始明白，生态竞争和传统企业竞争究竟有何不同，需要开始重新思考我们该怎么办。

美国东部时间 2001 年 9 月 11 日上午，两架被恐怖分子劫持的民航客机分别撞向了世界贸易中心一号楼和二号楼，两座建筑相继倒塌。顷刻间，震惊、恐慌笼罩着纽约。随之而来的大规模电话呼叫更让这座城市雪上加霜，市内通信网络不堪重负，基本陷入瘫痪，纽约几乎与外界隔绝。

但是，与此同时，在另一条由专有网络支持的通信通道上，信息的传递一如往常、畅通无阻。现场的实时消息被源源不断地传输给美国副总统切尼（Richard B. Cheney）。

这条通道的开辟者是黑莓公司（BlackBerry Limited），它凭借自己强大的 BlackBerry Internet Service（BIS）、BlackBerry Enterprise Server（BES）和 BlackBerry Messenger（BBM）一战成名，并在 2003 年美加大停电、2005 年卡特琳娜飓风中接连亮出战绩。安全性高、稳定性强、高效收发邮件等优势让黑莓手机脱颖而出，尤其成为政界、商界的宠儿。

2005 年，黑莓公司拥有的 400 万用户中，超过 20 万用户为美国政府官员；阿拉斯泰尔·斯维尼（Alastair Sweeny）在《黑莓帝国》（*BlackBerry Planet*）一书中写道："如果一家公司的员工中没人配备'黑莓'，这家公司的业务可能也好不到哪儿去。"[①] 由于粉丝们的疯狂迷恋，黑莓手机还收获了"瘾莓"这一别名，意思是，用户像上了瘾似的放不下黑莓手机，沉迷于通过电子邮件相互联络。

这时，黑莓与诺基亚（Nokia）、摩托罗拉（Motorola）三分天下，执着于系统安全建设、沉迷于全键盘设计。作为一款可以被政府官员甚至美国总统放心使用的手机，黑莓所看重的是四个字：隐私保护。黑莓将自己打造得足够安全，但是，这也就意味着将自己打造得足够封闭。

iPhone 的崛起并没有引起黑莓的注意。当 2007 年乔布斯站在首代 iPhone 发布会现场，对着当时的手机三巨头说出要"改变世界"、要"把手机的键盘全扔了，只留下一块屏幕"的时候，黑莓嗤之以鼻。难道世界会放弃安全、放弃全键盘，突然去喜欢一种不安全的新东西？黑莓绝不相信。

但事实让黑莓跌了一个跟头。随着 iPhone 的问世，越来越多的消费者一改自己的喜好，黑莓的手机销量直线下降。黑莓想不通：为什么大家都开始使用智能手机了？智能手机有什么吸引力，竟然让人们对于安全建设和全键盘再也看不上了？在极短的时间内，自己好像已经被智能手机这个不安全的新物种打败了。

然而，当苹果和谷歌一步步建立并完善覆盖音乐、视频、办公、学习的 iOS 生态系统和安卓生态系统的时候，黑莓才恍然发现时代变了：

---

① 斯维尼. 黑莓帝国. 李杰，译. 北京：华夏出版社，2010.

当手机被赋予"智能"内涵，竞争就不再是单个企业的事情，而是以平台为核心的生态系统之间的对抗。

英雄迟暮，美人夕颜。2016 年 9 月底，黑莓宣布将不再经营智能手机硬件业务。年底，TCL 宣布接盘黑莓，获得设计、生产、销售所有黑莓手机的权利，并立刻为黑莓手机换上了安卓系统。此时，黑莓手机 2016 年第四季度市场份额已接近 0（见表 5-1）。

表 5-1　2016 年第四季度智能机操作系统终端市场份额

操作系统	2016 年第四季度（千台）	2016 年第四季度市场份额（%）	2015 年第四季度（千台）	2015 年第四季度市场份额（%）
Android	352 669.9	81.7	325 394.4	80.7
iOS	77 038.9	17.9	71 525.9	17.7
Windows	1 092.2	0.3	4 395.0	1.1
BlackBerry OS	207.9	0.0	906.9	0.2
其他	530.4	0.1	887.3	0.2
总计	431 539.3	100.0	403 109.4	100.0

资料来源：根据网络资料（https://www.gartner.com/en/newsroom/press-releases/2017-02-15-gartner-says-worldwide-sales-of-smartphones-grew-7-percent-in-the-fourth-quarter-of-2016）整理。

然而换上安卓系统的黑莓手机一方面由于未对系统做出适应化改造导致故障频出，另一方面也无力与已深耕生态系统近 10 年的安卓手机、iPhone 抗衡。2020 年 2 月，黑莓在其官方推特上宣布，自 2020 年 8 月 31 日起，TCL 将不再销售黑莓品牌的移动设备（见图 5-1）。黑莓最终还是没能力挽狂澜，只能活在人们的记忆中，成为那个时代的符号。

在平台系统崛起之前的时代，企业对抗的背后是核心产品的对抗，企业致力于推出与众不同的、低成本高质量的产品，希望通过抢夺产业

图 5-1 黑莓移动手机时代的终结

资料来源：与 TCL 合作将到期 黑莓"告别". (2020-02-04). https://me.mbd.baidu. com/r/FgOvnb2fWU？f＝cp&rs＝3027800293&ruk＝qx_iWJ80st8Bfo_fO5A3dQ&u＝8e1b3da a1e5468e0&urlext＝％7B％22cuid％22％3A％220uHW8ja-Si_juSudYuSnujuOSi0HuB8CguSD8_ ic2iKw0qqSB％7D.

内竞争对手的市场份额获得成长。这场以产品、产业为界限的零和博弈恰恰筑起了企业的"彭罗斯楼梯"（Penrose stairs），封闭，向上，无限循环，没有尽头。正如《盗梦空间》（*Inception*）中所说，闭合路线能帮你隐藏梦境的边界。梦中人不自知，企业在自己"扶摇直上"的产品梦中沾沾自喜，殊不知一觉醒来早已换了时代。黑莓是好品牌，Black-Berry OS 也是好系统，但是没了软件的配合、少了生态系统的加持，黑莓终究没能避免被时代抛弃的命运。

黑莓的陨落不是因为黑莓手机不敌 iPhone，而是黑莓生态系统不敌iOS 生态系统。我们不难发现，数字时代的竞争逻辑发生了根本变化，倘若企业仍以旧有的思维方式来参与当下的竞争，将会面临巨大困境，而依生态系统建立竞争优势的企业将会展现更加强大的生命力。

　　一个生态系统要想在这场竞争中脱颖而出，就要明白生态系统之间的竞争和传统企业之间的竞争的区别究竟在何处，如何在生态竞争格局中建立自己的竞争优势。探寻生态系统竞争优势的来源，将为我们找到打开生态竞争大门的金钥匙。

5.1　繁星漫天，各放异彩

贝格尔号、pura vida、资源池

　　1831 年，英国皇家海军港口，一艘老式两桅方帆小型军舰拉起了帆布，从英格兰出发，穿越大西洋来到了南美洲。这是一次掺杂着政治目的的南美洲东西两岸勘察行动，但是，因为船上一个人——查尔斯·达尔文（Charles R. Darwin），这个故事流传至今。

　　22 岁的达尔文刚刚在剑桥大学攻读完神学专业，随贝格尔号沿途考察地质、植物和动物。一年后，贝格尔号抵达巴西，达尔文踏上这片陌生的土地，第一次走进了热带雨林。

　　在葱郁的森林中，巨大木质藤本植物附生在乔木树干上，未见过的各种昆虫和许多大型哺乳类动物寻找着各自的食物。看到这一切的达尔文惊呆了，他在日记中兴奋地写道："高兴只是一个虚弱、没有活力的字眼，不足以表达一名博物学家独自一人踏进巴西热带雨林时的强烈感受。"

　　这个神秘的地方不仅吸引着达尔文，在之后的岁月里还吸引着无数

的消费者。在巴西热带雨林里，许许多多的旅店建了起来。

今天，巴西的旅店依靠独特的地理环境吸引着无数客户，无论是生态度假民宿还是农场旅馆，都是往来游客们的向往之地。然而，在一片欣欣向荣的背后，旅店的老板并不开心。

大部分旅店通过环境和景色来吸引顾客，但是，在巨大的巴西热带雨林中，每一家旅店的景色大同小异。因此，为了突出自身的独特性，一些旅馆开始从自身改造做起，在旅馆里增加人工湖，增加人工农场，只为了增强自身的竞争力。新建的旅馆想方设法把地址选在更有吸引力的地方。

另一些旅店老板开始转移竞争力，把思考点放在了价格上。巴西里约热内卢以"神奇之城"的称号闻名于世，但随着当地住宿费用的上升，这个巴西旅游之都或许应该将其名字改为"昂贵之城"了。巴西旅游协会抱怨道，里约热内卢的酒店住房价格高居世界第三，在里约热内卢的酒店里住上一晚非常昂贵。调查发现，里约热内卢酒店房价平均水平已经达到了 274 美元一晚。甚至连全球热门的旅游目的地纽约和巴黎的酒店房价也低于里约热内卢，纽约和巴黎酒店的平均房价分别为 246 美元和 196 美元。

但是，无论价格多低、景色多优美、进行了多么有吸引力的宣传，巴西的旅馆仍然具有很强的可代替性。旅客们对自己住的地方并不满意，感觉身边的"巴西气息"充斥着一股商业的虚假。而有空闲房屋的行外人，更不敢踏入这个行业了。

对于传统的旅店，想要建立竞争优势，必须掌握有价值的、稀缺的、不可模仿的、不可代替的资源。用这些资源来吸引顾客，才能发挥自身的优势。与达尔文所处的时代相比，南美洲这片土地仍然散发着巨大的魅力。不同的是，今天对热带雨林心驰神往的人们不再需要用几个月的时间乘坐航船，也不再需要住在潮湿的临时帐篷中，躲避瘴气和毒蛇的侵袭。在南美洲热带雨林中的许多地方，存在着各式各样的树屋，它们或是在久远的历史中几经修复，或是在一片安静的森林中用木材和茅草新建，但是它们有一个共同点，全世界的人们都可以在同一个平台——爱彼迎上搜索到它们。

这样的树屋，牵动着无数旅行者的心。然而，在这片迷人的热带雨林之外，在墨西哥的棕榈树海滩上，在南非的灌木丛林中，在亚特兰大的巨型乔木之间，都有着这样让人神往的树屋。此外，巴厘岛的沙滩上，吉隆坡的双子塔对面，穆赫雷斯岛的悬崖上……还有着无数民宿，它们因爱彼迎而进入人们的视野，从而让旅行者再不能拥有一颗平静的心。

作为一个连接背包客与房东的平台，截至 2020 年 7 月，爱彼迎已在全球超过 220 个国家和地区、10 万个城市中拥有超过 700 万个登记房源，数量超过了 8 家最大酒店集团拥有客房的总和；拥有租客逾 7.5 亿，平均每晚入住人数超过 200 万。[1]

丰沛的雨水、炽热的阳光、擎天的大树让仅占地表面积 3% 的热带雨林孕育了地球上已发现或待发现动植物的 50%。[2] 而这些物种，共同构筑了热带雨林中惊人的一切。在这里，0.01 平方千米的土地上可以生长 200 多种树木，而温带森林的相同面积土地仅可生长 10～20 种树木。丰富的物种及其形成的复杂生物网赋予了热带雨林生态系统惊人的生命力，使其在长期的演替中保持有序的能量流动和物质循环，成为地球上最稳定的生态系统。

---

[1] 资料来自爱彼迎官网（https://news.airbnb.com/zh/fast-facts/）。
[2] 福瑟吉尔. 地球脉动：前所未见的自然之美. 人人影视，译. 北京：人民邮电出版社，2016.

对于平台生态系统而言，要想成为"热带雨林"，首先要拥有丰富的"物种"，即生态系统的参与者。**这些参与者所拥有的专利、产品、服务、能力等有形资产和无形资产互补互促，共同构成了平台生态系统的资源池，成为生态系统演化的必要条件。**

每一家平台企业都有自己的资源：商品、员工、第三方商户……或者，房源。对于爱彼迎来说，丰富的房源就是自己最强大的资源。资源汇总在资源池中，平台就积攒了对自身来说最为重要的财富。这些财富为平台的建立而奠基，也为平台生态系统的发展不断续能。

充满人情味的爱彼迎社区

你所在世界的特别之处不仅仅是你拥有的房子，还有你的全部生活。

——布莱恩·切斯基（Brian Chesky）

2008 年，布莱恩·切斯基回到劳什街公寓，从乔·杰比亚（Joe Gebbia）那里听到一个坏消息：房租竟然上涨到了 1 150 美元。年轻的切斯基曾经为房租的事情发愁了好久，直到 2019 年他以爱彼迎创始人兼首席执行官的身份，来到复旦大学，进行一场名为《在全球社区中重构信任》的演讲的时候，这件事仍然记忆犹新。

12 年时间，爱彼迎从一个依靠销售盒装麦片获得资金来源的种子项目成长为共享经济领域的标杆企业，在短暂的时间里，切斯基用爱彼迎创造了一个民宿的增长神话。我们可以看到，这种增长离不开一种神奇的辅助剂——平台触发的全球化网络效应，而持续性的增长则受益于其大规模的、基于本土的分布式创新。

于背包客而言，爱彼迎为他们按需匹配优质房源，并从中收取房价的 6%～12% 作为介绍费，提供了可信赖的、低成本的个性化异地住宿方案，变千篇一律的模式化旅游为注入风土人情的他乡生活。于房东而言，爱彼迎为其寻找匹配客人、支付住宿费，并从中收取房价的 3% 作为代结算租金的手续费，盘活了那些曾经闲置的、无法交易的存量住宅与公寓，将房屋所有权激活为可以创造价值的房屋使用权。除此之外，爱彼迎还聘请专业摄影师为房屋拍摄照片，增加房屋吸引力；设立房东学院对房东进行专业培训，提升房东竞争力。

在这里，爱彼迎负责创造流量，为房东提供资源，让背包客从浏览网站、寻找房源到拎包入住、线上支付等环节都能收获极致体验；而房东只需要做自己擅长的事情，尽心尽力为背包客提供一个充满人情味儿的异地之家。

爱彼迎的商业模式如图 5-2 所示。

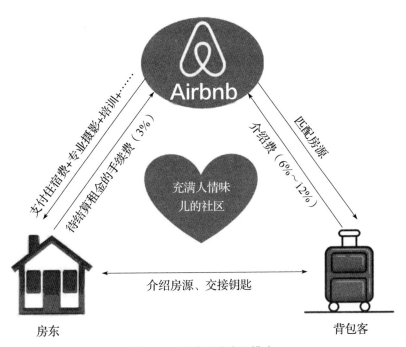

图 5-2　爱彼迎的商业模式

切斯基曾坦言爱彼迎最大的资源就是遍布不同国家的房东。在这里，你可以躺在圣托里尼的奇妙洞穴屋中欣赏绝美晚霞，可以睡在爱德怀的梦幻森林小屋中回味儿时的寓言和童话，还可以住在斯凯科米什滑雪胜地的私人机舱、长野幽雅僻静的全天然木屋、冰岛与世隔绝的现代公寓……220 个国家和地区的房东依托地理优势，充分发挥个人想象力对自己的房屋进行创意改造，有的还将个人特长，如烘焙、雕刻、画画等融入短租服务，在爱彼迎"四海为家"理念的指引下进行基于本土的创新。这种大规模的分布式创新为生态系统的持续性增长提供源源不断的动力，也为平台参与者创造了可观收益。截至 2019 年 9 月，爱彼迎房东通过共享房屋或房间的收入总和已超过800 亿美元（约 5 668 亿元人民币），且 51％的人表示，做房东使他们买得起房子。[①]

爱彼迎提供的房源种类、数量越多，背包客的住宿选择就越多，这个平台对他们的吸引力就越大；同时，随着越来越多的背包客通过爱彼迎寻找房源，愿意在平台上注册房源的房东也就随之增多。或许在背包客和房东的情感交互中，有的背包客会成为未来的房东，有的房东也会成为下一个背包客。就这样借助网络效应，爱彼迎不断做大短租平台，获得平台生态系统的快速增长。

与传统的酒店行业相比，爱彼迎少了沉重的资产负债表，多了充满人情味儿的社区。它不需要自行买地、培训服务人员、装修房屋等，它只做自己最擅长的事情——匹配、连接、聚合，通过为背包客和房东搭建信任平台，从而降低传统租房的交易成本。此外，为了增强整个平台生态系统的竞争力和不可复制性，爱彼迎还接入了支付宝、微信等支付

---

① 美国共享住宿平台爱彼迎宣布明年上市 二季度营收超 10 亿美元. (2019 - 09 - 22). https://www.sohu.com/a/342548028 _ 124758.

方式以及平台订餐服务等，进一步丰富短租生态圈。

资源池中的化学反应不仅丰富了平台生态系统的资源池，也为整个系统的创新活动提供更加适配的燃料。虽然商业竞争的参与者已由单个企业上升为整个平台生态系统，但在"物竞天择"的游戏规则下，创新仍旧是一项艰巨的生存任务，没有创新能力、优质创新成果的企业或平台生态系统都逃脱不了被取代的命运。不同的是，在平台生态系统中，创新不是由某一个公司创造的，而是所有参与者以整个系统的资源池为基础共同创造的，故其创新规模和创新范围对单个企业足以形成降维打击。

2019 年，爱彼迎的年租客数量就已经突破了 5 亿大关，房源规模超过了 600 万套，这些数据可以变得更直观：在 191 个国家和地区的81 000 个城市里，平均不到 0.2 秒，就会有一位客人入住爱彼迎房源。

同时，爱彼迎客人的地理分布也在不断拓展。2011 年，爱彼迎的前十大市场里聚集了自身 86% 的租客，但是到 2019 年，它在全球超过 900 个城市里都至少有 1 000 套房源。切斯基表示，在全球超过 75个城市里，爱彼迎的服务人数都已经超过了 100 万，这些城市既包括新西兰奥克兰、墨西哥首都墨西哥城，也包括南非开普敦、古巴哈瓦那。

爱彼迎一直在和其他平台进行合作。2014 年，切斯基宣布，爱彼迎与差旅管理公司 Concur 合作，让 250 家大公司的员工在出差中入住爱彼迎房屋的时候，可以直接通过公司来进行预约和报销。这些大公司包括谷歌、脸书（Facebook）等。爱彼迎与其他平台的合作解决了商旅业务中租客的现实问题。

在中国市场，爱彼迎用"爱让旅行不可思议"的活动，获得了巨大的热度。而不久之后，爱彼迎又宣布与支付宝联合推出"旅行储蓄"，延续了前一活动的热度，不断激发人们对于旅行的热情，呼吁旅客们去发现旅途中点滴的爱。而且，"旅行储蓄"用一种有意思的方式给旅行者积累了旅行基金，让他们能够再一次开启与爱彼迎的旅程。

5亿背包客，600万套房源，超过900个城市里至少拥有1000套房源，超过75个城市里拥有至少100万租客……今天，爱彼迎除了全球范围的房源，还有指数增长的忠实客户和合作平台，这些都在不断丰富爱彼迎的资源池。

平台生态系统的参与者们往往分布于不同的地理位置，在同一愿景的指引下跨组织交换资源，不断共享和整合知识，使轻资产模式下的创新成为可能，这种创新方式也被称为"分布式创新"。 从产品的研发、试生产到商业化等阶段，参与者们充分利用自有资源和从资源池中吸纳的资源，如自己的地理优势、政策优势和共享的技术优势等，快速响应市场，开展高效率、高质量、低成本的创新活动。

资源难测

企业的资源有千千万万种，而资源的力量总能够超出人们的想象。

一直以来，技术都是企业的一种重要资源。2021年《麻省理工科技评论》（*MIT Technology Review*）登载了全球十大突破性技术榜单，包括远程技术、绿色氢能、多技能 AI 等。在这些新时代科技的推动下，一大批优秀的公司应运而生，涉及在线会议、新能源汽车、人工智能服务等行业。在榜单中，还有一项技术占据了重要的位置：TikTok 推荐算法。2020年，字节跳动的直播流水达到450亿～500亿元，广告业务应收超过1750亿元，核心技术功不可没。

技术之外，人才、产品和许多因素都在丰富着企业的资源。

华为用十几年的时间雇一个"不会谈恋爱，只会数学题""天天在玩电脑"的俄罗斯数学家。当领导飞到莫斯科去看望他的时候,他只是打了一个招呼,然后继续做自己的事情。这样一个让任正非"不知道每天都在干什么"的小伙,有一天突然告诉他,把 2G 到 3G 的算法突破了。任正非高兴地给他颁发了院士牌,特地向他祝贺,然而数学家只说了三个"嗯",这让任正非以为他不会说中国话。

北京时间 2010 年 6 月 8 日凌晨 1 点,苹果公司宣布上市一款全新手机:iPhone 4。这款产品即使报出了 4 999 元的高价,仍然用它的惊艳吸引了全世界的顾客。iPhone 4 缔造了历史,在 2010 年,全球销量达到了 3 998 万台。

技术、人才、产品,这些资源能够给一家企业带来不可预料的竞争力。对于平台企业来说,除了技术、人才等自身的资源,它还拥有两种重要的资源——平台使用者、平台互补者。

对于爱彼迎来说,600 万套房源和 5 亿数量的年租客,共同构成了自身的资源池,而与谷歌、阿里巴巴、腾讯等大生态系统的合作,又进一步巩固了其民宿平台龙头的地位。而爱彼迎作为一家平台企业,这些资源,其实就是由平台的互补者和使用者构成的。

不同于技术、人才和产品,平台企业这些特有的资源,通过一定的化学反应展示出更加强大的作用。互补者和使用者与平台的关系,是共生和共赢的关系,管理得当就能够创造出前所未有的想象空间。

也许技术和人才能够让一家公司在一段时间内所向披靡,也许惊艳的产品能够让一家企业起死回生,然而技术难破,产品难获,人才更是可遇不可求。但是,互补者资源和使用者资源的实现路径是有迹可循的,而各种生态系统已经通过大量实践探索出了一条大路。

与此同时,与传统单个企业相比,平台生态系统的资源池也是不可预测的。它不仅蕴藏着更大的能量,蕴藏着更多的融合、反应、生长的可能，而且存在着更多的未知和挑战。因为平台所有者、平台提供者和平台互补者具有的资源存在较强的异质性和互补性，它们难以通过简单的静态叠加发挥效用，必须在资源池中发生反应才能成为有效资源。就像在化学反应中，分子分解成原子，原子再重新组合生成新的物质一样，资源也会通过重新组合的方式找到各自的最佳位置和发挥作用的最优路径，并生成新的资源。有时还会在催化剂的作用下加速反应，这个催化剂或许是平台生态系统的激励机制，或许是其他平台互补者的新产品，或许是用户的建议和反馈等创新主张。整个平台生态系统的资源池时刻处于动态变化中，为生态系统的演化提供流动的血液。

俯瞰平台生态系统这张大网，网上的每一个节点都参与了资源的双向流动和日夜不停的创新活动。**在资源分割、重组的过程中，资源的原始所有权被淡化，共享资源、共创价值的意识被强化，平台生态系统的参与者们主动聚合起来，利用公共资源池积极参与分布式创新，做大系统的价值增量，为平台生态系统构建第一道护城河。**

5.2　动若脱兔，稳如榫卯

持续转动的飞轮

企业从优秀到卓越的转型中，没有单一地起决定作用的创举，没有惊人的创新，没有幸运的突变，也没有奇迹的瞬间。相反，整个过程就像在不断地推着一个巨大的、沉重的飞轮进行转动。

——吉姆·柯林斯（Jim Collins）《飞轮效应》（*Turning the Flywheel*）

1997 年年初，30 岁的杰夫·贝索斯受邀去波士顿为哈佛商学院做演讲。这位初有名气的创业者对学生们说："我认为你们或许低估了我们对传统零售业的挑战，任何公司都有自己习惯的做事方式，要对一种新的营销模式采取敏捷的态度或执着于此并非易事。让我们走着瞧吧。"

在之后的几年时间里，贝索斯经历了互联网的不景气、外部的质疑、股价的下跌，最终用实力证明了自己是对的。发展到 2004 年，亚马逊已经成为一家名副其实的综合电商平台。

这时候，亚马逊拥有 9 000 名员工，而在 1997 年，员工数量还没有达到 1 000 人。在互联网泡沫之后，贝索斯开始带领亚马逊进军各种新领域，从图书到玩具，再到服装、体育用品、珠宝……曾经的自营图书网站 Amazon.com，逐渐向一家综合电商企业发展。

自从 2000 年上线 Marketplace 之后，亚马逊已经接入了大量的第三方商户，同时开始拓展线下零售。从推出爆品 Kindle 和智能音箱 Echo，到收购连锁超市全食（Whole Foods），再到开设无人便利店亚马逊 Go、创办实体书店亚马逊 Books……这家不久前还经历了股价大跌的公司，到这个时候，已经拥有了巨量的用户、商品、员工以及第三方商户。坐拥这些资源的亚马逊，把业务拓展到了中国、日本等地。

伴随着企业规模的扩张，不可避免的是混乱的来临。这或许是所有企业在成长之路上都将面对的一个难题：当企业掌握的资源不断增多，内部的机构渐渐复杂，管理就会面临前所未有的困难。然而，这件事对于亚马逊来说，来得更为突然，也更为严峻。作为一家快速成长的电商平台，它所面临的困难，不仅来源于大量的员工和商品，还涉及复杂的客户和第三方商家。

这种混乱并非体现在抽象层面，而是实实在在的。在亚马逊的网站上，乱糟糟的商品罗列在列表里，让顾客看花了眼。第三方商户不知道应该如何定价，顾客买不到物美价廉的商品，因为他们搜索到的商品之间根本没法互相比较。

这种混乱直接让物流中心变成瘫痪状态。商品门类的大量增加，在平台看来是一件好事，可是对于物流工人，简直是噩梦。各式各样的商品应接不暇，工人们只好直接把货物都堆在地上。当亚马逊网站的业务范畴中引入厨房用品之后，工人们把刀具直接放在传送带上，传送带运转起来，各种刀具噼里啪啦地往下掉。

当这一切展现在贝索斯面前的时候，这位初获成功的创业者下定决心，要使用一种更好的商业模式，让手里的资源有效运转起来，而不是像物流中心的商品一样堆满地面。

商品和员工、平台消费者、第三方商户，这是自己拥有的三大资源。如果能让它们紧紧地咬合在一起，像齿轮一样转动起来，会发生什么呢？

就是在这样的背景下，亚马逊的第一个飞轮诞生了。

以零售为中心，激励更多的卖家创造更多的选择和更低的价格，从而打造更好的用户体验，再进一步，用户流量就会增加，而最终，根据互联网的网络效应，也会吸引来更多的卖家。于是，飞轮就闭合并运转了起来。

事实证明，当亚马逊的第一个飞轮闭合之后，企业内部的秩序得到了很好的维护，资源有效利用，并带来了更多的资源。

飞轮为亚马逊的资源带来了秩序，贝索斯开始了第二个飞轮和第三个飞轮的计划。

2005 年，亚马逊推出会员服务 Prime 制度：顾客通过缴纳会员费成为会员后即可免费享受高速物流、优质内容服务、无限照片云存储等一系列福利。Prime 会员在享受着免费的音乐、影片、电子书的同时，也产生了消费的欲望。

Prime 在完善用户体验、增加用户忠诚度的同时，刺激了会员消费，实现从 Prime 到亚马逊零售的引流，为亚马逊零售注入动力。据亚马逊官方透露，截至 2019 年，Prime 会员服务已在全球 19 个国家和地区上线，全球付费会员人数已超 1 亿。[①]

为支持自营零售平台、第三方零售平台和 Prime 价值的发挥，亚马逊打造了自身的物流服务和云服务——FBA（Fullfillment By Amazon）和 AWS（Amazon Web Services）。二者作为关键的底层飞轮，也被纳入了亚马逊的生态系统。FBA 和 AWS 均以服务自营业务为初衷，熬过了较长的低收益甚至亏损阶段，成熟后逐渐向第三方开放。

物流方面，亚马逊精选物流中心、扩大仓储面积、控制仓储费用率、外包配送服务，在保障 Prime 会员权益的同时，为 Marketplace 上加入服务的卖家提供从寄存、发货、配送到退货的全流程服务，让其专注于自身的零售业务，让二者均紧紧依附于亚马逊零售平台。贝索斯用数字证明了 FBA 的价值："71％的 FBA 商家在加入 FBA 之后，单位销售额增长超过 20％。同时，上一年美国的 Prime 会员数量增长了 50％以上，全球会员则增长了 53％。"亚马逊配送服务支持了顾客、卖家、亚马逊三方盈利的局面，成为飞轮上不可缺少的零件。

技术方面，对亚马逊而言，AWS 在解决自身数据存储、信息传输等问题的同时，也为包括 FBA 在内的所有业务提供技术后盾，尤其为亚马逊进军 IoT、无人零售等领域提供资本。对外，亚马逊通过完整的

---

① 亚马逊新闻中心 . 2019 年亚马逊全球新增 Prime 会员数再创历史新高. （2019 - 12 - 12）. https://www. amazon. cn/gp/press/pr/20191212/ref＝amb＿link＿2？pf＿rd＿m＝A1AJ19P SB66TGU ＆ pf＿rd＿s＝center-1＆pf＿rd＿r＝6D24HJJSJH7VDYNJD39R＆pf＿rd＿r＝6D24H JJSJH7VDYNJD39R＆pf＿rd＿t＝2701＆pf＿rd＿p＝10350cca-732e-4c7e-84f3-34ba6be4168d ＆ pf＿rd ＿p＝10350cca-732e-4c7e-84f3-34ba6be4168d＆pf＿rd＿i＝home-2019.

"IaaS（基础设施即服务）＋PaaS（平台即服务）＋SaaS（软件即服务）"链条，向全球共 200 多个国家和地区提供包括计算、存储、数据库、机器学习和人工智能、IoT 等在内的 175 多项服务。[①] 凭借出色的安全性、弹性、灵活性、低成本以及高频率的创新，AWS 板块在亚马逊总营收中所占比重持续走高，2019 年上升至 12.49%（见图 5-3）。

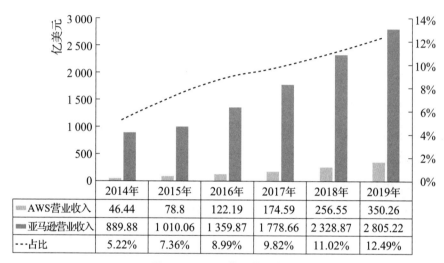

	2014年	2015年	2016年	2017年	2018年	2019年
AWS营业收入	46.44	78.8	122.19	174.59	256.55	350.26
亚马逊营业收入	889.88	1 010.06	1 359.87	1 778.66	2 328.87	2 805.22
占比	5.22%	7.36%	8.99%	9.82%	11.02%	12.49%

图 5-3　AWS 营业收入占比
资料来源：亚马逊历年年度报告（2014—2019）。

1995 年 7 月 16 日，贝索斯在美国西雅图创立亚马逊公司。经历了 2000 年互联网泡沫、2008 年金融危机，亚马逊逐渐由一家销售图书、玩具、CD 等的网上商店扩张为全球商品品种最多的线上零售商之一。沃伦·巴菲特（Warren E. Buffett）曾这样评价贝索斯："他最厉害的地方在于，同时做两个行业（指 IT 和零售），而且还是两个没什么关系的行业，并且同时取得了成功……动摇整个零售世界的同时，他还动摇了整个 IT 世界，我要向他脱帽致敬。"

---

① 资料来自亚马逊官网（https://aws. amazon. com/cn/about-aws/global-infrastructure/？pg=WICC-N&tile=learn_more）。

作为零售巨头跨界 IT 大亨，贝索斯成功找到了元素间的连接渠道，并将其不断聚合进亚马逊的飞轮中：首先，以更低的价格和更多的选择吸引顾客，并且将顾客访问量转化为销量；其次，推出第三方平台 Marketplace 和会员服务 Prime，借助网络效应扩张版图——以庞大的顾客群体和销售机会吸引第三方商家入驻，再以丰富的产品种类、更高的平台价值吸引更多、更广泛的客户；此外，前期布局的物流、信息建设（如 FBA、AWS）等在为平台生态系统所有参与者赋能的同时，其固定成本也得到了企业、顾客及第三方的共同分担，企业单位成本收益提升，商品和服务的价格进一步降低。

至此，以零售为核心的亚马逊主飞轮闭合，且飞轮上的每一个零件都尽可能与系统的其他部分紧密结合。同时，以 AWS 为基础的 IoT 飞轮也在相似的逻辑下运转着，并通过新零售业务辅助主零售飞轮的运转。在"成为全球最以客户为中心的公司"的愿景指引下，亚马逊的飞轮越转越快，为整个平台生态系统提供可持续发展的动力以及可以循环往复的发展逻辑（见图 5-4）。

图 5-4 亚马逊飞轮

亚马逊将平台生态系统中的资源组成一个个服务模块，再将由多种服务支撑的业务单元装在自己的飞轮上。在这里，没有无缘无故存在的业务，因为所有业务都围绕着"客户"展开，并且新业务存在的价值在于为其他业务创造价值；同时，所有业务都起于为己所用，兴于向第三方开放。就这样，在内外部力量的双重推动下，亚马逊的飞轮正不断拓宽生态系统的边界，挑战无尽的可能。

从收集者到建筑师

丰富的资源池和庞大的参与者群体赋予了平台生态竞争的资本，但与此同时，也对整个系统的结构提出了更高的要求——既要能够高效利用资源，又要能够敏捷输送资源。兵马未动，粮草先行。只有资源池中的资源能够及时有效地被各参与者获取、吸收及整合，资源池才能发挥作用，平台领导者才能对合作伙伴赋能，在各方的努力下实现平台生态系统的成长与演化。

平台的建设者就像资源的建筑师。他们既需要将各种资源搭建成为模块，又需要通过构架后的模块，开发出平台特有的网络效应。

面对亟待利用的大量资源，平台的建筑者首先需要将资源重组，组成生态系统所需要的服务模块，并通过各终端业务，对服务模块进行重复利用，实现资源的高效共享。

一个生态系统有多强的能力，很大程度上取决于它组建了什么样的服务模块。对最初的亚马逊来说，贝索斯通过第一个飞轮，将商品、员工、消费者、第三方商户有效构成闭环，让各个资源之间产生千丝万缕的联系，互相影响，协同发展，达到了低成本、高回报的效果。

对于谷歌来说，资源池的利用又带来了另一种模式。2010 年，谷歌的访问量被脸书超越，将美国访问量最大的网站的称号拱手相让。脸书通过在线身份、网络社交、搜索引擎等方面和谷歌开始了正面交锋。面对严峻的形势，谷歌给出了自己的方法：让顾客"足不出 Google"。

为应对来自脸书的市场抢夺战，谷歌决定将旗下所有产品中的用户体系和数据打通，包括 Google 搜索、Gmail、Chrome 浏览器、YouTube 上的用户资源和数据资源。这并不是一个简单的决定，打通数据壁垒不仅意味着数据信息的整合，还意味着艰难的过渡时期和复杂的账号整合。但是，当这种用户资源和数据资源打通之后，谷歌也收获了巨大的回报。当各种小平台的资源池汇集到一起，在谷歌大生态系统的资源池中形成了稳定结构，共同发挥作用的时候，这些资源所蕴含的能量将超量增长。

谷歌面对各种零散的资源，借助软件和服务的力量将各类设备紧密缝合到一起，高效发挥资源价值，通过简单便捷的操作让用户可以"足不出 Google"，同时也提升谷歌生态系统抵御外界干扰的能力，增强系统稳定性。

资源的重组已经能够为企业带来新的竞争力，但这并不是工作的终点。对于一位资源的建筑师来说，这还远远不够。

为了快速输送资源，平台还需要进一步更新组织结构，使之变得更加灵活，能够迅速将服务模块输送给终端业务，供其随取随用。为了吸引更多的参与者，平台还需要多样、灵活地组合服务模块、完善终端业务，从而激发资源的潜在价值，充分挖掘创造价值的机会。借助网络效应，平台提供的服务模块越丰富，就会有越多的企业、越多的第三方接入平台之中，生态系统中就会有更多种类、更优质量的模块，由此内外部之间形成正向循环，提升生态系统的竞争优势。

2017 年年末，《财经》杂志登载了京东首席执行官刘强东的一篇文章，文章中写到一条重要决定：面对"第四次零售革命"，京东集团决定要打造积木型组织。

对于京东来说，2017年是不平凡的一年，按照刘强东对员工们所说的，这是"京东集团发展历史上具有承前启后的里程碑意义的一年"。在"6·18"和"双11"两个促销季，京东都实现了破千亿的目标，整个京东商城的年度商品交易总额（GMV）超前突破了一万亿元目标。另外，物资流子团正式独立运营、京东金融实现单季度盈利……

但是，管理层已经意识到了其中的隐患。组织能力、行为方式都产生了问题，进而影响客户体验和客户价值观。正如两年之后，京东商城首席执行官徐雷在表彰大会上回忆道："环境已经发生了巨变。抛开大形势，向内看，实事求是地说，我们的组织能力和行为方式也出现了问题：客户为先的价值观被稀释，唯KPI论和'交数'文化盛行，部门墙越来越高，自说自话，没有统一的经营逻辑，对外界变化反应越来越慢，对客户傲慢了。我们由一个行业的颠覆者变成了被挑战者，但思想上和机制上都没有做好相应的准备。"

面对环境的不稳定、不确定、复杂和模糊，京东的"积木型组织"理念应运而生。

所谓积木型组织，首先是要把一个耦合在一起的企业变成一块块可拆分的"积木"，打开各个业务环节之间的强关系，让每一个环节不再僵硬地固化在一起，而是变得可配置、可组装，变成一个个插件。之后，就是要像搭积木一样，对许多"积木"进行拼搭，把插件进行个性化组合，最终满足客户的需求。

利用积木化的组织结构，京东将资源按照物流、交易、运营、金融等服务分别进行打包并开放给生态系统的参与者，将资源整合为可以开放的能力。比如，在与蒙牛的合作中，京东运用区块链技术，搭建了"京东区块链防伪追溯开放平台"，消费者只需要扫描二维码，就可以全程跟踪牛奶的生产过程，从而为蒙牛的品质提供了保障。同时，基于大数据和智慧供应链服务，京东辅助蒙牛进行生产规划、库存管理，增设协同仓等，并开放了自己覆盖全国的冷链仓网布局和冷链 B2B 核心骨干网，帮助蒙牛更灵活地响应市场。

在积木型组织的构架之下，如果有消费者在京东商城下单购买了一台空调，并预定了安装服务，京东的选择不是先送货，再联系安装师傅，京东给出的业务流程是：当京东送货车开始向消费者家出发的一刻，系统就会自动提醒安装师傅，在合适的时间向消费者家出发。

京东打通了与空调制造商的联系渠道，也打通了更多的第三方品牌底层平台，在自身的生态系统中形成了双方的信息共享。当空调开始发货时，安装师傅就会自动收到系统的同步订单消息。安装师傅用手机看着送货车的实时状态，自己选好时间向消费者家出发，保证与空调同时到位，送货与安装同步进行。

与传统的、以业务需求为导向的"烟囱型"组织相比，平台生态系统动若脱兔又稳如榫卯的结构在减轻业务规模束缚的基础上，使系统能够在变幻莫测的市场中灵活应对碎片化决策、快速响应个性化需求、大面积覆盖场景化消费。通过技术沉淀、服务重用、高度放权，平台生态系统打破了"烟囱"间的独立，实现了多线并行、协同创新，从而缩短创新周期，构建平台生态系统的第二道护城河。

延伸阅读：BAT 都推崇的中台，到底是什么？

2019 年 1 月 19 日，在京东商城表彰大会上，徐雷向听众介绍着京东的"积木型组织"。在演讲中，他突然严肃起来，郑重地说："大船必须要有龙骨，大中台将是京东商城永不停歇的超级引擎！建设包含供应链、技术、营销、客服、基础平台业务等在内的大中台，是由我牵头的必赢之战！"京东商城的大中台建设一直是徐雷高度重视的事情，在他看来，中台的核心关键词就是专业化的能力沉淀，这是京东最宝贵的财富沉淀，也是"积木型组织"理念的源泉。

中台不仅受到徐雷和刘强东的推崇，和他们相似的，还有阿里巴巴的马云和张勇。

2015 年 12 月 7 日，阿里巴巴首席执行官张勇发出员工公开信，宣布组织结构全面升级，将构建更符合 DT 时代的"小前台、大中台"的组织结构和运营机制；同年 12 月 31 日，华为轮值首席执行官郭平在新年致辞中称华为要在未来 5～10 年，实施"大平台支撑精兵作战"战略，"让听得到炮声的人能呼唤到炮火"。如今，百度、腾讯、美团等互联网企业也纷纷组建自己的中台，为前方"精兵"及时提供"粮食""弹药"等资源补给，灵活应对瞬息万变的全球市场。

备受企业推崇的中台究竟是什么呢？

从字面上看，中台身处前后台之间，是连接前后台的中介、隔离前后台的缓冲地带。前台作为业务的集合，直接与用户接触，需要快速响应用户的实时需求，追求不断创新、改善现状；后台作为前台的能力后盾，存储了大量固定资源，且往往受到法律法规等相关政策约束，故追求稳中有进。在 DT 时代，前轮转得越来越快，后轮却保持匀速前进甚至因超负荷运转越来越慢。每当前台需要迅速针对市场变化进行创新时，后台都要从底层开始调整，故不能及时给予支持。两个轮子之间的差距越来越大，整个组织需要一个新的内部结构来弥补前后台的矛盾，拯救自身的响应力。

2009 年，阿里巴巴建立共享业务事业部，从直接面向客户的业务

（如淘宝、天猫等）中摘出公共、通用的服务（如搜索服务、交易服务、评价服务等），并分别成立相应的搜索中心、交易中心、评价中心等，再将这些服务模块汇聚到共享业务事业部，统一由阿里云平台提供数据、技术等支持。通过分离、沉淀共有服务，"厚平台，薄应用"的组织结构避免了某些功能的重复建设和维护，让技术资源更高效地发挥作用（见图 5 - 5）。

在此基础上，阿里巴巴于 2015 年正式提出"中台战略"，组建数据中台和业务中台，共同支持与用户灵活交互的"小前台"。其中，数据中台负责连接企业中的数据孤岛，将原本以业务为单元的数据汇聚到平台生态系统的资源池中，再通过整理数据、智能建模打通各业务之间的联系，为企业提供更精准的用户立体画像。业务中台负责将不同业务中具备相同功能的服务聚合起来并进行标准化、模块化，高效输出资源，实现业务间的能力共享，从而支撑新应用与新业务的快速开发与迭代，满足快速变化的用户需求；同时被聚合的还有业务背后的数据，比如天猫、淘宝、聚划算等业务中用户的交易数据，这些沉淀在资源池中的业务数据被数据中台二次加工，变成生态系统中的数据资产。数据中台将"一切数据业务化"，业务中台将"一切业务数据化"，在连接前后台的同时实现数据闭环，发挥数据价值作用，用数据驱动成长（见图 5 - 6）。

不论是数据中台还是业务中台，本质上都是在不同层面上沉淀前端业务中的通用能力并将其标准化，然后对外开放，赋能系统中的其他参与者。有了中台，平台生态系统的所有参与者不需要凡事都从零做起，只需建立适配的新业务接口，就可以从"能力枢纽"——中台中随时取到适用的服务模块，缩短创新周期，捕获风口上的价值。

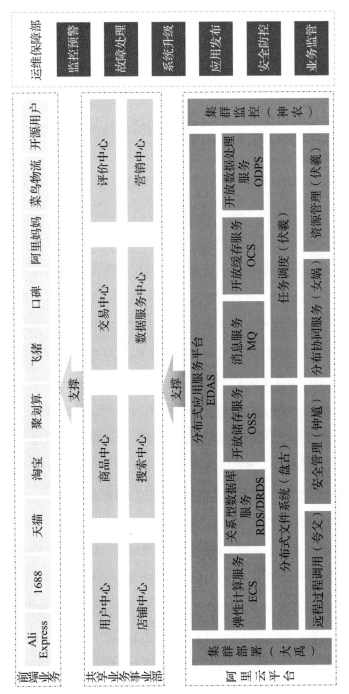

图5-5 阿里巴巴的共享业务事业部

资料来源：钟华. 企业IT架构转型之道：阿里巴巴中台战略思想与架构实战. 北京：机械工业出版社，2017.

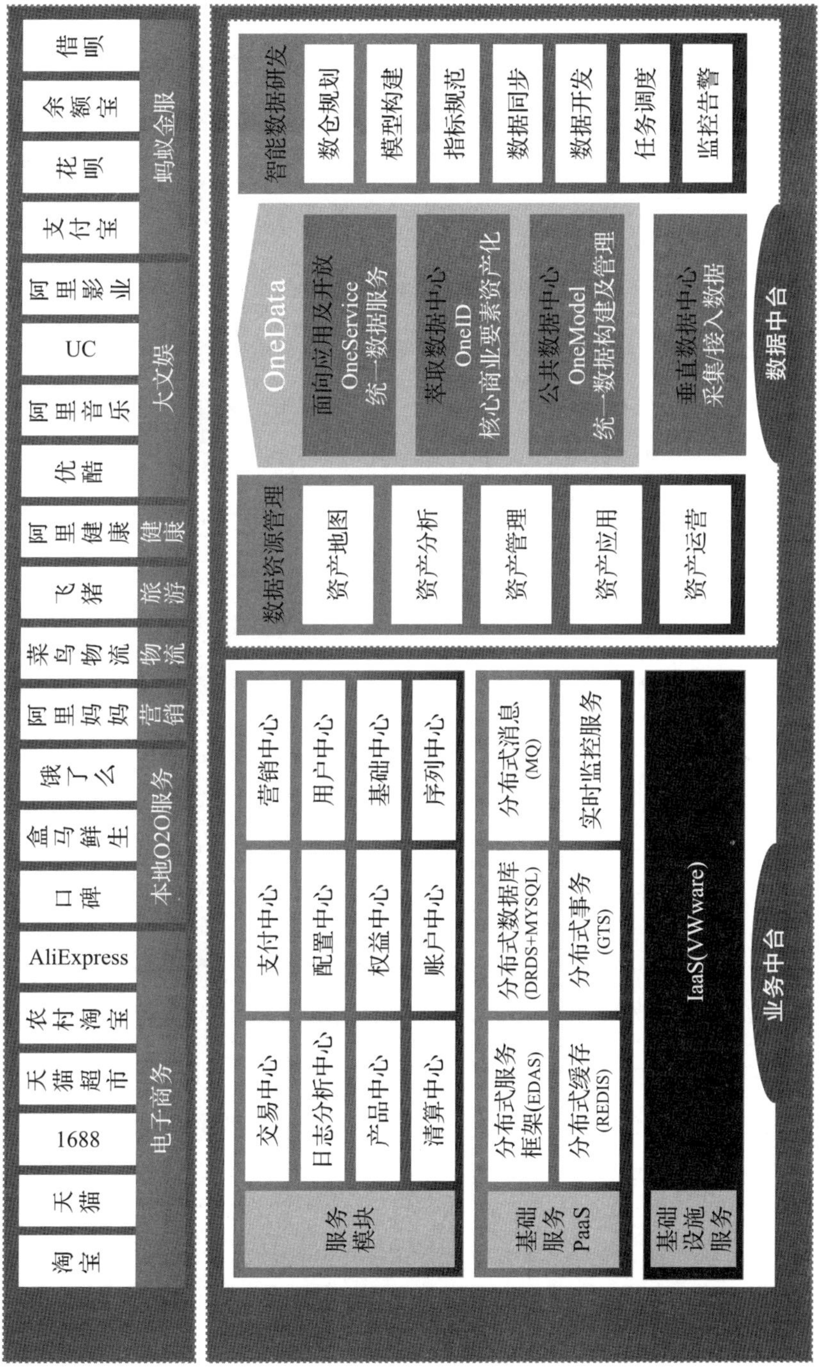

図5-6　阿里巴巴的"小前台，大中台"

資料来源：根据网络資料（https：//developer.aliyun.com/article/717510）整理。

5.3　共创共享，百家争鸣

同一个生态，千万家公司。

——马云 2013 年致全体员工的信《变革未来》

"我们希望阿里人一起努力把每一个事业部变成小而美、对生态发展有重大作用和价值的群体。" 2013 年 1 月 10 日晚，阿里巴巴集团首席执行官马云坐在电脑前，在显示屏上打出了这句话，长舒一口气，重读一遍眼前这封名为《变革未来》的 2 000 字长信。几秒钟之后，他摁下回车键，将长信发送给集团的所有员工。

这一天，阿里巴巴告别了"七剑下天山"的时代，将原有七大事业群的组织体系拆分为 25 个事业部。"七剑下天山"是马云在半年前调整的新组织体系，而现在，组织体系再一次改革，"这是阿里 13 年来最艰难的一次组织、文化变革！"马云在邮件里写道。

"我们总在追求一种稳定，但在信息时代，变化才是最好的稳定。"

不破而立，破而后立，马云希望用这 25 个"小而美"的组织打造出阿里巴巴的大生态系统。在马云的设想里，阿里巴巴就像地球中最大的生态系统——生物圈一样，而 25 个"小而美"的组织就像包含在其中的子生态系统——城市生态系统、热带雨林生态系统、草原生态系统……它们共享阳光、分享雨水，各司其职却又相互关联，通过寻找自身发展的平衡点实现生物圈的日新月异、生生不息。

阿里巴巴集团从"七剑下天山"到 25 个事业部的变化如图 5-7 所示。

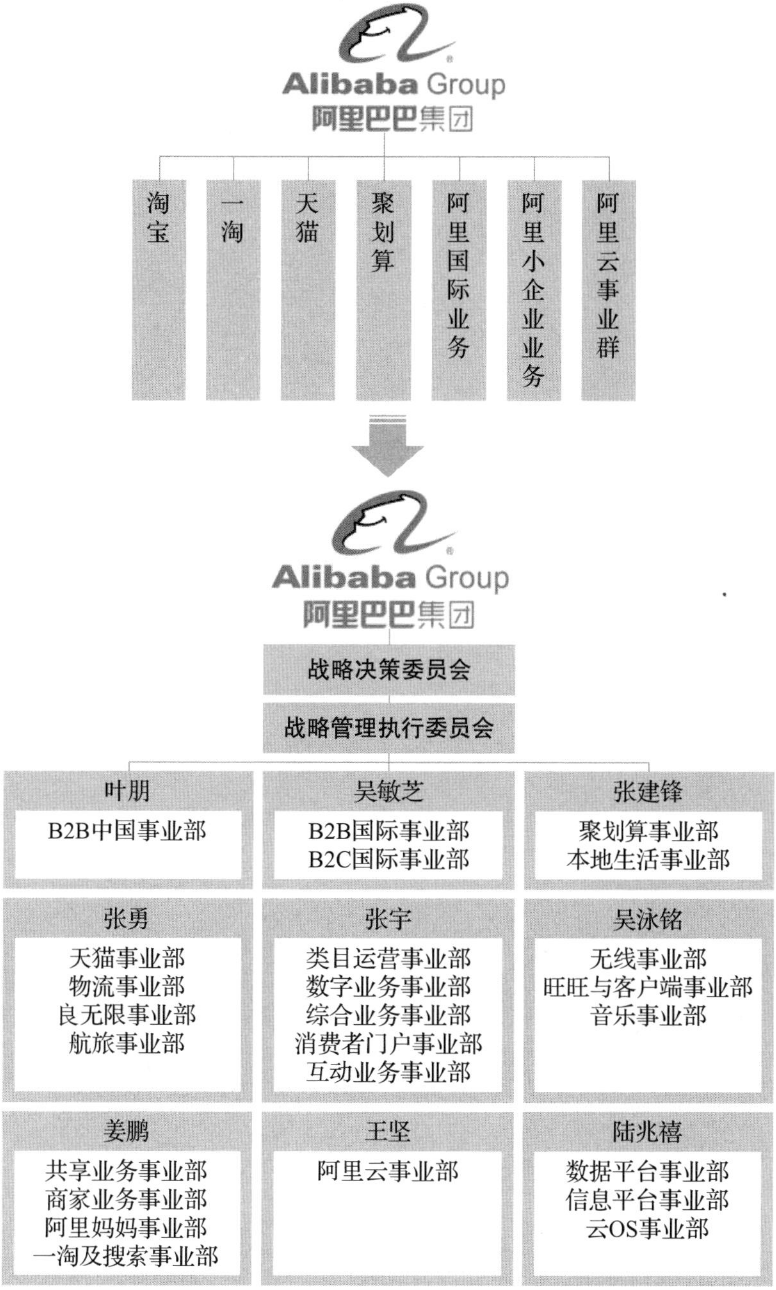

图 5－7　从“七剑下天山”到 25 个事业部

资料来源：阿里巴巴官方网站。

阿里巴巴作为阿里生态的运营者，搭建了一套对外开放的、完整的商业基础设施，包括支付、征信、物流、云计算等服务，并以此为基础勾勒出多种商业场景；接着利用"小前台，大中台"的组织架构和运营机制贯通各类场景，将其中的数据沉淀为资产，最终以云计算升华数据价值、发挥数据的潜力。

在这套商业逻辑的指引下，阿里生态中清泉涌动：以 1688 和淘宝为核心的电商业务相继孵化出并牵动着以蚂蚁金服为核心的金融体系、以菜鸟网络为核心的物流与供应链体系、以阿里云为核心的云计算服务体系、以 UC 和优酷土豆为核心的数字媒体和娱乐体系等，它们通过共享服务实现协同发展，通过散发并接收正向外部性不断优化升级（见图 5－8）。

图 5－8 阿里巴巴生态系统
资料来源：阿里巴巴官方网站。

2019 年，阿里巴巴集团收入达 3 768.44 亿元，相比 2018 年增长幅度高达 51%；零售平台全年商品交易额达 5.73 万亿元，移动端月度活跃用户达 7.21 亿；阿里云收入 247.02 亿元；数字媒体业务收入达 157.96 亿元。[①] 交易流、资金流、信息流、数据流和物流在这里汇聚碰撞、协同发展，让生态系统的所有参与者都能获得滋养和激励。他们"相会、工作和生活在阿里巴巴"，共同助力阿里巴巴"成为一家活 102 年的好公司"。

"如果阿里巴巴能活 102 年，我们一定是为社会创造价值的公司。"2018 年 5 月 29 日，阿里巴巴、菜鸟网络和中通快递达成战略投资协议，阿里巴巴向中通快递投资 13.8 亿美元，持股约占 10%[②]，利用自己的云计算等服务助力中通在物流的新赛道上进一步提升数字化、线上化和智慧化水平，为阿里系的商家和消费者带来更好的使用体验，同时也为如拼多多等其他生态系统里的中通客户创造幸福。中通 2019 年第二季度财报显示，过去一年中，中通阿里系的包裹占比下降 7%，拼多多则上升 7%。这种看似"为他人做嫁衣"的赋能恰恰体现了阿里巴巴"为社会创造价值"的理想，赋能不等于为一人所用，而是让它在更大的范围内、更高效地创造价值。

与之类似的还有支付宝的转型。2018 年，阿里巴巴联合蚂蚁金服以 95 亿美元全资收购饿了么，并将饿了么和口碑合并，搭建数字智能化本地生活服务平台；2020 年 3 月，蚂蚁集团首席执行官胡晓明在接受采访时公开说："我们（支付宝）升级到数字生活服务平台，就是要培育更多的饿了么和更多的美团。"

阿里巴巴就像一个开放并鼓励外界接入的商业操作系统，通过提供商业基础设施孵化或吸引更多优质企业，就像苹果和安卓鼓励应用程序开发商那样。随着越来越多的企业和阿里巴巴产生交集或者成为它的子

---

① 阿里巴巴集团公布 2019 年 3 月底止季度及财年业绩. (2019 - 05 - 15). https://www.alibabagroup.com/cn/news/article? news=p190515.

② 资料来自阿里巴巴官网（https://www.alibabagroup.com/cn/news/press_pdf/p180529a.pdf）。

集，阿里巴巴离"服务全世界 20 亿消费者，帮助 1 000 万中小企业在我们的平台上盈利，创造 1 亿就业机会"的远景目标越来越近。

"我们希望各事业部不局限于自己本身的利益和 KPI，而以整体生态系统中各种群的健康发展为重，能够对产业或其所在行业产生变革影响；真正使我们的生态系统更加市场化、平台化、数据化和物种多样化。"阿里巴巴通过提供商业基础设施和新技术赋能数以亿计的用户、消费者、商家和企业，通过子生态及其内部的协同进化为社会、为客户、为自己创造价值，让阿里巴巴成为"客户日常生活的重要部分"。

2020 年 5 月 22 日，阿里巴巴集团发布了 2020 财年的第四季度财报，财年收入同比增长 35%，阿里巴巴用一个数字为这个时代立下了一个新的里程碑——1 万亿美元。这是 2020 财年阿里巴巴数字经济体消费型商业业务的交易额，在它背后，是 9.6 亿全球年度活跃消费者和 25 个日益壮大的事业部。

阿里巴巴用近十亿的用户构建了庞大的生态系统，为社会提供金融、支付、物流、广告等服务，为社会和自身创造价值，又将价值合理分配到平台参与者之间。在阿里巴巴的 2020 财年里，2 200 个品牌借助天猫平台突破了 1 亿元的销售额，207 家盒马门店为 40 多家餐饮企业解决了 5 000 多名待岗员工的收入问题，阿里云支撑 28 个省（自治区、直辖市）建立起数字防疫系统，1.3 亿件医疗物资通过菜鸟物流走向世界 147 个国家和地区。

因为相信，所以看见。站在 2021 年，阿里巴巴做出了五年之后的展望：服务全球 20 亿消费者，帮助 1 000 万家中小企业盈利，创造 1 亿个就业机会。阿里巴巴作为一个巨大的生态系统，它的目光从不局限于自己，它看到的是平台的使用者与互补者，以及生态系统共同的未来。

阿里巴巴不仅拥有资源，也不仅将资源组成了发挥功能的模块，还在进行治理的工作——在创造价值中前进,又将价值合理分配。

创造价值是整个系统存在的原因和前进的目标,而合理分配价值能够强化平台参与者之间的联系与互动,使之协同、持续地创造价值。

在平台生态系统中,系统资源就像满天繁星各放异彩,生态结构能够动若脱兔又稳如榫卯。在资源和结构之外,平台生态系统还有第三大竞争优势——以"创造价值和分配价值"为核心功能的科学治理。

在 2020 年世界经济论坛上,阿里巴巴集团董事局主席兼首席执行官张勇说:"平台经济的核心是我们是否能真正为他人创造价值,正因为能够创造价值,人们才想聚集到一起,然后我们一起才形成一个平台。"平台生态系统中的治理不是为了短期内赚取更高的利润,而是持续不断地创造价值,让客户赢,合作伙伴赢,最后自己赢。[1]

生态系统要把创造价值作为自己前进的动力,而与传统企业创造价值所不同的是,这种前进之路,有旅伴同行。平台的互补者将与平台一起前行,这对于阿里巴巴来说,就是数以亿计的注册店家和第三方合作者,它们共同创造着价值,而这种价值如何分配,又是对生态的一个考验。

平台要怎么把价值分配给互补者,从而达到更好的效果,打造更好的生态,以继续创造价值?也许我们会一时难以想通,但是无数的实践经验给我们指出了两条明路——**专用性投资**和**战略性放权**。

专用性投资

在平台生态系统中,平台往往需要针对与互补者之间的关系进行专用性投资,为互补者打造模块化服务,平台互补者自行决定是否、何时运用模块化服务参与平台生态系统,以及如何将它们的产品或服务与平

---

① 2014 年 11 月 20 日首届世界互联网大会马云演讲实录。

台生态系统中的其他互补性资产（如平台的分销能力）结合起来。

2002 年，安迪·鲁宾（Andy Rubin）在斯坦福大学的工程课上进行了一场讲座。在讲座中，他谈到了 Sidekick 的研发过程，这对于很多人来说是难以理解的，但恰巧观众席中坐着两位对此颇感兴趣的企业家——谷歌创始人拉里·佩奇和谢尔盖·布林。佩奇被安迪·鲁宾的讲座打动，下课后，佩奇走到鲁宾身边查看 Sidekick，发现 Google 已经被列为默认的搜索引擎。

"真酷。"佩奇对鲁宾由衷地说。

2003 年 10 月，在佩奇和布林的支持下，鲁宾创建安卓公司。安卓公司为使用者提供完全免费的系统。为了让程序开发商们更好地工作，鲁宾投入资源，研发 SDK 开发工具包并提供给他们。随着应用程序的更新换代，SDK 也在不断升级，不断保持着和应用程序的最佳适配性。

SDK 为开发商们提供了一个没有成本的天堂。最佳安卓支付 SDK-Braintree、最佳安卓分析 SDK-Appsee、最佳安卓归因 SDK-Appsflyer……应用程序开发者可以根据自己切实的开发需求使用 SDK，并且能够借助平台巨大的用户资源推广自己的程序。平台提供的模块服务和其他互补性资产帮助平台互补者和生态企业实现双赢，关系专用性投资则将二者之间共赢的关系稳定化、常态化，减弱机会主义的扰动。

战略性放权

虽然平台所有者拥有对平台互补者的超限权力，但这并不意味着它要去控制互补者。相反，平台所有者会通过适度放权、合理分配价值等途径激励互补者的行为，以激发生态系统的创新活力，实现价值的正向反馈。

2020 年 12 月 2 日，点开 Google Play，可以看见页面上有一款名为 Loóna 的软件被评为最佳应用。你也许并没有见过这款名不见经传的软件，因为它的下载量只有 50 000，并且针对的用户只有一种——那些难以入眠的人。但是，或许你会为那幅静谧的画面所吸引——月夜下的森林里，一顶帐篷搭在淙淙的小溪旁边，石堆中点着篝火，丛林里飞着萤火虫。图片上写着："Get in the right mood to sleep"（在好心情中入眠）。

Loóna 是 2020 年 Google Play 年度榜单中的"年度最佳应用"，和它一起入选的，还有 10 个子项目里的 42 款应用与游戏。

自 2016 年起，Google Play 每年都会举行年度大赏，为商店内的应用设立 10 个左右类别的奖项，比如杰出新应用、杰出独立应用、最佳家庭类应用等，以感谢它们为全球用户创设的精良体验，并激励应用开发者百尺竿头更进一步，在每一个层面都精益求精。

除此之外，2018 年，谷歌联合 HackerOne 推出开发者数据保护奖励计划，以高达 50 000 美元/单的奖金奖励任何提供有关数据滥用的有效证据的人；同时升级 2017 年推出的安全奖励计划，将其覆盖范围拓展至 Google Play 中的所有安卓应用。据统计，该计划在 2018 年帮助了 30 000 名开发者，修复的应用程序超过 75 000 个，且截至 2019 年 8 月 29 日，安全奖励计划已经支付了超过 265 000 美元的奖金。[①] 谷歌的系列漏洞赏金计划是对既有价值的合理再分配，通过充分尊重并激发平台互补者的潜能，实现价值的二次创造，提升平台生态系统的质量，让系统充满活力。

对于一个国家而言，科学的治理需要在保证国民经济增长的同时，实现收入的公平分配，使经济获得可持续性发展。**对于平台生态系统而言亦是如此，创造价值是整个系统存在的原因和前进的目标，而合理分配价值能够强化平台参与者之间的联系与互动，使之协同、持续地创造价值。这种以价值创造和分配为核心的生态治理让整个生态系统走出了**

① Expanding bug bounties on Google Play. (2019 - 08 - 29). https://android-developers. googleblog. com/2019/08/expanding-bug-bounties-on-google-play. html.

"其兴也勃焉，其亡也忽焉"的历史循环，在这里没有英雄式的领导，只有共同愿景下的百家争鸣，构建平台生态系统的第三道护城河。

5.4 从零和博弈走向共生利他

1990 年，加里·哈默尔（Gary Hamel）和 C. K. 普拉哈拉德（C. K. Prahalad）在《哈佛商业评论》上发表了一篇名为《公司的核心竞争力》（The Core Competence of the Corporation）的文章，文章中首次提出了企业"核心竞争力"的概念及相关理论。

文中将"核心竞争力"定义为企业内部进行集体学习、协调生产技能、整合多项技术并以此提供价值的能力，其存在意义在于帮助企业以比竞争对手更低的成本和更快的速度建立核心竞争优势，在设计和开发某个具体类别的产品功能时取得世界领先地位，不断孵化并升级自己的核心产品、最终产品。①

有这样一个经典比喻：多元化企业就像一棵大树，叶、花、果实是最终产品，树干和大树权是核心产品，为整棵大树固本培元的根系则是企业的核心竞争力。我们往往被满树繁花吸引，但于企业而言，挡风抗冻的树干和大树权更为重要，拥有并控制产品背后的无形资源（如技术、专利等）才是最具吸引力的。为了保住自己的核心竞争优势，企业力图在本产业内的零和战争中取得胜利，在"此消彼长"的战争逻辑下使自己的核心产品赢得最大的市场份额。

但在数字时代，企业竞争优势中的核心要素——"产品型企业"与

---

① 普拉哈拉德，哈默尔. 企业的核心竞争力. 哈佛商业评论，1990（5－6）.

"产业内竞争"均受到了挑战：海尔从传统制造企业转型为共生共赢的物联网社群生态，阿里巴巴等互联网企业从自有的平台基因中分化出生态细胞，美团、滴滴两个原本互不相干的企业互相攻入对方腹地……企业之间的比拼上升到生态之间的较量，生态系统竞争优势理论应运而生。

生态系统通过整合互补性的外部资源，构建系统专属资源池；通过建立灵活又稳定的系统结构，有效配置资源，吸引和整合生态系统参与者的能力；通过设立科学的激励机制和价值分配体系，平衡好价值创造与价值捕获的关系。在资源、结构、治理三方面优势的加持下，整个生态系统的参与者协同创新、共创价值。 企业竞争优势与生态系统竞争优势的比较如图 5-9 所示。

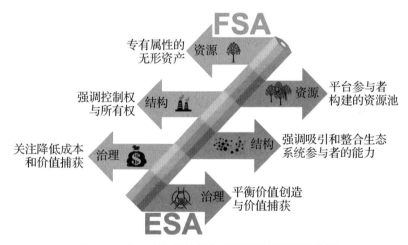

图 5-9　企业竞争优势与生态系统竞争优势的比较

如果说企业之间的竞争是小规模的局部战，那么生态系统之间的竞争就是蓄谋已久的全面战。竞争的逻辑已然改变，要想在新的竞争中赢得胜利，各方就需要在资源储备、基础设施、竞争战略的各个方面建立起竞争优势，将关注重点从竞争对手移向生态的价值创造过程，回归商业的本质。

第 6 章

向前一步的障碍——生态系统竞争优势的成本

强大的生态系统希望探索更广阔的市场，但它向前行走的脚步，总显得有些蹒跚。是什么在阻碍生态系统竞争优势的培育和发展？

1860—1870 年左右发明的企业，是人类历史意义上最重大的发明之一，因为它允许部分人在内部向上流动！

——彼得·德鲁克

在我国，"企业"一词最早可追溯至清末，如 1865 年李鸿章筹建的第一个官办企业——江南制造局，1872 年在上海筹办的第一家官督商办的民用企业——轮船招商局。实际上现代汉语中的"企业"一词源自日语，它是日本在明治维新以后，引进、借鉴西方文化与制度的过程中翻译而来的词语。

在英文中，表示"企业"的词汇有很多，比较常用的是"enterprise"。如果将它拆成两部分来看，前半部分"enter"有"开始从事、开始享有"的意思，后半部分"prise"则有"撬起、从中得到"的意思，连起来像是在暗示企业的存在就是为了发挥自己的杠杆作用，实现组织的价值和目标。

这可能就是企业之所以存在的原因。

1937 年，英国经济学家、新制度学派代表人罗纳德·科斯（Ronald

H. Coase）在《企业的性质》（*The Nature of the Firm*）中说，企业之所以存在，是为了降低交易成本，从而能够获取更高的利润。[①]

什么是交易成本呢？在科斯的定义中，交易成本通常指的是为了交易的达成，寻找交易对象、讨价还价、监督合约的执行等行为发生的费用。这些成本不仅存在，而且有时会高到使交易无法达成。

交易成本也是决定企业规模的重要决定因素之一。企业其实是替代市场来协调生产的组织。市场通过价格机制来协调资源，企业则借助治理来完成这一过程。随着企业规模的扩大，更多的市场交易被内部化，从而节省了一部分交易费用，贡献了企业的一大部分利润，但同时管理费用也会随着规模的扩大而上升。

因为企业实际上是各种契约关系的组合体，比如企业和普通员工、职业经理人等角色之间都存在契约关系：企业一方面需要监督另一契约方的经济行为是否符合企业利益，另一方面需要对其进行激励，促使其尽可能多地产出有利于企业发展的成果。此外，信息在不同层级、不同区域之间的传递也需要花费成本，这些管理费用都会随着企业规模的扩大而水涨船高。

因此，科斯认为"企业将扩张到企业内部组织一笔额外交易的成本等于通过公开市场上完成同一笔交易的成本才终止，或达到在另一企业中组织同样交易的成本才终止"。

与企业运行的逻辑相似，生态系统一旦成功运转起来，在撬动来自资源、结构、治理三个层面的竞争优势的同时，也不得不克服这背后因为多边摩擦而隐含的成本，而且比企业更复杂的是，生态系统内成员众多、包罗万象，各参与方的利益和目标也并不完全一致，因而各参与方

[①]　Coase R H. The Nature of the Firm. Economica，New Series，1937，4（16）.

之间由于松散耦合发生摩擦则不可避免。

生态系统运转中最突出的成本主要表现为**平台领导者的有限理性、优质平台互补者的稀缺性和平台互补者的多归属性**。面对利益、目标并不完全一致但又密切相关的松散耦合的各参与方，生态系统的领导者要如何超越自身的有限理性的局限来协调各方之间的摩擦以最小化生态系统运行的成本，从而助力数字平台生态系统充分发挥出竞争优势，获得"稳稳的成功"呢？

6.1　"无能为力"的领导：平台领导者的有限理性

企业家都渴望拥有"无所不知、无所不晓"的能力。我国古人早在《列子·黄帝》中就提到"圣人无所不知，无所不通，故得引而使之焉"。意思是说，我们普通人才疏学浅，不懂得大自然的心理和语言，因此不能跟它们有效地交流。若成为得道的"圣人"，就能无所不知，无所不通，通晓这些生物的语言，洞悉它们的行为。因此，圣人可以降龙伏虎，让这些猛兽为己所用。

这种"无所不知，无所不通"的人物形象设定隐含了两种假设：其一，圣人掌握了所有信息，比如各类生物的语言、喜好，自己的长处、不足，各种战术的优劣等；其二，圣人会根据掌握的信息采取正确的行动。这种正确不仅仅指正确的结果，更强调正确的方式和方法。

何为正确的结果？仁者见仁，智者见智，有人认为个人利益最大化就是正确的结果，有人认为天下苍生的安居乐业才是正确的结果，谁是谁非并无定数，只是在《列子·黄帝》的语境中，后者才是圣人心中的期待。

而正确的方式则是指在实现正确结果的过程中，圣人能够综合考虑所有信息，对自己可以采取的所有战术策略进行预判，推演每一种情形下对手的所有响应行为，根据自己的胜算做出最佳的战术选择。

从经济学的角度，这种"圣人"语境被认为是"理性人假说"或"完全理性"。他们不仅掌握了过去、现在的所有信息，还能即时、无成本地预判未来的所有可能后果，将这些"可能"转化成"必然"，以达到效用最大化的目的。

正因为这种完美性和单纯性，古典和新古典语境中总是假定自己研究的"经济人"是拥有充分信息并且完全理性的，这些"经济人"构成的市场是"理想""有效"的市场。其中，所有参与者都可以零成本地获得所需要的价格、技术、货物等信息，他们在最大化个人利益的前提下，零成本地进行交易，充分参与市场的完全竞争。

但是，现实生活中的我们和这些超级神明还是有差距。我们雾里看花、水中望月，不但看得恍恍惚惚、真真假假，还要根据这些含有主观猜测成分的信息进行大量运算、推演。我们彻夜难眠，但还是不能突破时间、知识、运算能力的局限，更不能正确、合理地预期未来发生的所有事情，最终我们只能心惊胆战地做出自己最满意的但并不一定是最优的选择。

此外，人类还生活在一个复杂的和不确定的世界中，需要在不完全信息、不对称信息以及有限时间的条件下进行决策。因此，人虽然可以预料到"天下大事，合久必分，分久必合"，但并不知道何时分、何时合。1929 年经济大萧条、2001 年"9·11"事件、2016 年英国"脱欧"等"黑天鹅事件"时有发生。当越来越多的突发事件让未来一次又一次地脱离人类的预期时，我们发现，"完全理性"只是一个用来无限接近的梦想，"有限理性"才是真正的平常心。

美国管理学家和社会科学家赫伯特·西蒙（Herbert A. Simon）认为，人的这种有限理性不仅指人类在理性能力上的不足，还指理性能力本身受到非理性、无理性因素的约束和限制。[1] 其中最重要的一个干扰因素就是信息的不完全与不对称。

信息不完全是指在任何特定条件下，人们都只能从信息的汪洋大海中摄取与自己的实践活动密切相关的一小部分信息。对于任何一个人来说，搜集与自己的实践活动相关的所有信息是绝对不可能的，也是没有必要的。一方面，搜集信息需要付出代价，我们在进一步搜集信息之前，往往会权衡这个行为即将产生的时间成本、金钱成本以及搜索收益；另一方面，我们搜集信息不是为了让我们的实践活动达到最优，而是达到预期，也就是自我满意即可。况且，外部世界的不确定性也加速了信息资源的动态变化，从而使得拥有完全信息更加不可能。

当每一个人掌握的信息都残缺的时候，信息不对称就出现了。

在日常生活中，交易双方掌握的有关商品、规则的信息不尽相同，通常卖方比买方拥有更多的信息优势，并利用这种优势人为地封锁信息或者放出虚假信息的"烟雾弹"。在这种情况下，买方往往陷入难辨真伪的困境，信息不完全的状况进一步加剧，买方的交易活动成本增加。身处这种信息不完全、不对称、不确定的世界中，人的理性更多地表现为有限理性。

在平台生态系统中，这种有限理性因参与者数量的增加、竞争-合作关系的复杂化被愈发放大。平台生态系统中没有哪一个直接带有"人"属性的参与者能逃脱有限理性的桎梏，整个系统的"操盘

---

① 王家峰. 西方政治科学中的有限理性研究. 教学与研究，2020（5）.

者"——平台领导者亦是如此。纵然决策前群策群力、反复推演，但领导者在执行自己最满意的决策时，依然迈不过去有限理性这道坎儿，无能为力地看着所谓的完美决策漏洞百出。

从平台生态系统的角度，平台领导者的"无能为力"主要体现在两方面：对信息不对称的有限处理能力和对不确定性的有限预判能力。

以在线购物平台为例，用户在淘宝、京东、拼多多等网购平台上搜索商品时，会获得一份按照好评、销量、价格、信用或者综合上述几种标准进行排序过的结果，这本是平台领导者为了方便用户阅览搜索结果的人性化之举。但未曾料想，部分商家和用户歪曲利用这种人性化之举，一点点地吞噬着生态系统源于互补性资源的竞争优势：部分商家会采取刷单、好评返现、骚扰用户索要好评等手段刷高店铺评分和排名，而用户却难以从清一色的广告式好评中辨别"真假李逵"；有的用户会为了索取额外红包，或以其非合理要求未被满足为由，故意给商家差评，倒逼商家以返现、折扣等方式补偿；有的商家伪装成用户，并以虚假恶意评论等形式挤兑同行业竞争对手……

这些棘手问题是平台领导者在设立搜索结果排序机制、评论机制、商家竞争机制时未曾预料到的，因为任何人对于不确定性的预判能力都是有限的，他既没有完全的信息也没有强大的头脑去穷尽决策相关方的所有可能应对措施；又或者说这是根本没有办法完全消除的隐患，因为任何人对于信息的掌握都是有限的，他既没有足够的时间也没有充裕的金钱去逐一筛选生态系统的所有参与者，更不可能屏蔽所有潜伏的危机。

潜伏在旅行平台"马蜂窝"中的危机，被一则短视频引爆了。2020年 10 月，一段名为"马蜂窝高价 12 人小团游变 36 人自助行"的视频在网上引发了广泛关注。视频的主人王先生在马蜂窝上选择了一款评分

4.9分、定位"精致小团"的"西藏全景环线7日纯玩12人团"的旅游产品，该产品宣称荣获"西藏优选好货热销产品合集"第一名。但体验后，王先生发现这就是一场"人在囧途的36人自助行"——旅游团不仅人数膨胀，参团用户还需自行自费从酒店前往集合点，旅游途中还因司机不熟悉路线而错过景点开放时间，被迫取消了许多景点的游览等。

旅行社在接到用户投诉之后，提出向每位游客强行退费30%（约1 186元）的补偿措施，但要求其"不在网络上发表任何负面评论及差评"，此外还立刻下架了这款旅游产品，让游客的差评无处发布。马蜂窝对此也做出了回应，称商家对消费者提出不发差评的要求是违规的，经过查证后会对商家进行处罚；但是商家下架产品的行为是合规的，平台无权干涉。

马蜂窝的回应着实令广大"驴友"倍感错付。旅行社的质量已经让"驴友"心生怀疑，平台敷衍的售后服务更令"驴友"感到心寒。

"驴友"不满，马蜂窝也属实无奈。首先，平台上旅游产品数量众多、分布较广，马蜂窝亲力亲为、逐一甄别商家信誉、产品质量、用户评价是一项费时费力的浩大工程。更何况由于平台领导者、商家、用户三方之间存在严重的信息不对称，马蜂窝也无法确定自己的甄别结果是否正确。其次，在各大在线旅行社（online travel agency，OTA）平台之间的竞争愈演愈烈的趋势下，如果平台领导者对互补者或者用户的约束过于严苛，会导致"水至清则无鱼"，过于强硬或松散的规制都极易将商家或用户推向竞争对手的平台。为寻求二者之间的平衡，平台领导者需要三方信息互通，需要理解各方的真实诉求和底线，因此问题又回到了如何应对信息不对称的问题。

马蜂窝是做旅行"攻略"起家的平台。旅行攻略最看重口碑。而口碑积累靠什么？提供服务的旅行社，撰写攻略的资深"驴友"，还有寻求攻略的新手背包客。但是，旅行社可能以次充好，资深"驴友"可能代打广告，而新手旅客则可能恶意差评。几乎任何一个人，都可能成为"不对称信息"的制造者，也可能成为信息不对称的受害者。在网络效应的影响下，任何角色的流失，都无法形成"口碑"，都会削弱自己的竞争优势。

因此，马蜂窝名义上虽为平台生态系统的领导者，但是它的领导职能发挥得力不从心。受到信息不对称的约束，整个系统每进一步都是步步惊心。

马蜂窝数字平台生态系统的构成如图 6－1 所示。

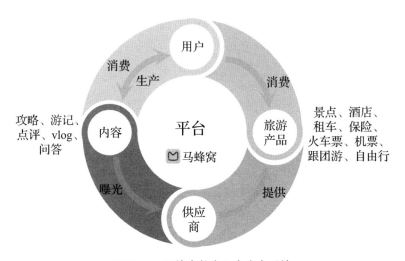

图 6－1　马蜂窝数字平台生态系统

领导者除了对系统内的信息不对称问题一筹莫展，也为自己有限的预判能力深感技穷。2008 年 7 月 11 日，苹果公司正式推出 App Store（应用商店），服务 iOS 生态系统内的伙伴们。对于用户而言，App Store 是一个应用购买平台，在这里用户可以通过免费或付费下载的方式获取与游戏、音乐、电影、工作、学习、健身等相关的应用，享受一站式购物的便捷与智能。对于开发者而言，这里是一个应用销售平台，通过分发渠道、广告平台等的构建，开发者可以将自己开发的应用转化为收入。

作为提供交易平台的"答谢"，苹果公司也会从交易中征收一定比例的"苹果税"，并要求应用开发商（即平台互补者）无条件遵守平台规则。比如，当用户购买一款 App 时，支付的费用首先会打入苹果公司的账户，苹果公司在收取 30％的"苹果税"之后，会按月将剩余的款项打给开发者。

此外，当用户在应用商店内购买虚拟产品时，比如订阅线上课程、升级音乐会员、购买游戏虚拟币或道具等，苹果公司要求应用开发者只能设置应用内消费机制（in-app purchase，IAP），并划分销售收入的 30％给苹果公司，后续又将会员订阅服务的收费机制改为第二年续订时抽成 15％，且不得指引客户使用非 IAP 机制进行购买，比如设置微信或支付宝支付按钮、插入外部支付链接或进行相关文字提示等。只有涉及实体产品或线下服务时，比如在淘宝上买衣服、在美团上订酒店，应用开发者才可以允许用户使用微信或支付宝支付且苹果公司不从中收取分成。

于苹果公司而言，30％的"苹果税"为苹果公司带来了一笔可观的财富。

如图 6-2 所示，2019 年，苹果 App Store 一共促成交易 5 190 亿美元。其中，610 亿美元源于数字商品和服务（占总额的 12％），4 130 亿美元源于实物销售和服务（占总额的 79％），450 亿美元源于应用内广告（占总额的 9％）。因为"苹果税"仅针对虚拟产品，所以苹果公司从"苹果税"中得到的实际收益约为 180 亿美元，大约相当于 1 275 亿元人民币，这笔"渔翁之利"甚至略高于同年腾讯游戏业务的总营收 1 147 亿元。

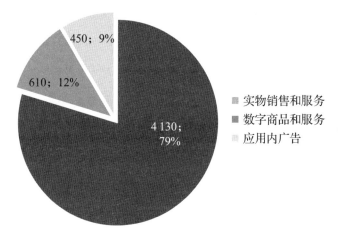

图 6-2　苹果公司 2019 年营业收入及构成（单位：亿美元）

资料来源：根据 Analysis Group 资料整理。

　　但于平台互补者而言，"苹果税"却是一笔沉重的负担，更是扰乱市场竞争的罪魁祸首。

　　相比于华为、小米等安卓应用商店 5∶5 的分成比例，以及谷歌、亚马逊、三星等应用商店 3∶7 的分成比例，30％的"苹果税"确实不算高（见表 6-1）。真正惹怒互补者的地方，是苹果封锁其他应用下载渠道（如官网、第三方网站等）的封闭生态、唯一的支付方式（Apple Pay）、收割价格优势的"嫡系"应用（如 Apple Music）。生态系统内互利共生的伙伴关系渐渐有了裂痕。

表 6-1　平台抽成比例

Google Play Store	30％（12 个月后降为 15％）
Amazon App Store	30％（流媒体抽成为 20％）
Samsung Galaxy Store	30％（以其他方式达成协议的除外）
Microsoft Store	30％（游戏，商业商店，教育商店，Windows 8 装置）15％（其他）
苹果 App Store	30％（12 个月后降为 15％）

资料来源：根据 Analysis Group 资料整理。

2011 年，亚马逊推出广告鼓励 Kindle 的 iOS 用户去安卓端购买电子书，并在 Kindle 中直接取消 iOS 端的支付功能，用户只能通过 Safari 在亚马逊网站购买。2016 年年底，Spotify 推出低价会员权益，鼓励用户到官网上购买会员，并于 2019 年年底向欧盟委员会提交了针对苹果公司的反垄断诉讼，称苹果公司利用这项政策扼杀其"嫡系"应用 Apple Music 的主要竞争对手。2018 年年底，奈飞（Netflix）宣布关闭在苹果移动设备上的支付，用户如果想收看内容，需要登录官方网站支付订阅费。随后，谷歌旗下 YouTube 也宣布 YouTube TV 将从 2020 年 3 月起完全淘汰应用内的付款支持，这意味着所有苹果设备的用户必须通过谷歌网站订阅 YouTube TV。2020 年，Epic Games 也奋起反抗，无视苹果 App Store 的付费规则，公开出售旗下游戏《堡垒之夜》（Fortnite），但遭苹果公司下架，随后其又以"苹果公司垄断 App Store，违反数字平台公平竞争原则"为由，向澳大利亚联邦法院起诉苹果公司。

祸不单行，苹果公司在中国也并非一帆风顺。自 2016 年起，微信、今日头条、知乎、映客等应用在中国开通打赏功能，意为用户如果喜欢内容生产者发布的内容，可以根据心情赠送一笔小费以示欣赏或者表达感谢。但是在苹果公司看来，这实际上是一种销售行为，打赏应当被视为应用内购买。因此，2017 年 6 月 12 日苹果更新 App Store 条款，正式指出虚拟货币打赏必须走苹果支付渠道，且苹果公司将从中抽成 30%。作为回应，知乎、映客直播被迫引入苹果 IAP 付费机制，但内容生产者不断强调受众尽量使用安卓手机打赏；而微信则直接关闭了 iOS 端微信公众号的打赏功能，之后甚至取消了 iOS 端的虚拟支付功能。

苹果公司怎么也没有想到，处于行业平均水平的 30% 的"苹果税"会引得平台互补者"群起而攻之"，勾勒出世外桃源的封闭生态规则会被互补者诟病，更未曾想到自给自足的"嫡系"应用会被冠以不公平竞争的罪名。本想着"九合诸侯，一匡天下"，结果却引来反垄断调查。

2020 年 11 月，苹果公司宣布新政：2021 年 1 月 1 日起，对于年收入不足 100 万美元的小型企业或独立开发者，苹果 App Store 的抽成比例将从 30％降至 15％。虽然苹果公司公开表明此举是为了在全球经济前途未卜之际，鼓励小型企业和独立的开发人员矢志不渝地创新，为苹果生态的蓬勃发展贡献力量，但若没有近几年来各互联网巨头针对"苹果税"的揭竿而起，苹果公司还会忍痛割爱吗？个中缘由引人深思。

这场平台生态系统的内部博弈远没有落下帷幕，平台参与者之间的信息不对称、平台领导者的有限预判随时都可能成为点燃争端的导火索。制度经济学的观点认为，制度而非政府，对完善经济交易活动、降低交易成本、克服不确定性发挥着重要作用。① 因此，**平台领导者要想弥补有限理性之不足，就需要制定完备的平台竞争规则以及奖惩制度来提升治理效率。**

大数据时代，这一制定制度的重任，就委以了**"算法"**。

算法的最大优点，就是试图将一切不确定性和有限预判力消化在数据运算的力量中。美团打造了一个实时智能配送系统"超脑"。"超脑"能够根据商家、用户、骑手的所在地以及状态智能派单，还能帮助骑手规划多个订单的取餐送餐顺序，并对骑手的所有取送路线进行导航。

从数据上看，"超脑"确实提高了外卖平台的效率。移动互联网大数据监测平台 Trustdata 发布的《2019 年上半年中国外卖行业发展分析报告》显示，美团外卖 2019 年第二季度的市场份额高达 65.1％，将竞争对手饿了么的市场份额蚕食至不足三成。一时间，一句"美团外卖，送啥都快"响遍大街小巷，美团速度成了外卖行业的王者标配。

---

① 于喜繁 . 新制度经济学对无限理性假设的否定及其意义 . 广西社会科学，2005（9）.

但是，在美团的"超脑"中，没有突发恶劣天气，没有电梯等候时间，没有商户出餐速度，没有导航路线是否存在逆行、是否存在天桥等问题。"超脑"就像一个不食人间烟火的天神，一个高高在上的规则制定者，一个想把骑手卷进无限游戏的幕后推手。在这场以"永不停止""更快更多更强"为目的的游戏中，以不超时为底线的骑手才是美团速度的创造者。

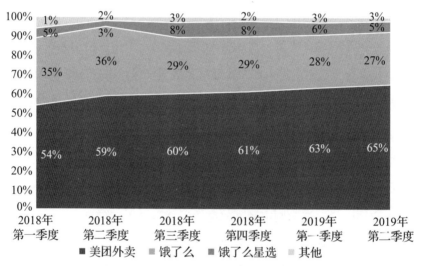

图 6-3　2018—2019 年上半年主流外卖品牌交易额占比分布
资料来源：Trustdata 移动大数据监测平台。

实际上，"超脑"只是运筹于帷幄之中，决胜在千里之外的另有其人，那就是"纠偏机制"。人类学家尼克·西弗（Nick Sciple）提出了"算法文化"，认为算法不单单是冷冰冰的理性程序，还掺杂了人类和现实社会交互的成果。

既然基于 AI 的"超脑"也不能完全消除有限理性，那么纠偏和弥补就显得愈发珍贵了。若平台领导者对于生态系统已经出现的问题不闻不问，长此以往，那些本着善意建立起来的机制将沦为为虎作伥的工具：评论机制将从增加平台透明性的窗口沦为商家和用户之间不正当利益交换的通道，搜索结果的排序机制将从便利用户、激励商家的工具被架空为由钱操控的摆设，平台互补者之间的竞争机制也将从优胜劣汰的良性竞争变成漠视道德法律、商业伦理的恶性竞争。本该为平台生态系统提供丰富多彩的资源的互补者和用户却沦为平台生态系统平稳运行的规则破坏者，整个系统岌岌可危。

然而，那些只顾着仰望星空却忘记脚踏实地的纠偏和弥补只会让事情越来越糟。如何破解有限理性的囚笼，确实需要更加深入的思考。

6.2　"不太靠谱"的朋友：优质平台互补者的稀缺性

"独乐乐不如众乐乐"，这是《孟子·梁惠王下》的一句话。它告诉我们，最大的快乐不是独享快乐，而是和别人分享快乐。

贾维德·卡里姆从这样一句朴素的话中获得启发，撬开了无限商机。

2005 年 4 月 23 日，贾维德·卡里姆上传了自家网站的第一个短视频《我在动物园》，影片中的卡里姆站在加利福尼亚州圣地亚哥动物园的大象前说："这些家伙有好长好长好长的，呃，鼻子，好酷。"虽然整个短视频仅有 19 秒，但却开启了用户生成内容（user generated content，UGC）的时代。这个短视频网站，正是日后风靡全球的 YouTube。

UGC 时代是"众乐乐"的时代。在这个时代，用户才是主体。他们不仅欣赏他人的杰作，也会上传自己创作的短视频，跟更多人分享快乐。当内容的生产者和消费者逐渐融为一体的时候，YouTube 的大网就渐渐织了起来。第二年，YouTube 上的短视频数量已达 4 000 万条，每天浏览量约 600 万，超越 MSN Video 与 Google Video 等竞争对手，成立后 15 个月便后来居上，成为最多人浏览的网站。

但"众乐乐"的商业实践传入中国后，却在这个理念的发源地吃了闭门羹。不是因为中国缺少"众"，而是因为中国人还不习惯、不擅长创造"乐"。一个视频从灵光乍现，到取景拍摄，再到剪辑出来，是一件非常复杂、耗费精力的事情，这不低的门槛让很多人只愿意看别人的视频，而对生产视频兴致寥寥。如此一来，纵然中国市场需求再大，但供给方势单力薄。长期供不应求的局面，将短视频困在了国门以外。

回看当时的美国，YouTube 兴起的时候，美国已经接受了录像机时代的熏陶，人们习惯于以拍摄视频的方法记录生活，喜欢拍摄那些搞笑或值得珍藏的瞬间。因此，YouTube 只需要将视频的创作者和观看者连接起来，有了流量，变现就可以提上日程了。

而到了 2016 年，中国的短视频市场就大不一样了。中国没有大批量的成熟视频创作者，但有深耕短视频市场 3 年、以 12％左右的市场渗透率在市场上独占鳌头的快手①和其他一些小型短视频 App。正是在这种看似没有天时、地利、人和的条件下，抖音义无反顾推开了短视频的大门。2016 年 9 月 26 日，抖音 1.0.0 正式上线，但抖音的第一条官方微博却是在 1 个多月以后才发出的，下面的点赞数和评论数更是少到可以忽略。

初出茅庐的抖音也并不急于和大众打招呼，而是借用这段沉寂期，一点一点地让"短视频音乐"和"社交"两种因素在平台中发生化学反应：一方面雇用大量的音乐、舞蹈等方面的专业人士制作短视频，并在推荐机制中增加这些视频的曝光量；另一方面，鼓励用户邀请自己微

---

① 2017 年中国移动互联网年度报告. (2018 - 01 - 18). http://tc.people.com.cn/n1/2018/0118/c183008-29773450.html.

博、QQ、通讯录中的好友一起玩转抖音。

直到 2017 年 3 月，岳云鹏机缘巧合之下转发了一条带有抖音水印的短视频微博，这条微博短时间内便吸引了一大批粉丝和路人，并被转发近 5 000 次、点赞破 8 万，抖音这才首次曝光在了大众的视野中。随后，抖音乘胜追击，签约了一大批明星入驻抖音。抖音利用"明星效应"跨过平台阈值，并基于之前"音乐＋社交"的双重准备，顺利激活了网络效应。

有人说抖音的血液里流淌着"全球化"的基因，问世还不到一年就将触角伸到了海外。2017 年 8 月，抖音海外版 TikTok 开始开拓日本及东南亚市场。9 月，TikTok 在印度尼西亚首都雅加达举行了一个带有派对性质的线下发布会，邀请了当地 100 多名明星和互联网名人。类似地，TikTok 在日本也签约了一大批当地明星和网络大咖。这些关键意见领袖（key opinion leader，KOL）不仅解决了短视频供不应求的痛点，也快而准地起到了局部宣传作用，拉近了当地民众和 TikTok 之间的距离。

除了借名人之力，TikTok 还聚焦于高质量的本土化战略，让普通用户也加入视频创作的行列中来，做到真正意义上的"众乐乐"。在泰国传统的泼水节期间，TikTok 推出三个节日限定贴纸，三周内便吸引了 4 万多名用户；在校园文化盛行的日本，TikTok 推出校园对抗赛，吸引学生以团队的形式录制以舞蹈、音乐、搞笑等为主题的短视频，将传统的校园文化与新兴的短视频潮流相结合，在异国他乡埋下了 Tik-Tok 的种子。

不难发现，无论是在国内还是国外，抖音或者 TikTok 都曾被"缺少视频创作者"这个问题卡脖子。作为回应，"KOL＋本土化"战略也被一以贯之，前者吸引明星、网络大咖、优质视频制作商等专业人士创作高质量视频，后者吸引普通人在平台上留下属于自己的痕迹。

在商业实践中，有两种战略可以帮助平台获得优质互补者：一是"外延性升级"，二是"内涵性升级"。

像抖音这样，通过激励潜在的优质互补者进入系统，帮助自己突破瓶颈，我们将这种假他人之手的方法称为平台生态系统的"外延性升级"。正所谓众人拾柴火焰高，尤其当这些互补者可以同时助力生态系统的多个子生态系统时，这种外延性升级的杠杆作用往往能够得到更有效的释放。

比如，东南亚领先的数字公司 Go-Jek 为了解决自己生态内的叫车平台 Go-Ride 遇到的交通拥堵问题，招募了 100 多万名摩托车司机。与此同时，这些司机也会在非高峰时间为 Go-Jek 的快递服务平台 Go-Box 运送小包裹，升级该生态系统的递送容量，一举两得，事半功倍。

与之相对，倘若平台生态系统的领导者觉得自己足够强大，能够独自解决遇到的困难，我们称这种做法为平台生态系统的"内涵性升级"。比如亚马逊自建物流，支持自己电子商务板块的发展；京东发展金融业务，服务自己的线上和线下支付场景。

但是对于这时候的抖音来说，内涵性升级却不是一个明智之举，或许能解燃眉之急，但非长久之计。一方面，抖音初入短视频行业，并没有充足的资金来支持自己长期创作大量优质视频；另一方面，即使母公司给予了抖音事业部充沛的资金支持，"师出同门"的海量短视频又岂会覆盖所有人的生活？届时，抖音"记录美好生活"的初心或许会被"记录那个圈子"替代，"激发创造，丰富生活"的使命又将如何完成？

2020 年 9 月 15 日，字节跳动首席执行官张楠在第二届抖音创作者大会上说，截至 2020 年 8 月，抖音（包含抖音火山版在内）的日活跃用户数已突破 6 亿（见图 6-4）；截至 12 月，日均视频搜索次数超过 4 亿。通过外延性升级，抖音突破了短视频平台的第一道瓶颈——缺少内容创作者，此后便乘胜追击，势如破竹。

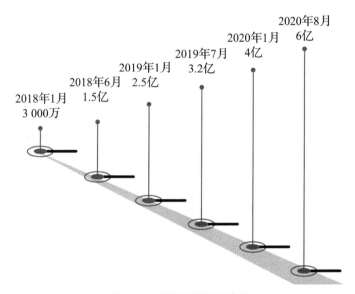

2018年1月　3 000万
2018年6月　1.5亿
2019年1月　2.5亿
2019年7月　3.2亿
2020年1月　4亿
2020年8月　6亿

图 6-4　抖音日活跃用户数
资料来源：抖音历年年度报告（2018—2020）。

但是，瓶颈不是一个完全静止的概念。一个瓶颈突破了，下一个瓶颈接着来了。

对于发展得如火如荼的抖音而言，克服了"优质互补者缺乏"的瓶颈后，又该如何突破"劣质互补者泛滥"的瓶颈呢？

《荀子·性恶》中说："人之性恶，其善者伪也。"在没有外界引导和限制的条件下，人性本身就更容易被低俗、猎奇的事物吸引。因此，随着抖音用户体量的日渐庞大，起家于"音乐＋社交"的抖音逐渐孵化出了更多功能，比如直播带货、直播打赏、声音社交、语音通话等。但同时，平台上的低俗不雅内容、危险猎奇内容、直播售假行为等有违道德甚至法律的内容也层出不穷。

抖音纯靠算法的内容推荐机制更是火上浇油，让这些博人眼球的内容频频曝光在大众的视野中，引得越来越多的内容生产者开始创作这类视频。"黑森林事件""胶带门""'大狼狗'郑建鹏 & 言真夫妇售假事件"……一波未平一波又起的视频质量问题，频频敲响抖音的警钟——小心平台互补者的反噬！

其实不止抖音，网约车市场在飞速发展的同时，平台互补者的质量问题也浮上水面。不同于隶属出租车公司、以出车拉客为主营业务的出租车司机，多数网约车司机只是为了赚外快在网约车平台上兼职拉客。此外，由于网约车平台对网约车司机和车辆缺乏全面细致的审查，高速发展的网约车市场变得鱼龙混杂，服务品质参差不齐，安全事故频频发生，不断挑战法律与道德的底线，令人心惊、叹惋。

"水能载舟，亦能覆舟"，虽然找不到乘客的司机埋下了网约车平台的种子，并在种子发育的过程中吸引了一大批乘客和投资者为其施肥、浇水，助其生根发芽，护其茁壮成长，但人算不如天算，这些种子并不全是期望中的良谷种子，其中还混有和良谷长得极为相似的莠草种子。这些"潜伏杀手"和良谷一起成长，争夺阳光、养料、雨水，长此以往，田中的良谷越来越少，整片农田日渐荒废。

劣质的平台互补者就像这田中潜伏的莠草，非但不能如期望的平台互补者般激发网络效应，助力数字平台生态系统的发展，还会引发负向网络效应，散发毒素毁掉整片农田，成为生态系统再向前走一步的障碍。因此，只有提升生态系统中平台互补者的质量，平台生态系统才能不被命运扼住咽喉，迎来"柳暗花明"。

2015 年 11 月，拼多多怀揣着"农村包围城市"的梦想诞生了，并以低廉的商品价格和新颖的社交拼购模式迅速打下了自己在中小城市的一片江山。2018 年 7 月 26 日，拼多多赴美上市。本以为不到 3 年就上

市的拼多多已经具备了做大做强的底气，但未曾想随后的山寨风波却
"一石激起千层浪"，将拼多多的短板暴露无遗。但两年后，拼多多从
"3 亿人都在用的 App"变成了"7 亿人都在用的 App"，年活跃用户数
在 2020 年第三季度达 7.313 亿，与阿里巴巴中国零售市场年度活跃用
户数相差不到 2 600 万（见图 6 - 5）。

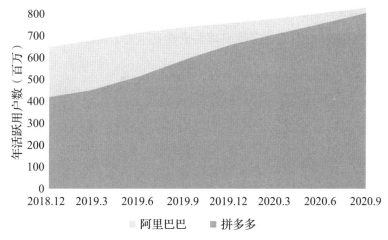

图 6 - 5　拼多多和阿里巴巴年活跃用户数

资料来源：阿里巴巴和拼多多年度报告（2018—2020）。

拼多多是如何克服"劣质互补者泛滥"瓶颈的呢？

其实，扼住拼多多脖颈的是两只手：一只叫山寨品，一只叫劣质
品。因此，拼多多接下来做的，就是将它们逐一击破。

为了解决仿冒品、山寨品的问题，拼多多于 2018 年 8 月初开展
"双打"行动，打击销售侵权和假冒产品的行为，一周内强制关闭 1 128
家店铺，下架约 430 万件商品，批量拦截 45 万多条疑似假冒商品的链
接。为了摘掉产品质量低劣的帽子，拼多多于同年 9 月推出了"品牌
馆"，吸引三只松鼠、百草味、安踏、阿玛尼（Armani）、网易严选等约
500 个品牌入驻。

之后拼多多一鼓作气，于 2020 年年末推出"品牌计划 2.0"，不仅

要继续搞好 1.0 版本中的事业，帮助代工企业孵化自主品牌，还要扩大现有生态圈，打造知名品牌的子品牌、扶持新锐品牌和振兴国货老品牌。在深耕幕后工作的同时，拼多多还在多个综艺节目中投放广告，将背后的默默努力搬到舞台的闪光灯下，在一次次的品牌曝光中向用户展示自己的华丽变身。

彻底突破"劣质互补者泛滥"的瓶颈，只剔除系统中现存的劣质种子是远远不够的。优质种子也可能后天发育不良，需要良好的生态环境才能茁壮成长。

安卓用户或许都有过这样的经历：下载一个游戏软件，却在玩游戏的过程中频频误安装其他应用；在某搜索引擎上刚浏览过有关某商品的功效介绍，转手打开购物软件就被推荐了类似产品；购买了某网站上的培训课程，随后便被各种培训电话轰炸……这些窥测人心的App 让我们备感恐慌，我们在这些 App 眼里，早已是毫无隐私的透明人。

为此，工信部自 2019 年起开始对各 App 进行技术检测，严厉打击"违规收集、使用用户个人信息""不合理索取用户权限""私自共享信息给第三方"等侵犯用户隐私的行为。截至 2021 年 1 月 26 日，工信部共筛查了 62 万款 App，责令 2 234 款违规 App 进行整改，公开通报 500款并下架 132 款整改不到位、拒不整改的 App。据统计，这些被通报的App 共来自 24 个应用商店，其中，腾讯应用宝、豌豆荚、OPPO 软件商店、360 手机助手、小米应用商店分别占比 24.60%、11.27%、10.83%、10.25%、9.81%。[①]

为什么被点名的大多是安卓系统的应用市场？安卓的老对头——苹

---

① 国新办举行 2020 年工业和信息化发展情况发布会. (2021-01-26). http://www.scio.gov.cn/xwfbh/xwbfbh/wqfbh/44687/44824/wz44826/Document/1697705/1697705.htm.

果 iOS 系统的 App Store，为什么不在点名之列？

二者的差异，实际上源于不同应用市场在 App 审查方面的较量。一个 App 从开发到出现在应用市场上供用户下载、使用，中间还需要通过关键的一环——应用市场的内部审核。谷歌赋予安卓系统开源性，虽换来了安卓应用市场的桃李满天下，但也对各应用市场的审核机制鞭长莫及。

于是，安卓应用市场上除了少数成员不惜追加审核成本，为用户提供少而精的高质量应用，大部分成员采取的则是放养政策，用琳琅满目却鱼龙混杂的应用吸引用户，用极低的 App 上架门槛吸引应用开发者并从中牟利。由于 App 的违法行为往往得不到严厉处罚，其侵害用户权利的行为又较为隐蔽，即使被告侵权且被证实，只要撤销那些违法的条款就又可以死灰复燃。就这样，安卓应用市场的姑息和相关 App 的违法行为一直严重掣肘谷歌生态系统，互补者不尽如人意的表现成为生态系统发展的另一个瓶颈。

苹果公司则恰好相反，自从 2008 年上线 App Store 以来，App Review 部门就像孪生兄弟一样随后便出现在苹果的封闭生态中。该部门的 300 多名员工会对所有申请在 App Store 上架的应用逐一进行人工审核，审核标准参考不断更新的 App Store 审核指南。经审查讨论后，这些新 App 或其更新版本会得到"通过、拒绝或待定"的答案。据公司称，大概有 40％的应用或更新会被驳回，被拒绝的理由通常是信息不全、存在漏洞、侵犯用户隐私、出现崩溃或不稳定、含有骗局等。

苹果 App Store 的 App 审查机制虽然严苛，却为用户打造了一个安全且值得信赖的应用程序收发站，为所有开发人员提供了一条合法合规的生财之道，为苹果生态系统消除了大部分由低质量互补者带来的潜在威胁。

6.3　"朝秦暮楚"的伙伴：平台互补者和用户的多归属性

合作中最忌讳反复无常，这种行为有时被称为"朝秦暮楚"。

虽然"朝秦暮楚"这个词现在多用于贬义，但是不能否认，这确实是一种生存智慧。

在古代，手无寸铁的百姓为了性命朝秦暮楚。在湖北竹溪县和陕西平利县交界处，有一个形似马鞍的地方叫关垭，两侧山峰延绵陡峭，居高临下，攻防兼备，历来为兵家必争之地。春秋战国时期，这里作为秦楚交战的要塞，战事频发，主权变更只在朝夕，有时早上还是秦治，晚上就成了楚辖。生活在这方土地上的百姓更是苦不堪言，他们为了自保，常常早上插秦旗、穿秦衣、行秦礼、言秦语，晚上却易楚帜、着楚衫、行楚俗、说楚话。

如今，平台生态系统中的芸芸众生为了利益熙来攘往，也学得朝秦暮楚起来。"夫千乘之王，万家之侯，百室之君，尚犹患贫，而况匹夫编户之民乎！"为了利益，平台互补者在不违反法律规章制度的前提下朝秦暮楚，转变承诺，择优合作，何过之有？

"人择明君而臣，鸟择良木而栖。"其一，平台互补者会选择多栖，将鸡蛋放在多个篮子里，既接入平台 A，又接入类似属性的平台 B。其二，平台互补者也会随着平台生态系统的演化，适时更改自己的栖息地。比如当互补者发现自己的利益受损或者发现企业自身的目标与生态系统的发展方向不符时，它们可以放弃使用该平台；又如当其他生态系统开始提供更好的价值共创、价值捕获契机时，它们也可以接入这一新平台。

我们依旧以在线购物平台为例。平台领导者为有限理性所困，但生态系统内的商家又何尝不是囿于有限理性呢？在"大赚小赔"的心理引导下，商家抱着"多一个平台，多一分销量"的心态入驻，用户打着"多一个平台，多一点优惠"的算盘赚取自己的小福利。虽然未来扑朔迷离，但至少如今形势一片大好，况且商家的新决策并不会影响自己在其他平台的收入或者体验，因此它们和新平台共同打造了一片繁荣昌盛之景。

微店也曾遇到这种欣欣向荣之景。2014 年，微信和 WeChat 的合并月活跃账户数达到 5 亿[①]，为朋友圈的微商生意提供了肥沃的生长土壤。微商们正缺少一个更加方便、体系化的平台，一个可以直接装修店铺、上传商品信息、利用微信引流的平台。这便是微店成立的初衷，发挥熟人经济的杠杆作用，帮助微商搭建电商销售平台，构建微信版的"淘宝"。这个颇有"钱途"的想法瞬间吸引了很多淘宝商户和第三方品牌进驻。当然，淘宝日益攀升的开店成本、推广成本也成为微店获客的助推器。但好景不长，铺天盖地的广告、不完善的信用体系、不靠谱的售后服务让用户们开始抛弃微店，入驻的商户数量也断崖式下跌，微店逐渐淡出了人们的视野，淘宝的危机也随之解除。

但在互联网的风口上，电商的世界永远都不会风平浪静。有些平台走着走着就被商家和用户抛弃；有些平台却越做越强，在网络外部性的助力下势如破竹。看那些站在风口浪尖上的平台——背靠强大生态的淘宝，自建优质物流的京东，开拓社交购物的拼多多，它们用实际行动为自己贴上了标签，而这些标签之所以被大众认可，正是因为商户和用户在这个系统内切实感受到了其他平台不能赋予的长久利益。

---

① 资料来自腾讯 2014 全年财报。

平台为了防止互补者朝秦暮楚，往往会采取"胡萝卜＋大棒"的治理模式："胡萝卜"是关系专用性投资，而"大棒"则是多归属成本。

关系专用性投资，也称为交易专用性投资，是指在双方的某次合作中，合作成员为了提升合作质量、稳定合作关系投入专用性资产[①]，一旦该合作结束，这些专用性资产就将失去价值。关系专用性投资又可细分为以下两种：普通关系专用性投资，包括合作者在房子、土地、设备等实物方面的有形投资和在技术、人力资本等方面的无形投资；人情关系投资，即晓之以理、动之以情，以合作诚意、领袖魅力等让对方建立合作信心，对领导者产生依赖，增强合作归属感（见图6－6）。

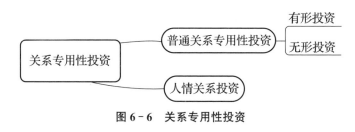

图6-6　关系专用性投资

在平台生态系统中，平台领导者作为投资者，可以针对维护平台互补者的关系进行投资，也可以针对维护用户的关系进行投资。两种做法异曲同工，都是通过维护平台网络的某一边关系来克服另一边参与者的承诺转变。至于如何在两种投资策略之间进行选择，不仅要考虑与市场力量相关的投资成本，还应将平台领导者的资源优势作为影响因子纳入思考体系。

以中国的在线音乐市场为例，QQ音乐和网易云音乐作为现有市场上的两大数字平台，其投资重点就不尽相同。QQ音乐于2005年正式上线，背靠腾讯系，出身腾讯音乐娱乐集团（Tencent Music Entertain-

---

① Pelton L E, Strutton D, Lumpkin J R. Marketing channel: a relationship management approach. New York: Irwin/McGraw-Hill Companies, 2001.

ment Group，TME）。在充沛资本的加持下，2017 年腾讯拥有了世界三大唱片公司环球音乐、索尼音乐、华纳音乐的独家版权。自然而然，TME 也成为在线音乐市场上音乐版权的集大成者，拥有超过 1 700 万正版曲库、6 亿月活跃用户（见图 6-7）、超过 1 500 万付费用户。[①] 因此，QQ 音乐依托腾讯生态的雄厚资本优势，将投资重点放在维系平台互补者，靠音乐版权深挖生态护城河，为自己贴上"正版音乐先锋"的标签，为用户打造一个海纳百川的正版听歌 App。

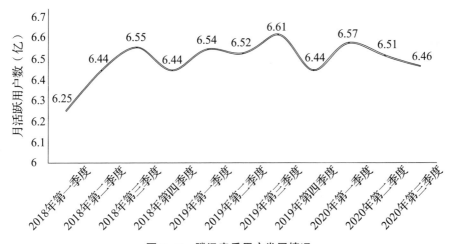

图 6-7　腾讯音乐用户发展情况
资料来源：腾讯音乐年报（2018—2020）。

2013 年，网易云音乐姗姗来迟。彼时，整个在线音乐市场的版权已被瓜分得只剩残羹冷炙，有采购价值的音乐版权早已各有所属，对于网易云音乐来说，通过投资平台互补者打开市场的可能性几乎为零。因此，网易云音乐将投资标的转向了用户，以庞大的用户群为基础，通过间接网络效应留存平台互补者。网易云音乐美化交互界面，采用红白色的 Logo 和简洁的播放界面；精准个性化推荐，不断优化算法，做用户的知

---

① 环球音乐与腾讯音乐娱乐集团达成股权战略合作 共同拓展中国音乐市场. (2017-05-10). https://finance.qq.com/a/20170516/039951.htm.

己；专注音乐社交，精选评论、建立云村、上线直播，将音乐 App 从一个听歌工具打造成分享心得、生产内容、交换故事的社交平台，让"独乐乐"的静态音乐变为"众乐乐"的知音相逢。2019 年 8 月，网易云音乐的用户数已突破 8 亿（见图 6 - 8），同比增长 50%；付费有效会员数同比大涨 135%。①

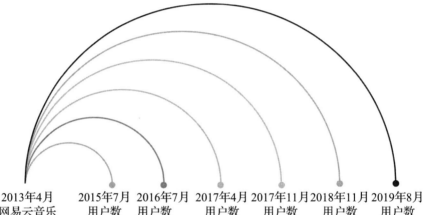

图 6 - 8　网易云音乐用户趋势

资料来源：网易历年年度报告（2013—2019）。

用户的快速、持续性增长吸引了一大批独立音乐人，他们愿意在这个平台上分享自己的原创作品，讲述自己的音乐故事。这让在资本积累上处于弱势地位的网易云音乐"柳暗花明又一村"，它看到了版权市场上的另一条路——独立音乐人。这群人渴望写出自己心中所想，唱出独立音乐的浪漫，却苦于没有曝光机会，没有资本加持。因此，网易云音乐通过"石头计划""云梯计划"等扶持这些内容创作者，激励内容生产，促进音乐传播。

———————————

① 网易云音乐用户数破 8 亿 突围音乐市场的几个关键逻辑. (2019 - 08 - 09). https://www.163.com/dy/article/EM4LQ9HA05118D5B.html.

于平台而言，此举增加了网易云音乐的原创音乐内容，可弥补自己的版权劣势，让整个平台更加强大；于平台互补者而言，此举能够增加独立音乐人的曝光次数并且提升其音乐收益；于用户而言，此举带来了更多优质音乐，让用户对平台的归属感日益加深。

比起 QQ 音乐以版权铸成的音乐生态，网易云探索出了一个以原创音乐铸成的社交生态。一个首先聚焦于平台互补者，一个首先关注平台用户，但两者殊途同归——它们都通过具有网络外部性的关系专用性投资成功地凝聚了一批忠实的音乐提供者和用户。

但是，百度音乐就是另一个故事了。

自 2006 年收购千千静听以后，百度音乐成为中国数字音乐初期发展的领头羊，但它忽略了版权问题，一直以链接的方式提供音乐，若链接出现问题或者被举报，就直接删除。这种"打游击"式的问题处理方式虽然在版权监管中护了平台周全，却为自己打上了"盗版滋生地"的标签。2015 年 7 月，国家版权局下发《关于责令网络音乐服务商停止未经授权传播音乐作品的通知》，要求无版权音乐作品全部下线。当月，百度音乐被迫下架了 150 万首歌曲，曲库几乎被清空。

此后，陷入风雨飘摇之境的百度音乐想增加对音乐版权的投入，但为时已晚。首先，斥巨资购买版权无法在短期内获得回报，百度音乐的资金流难以承受此重负；其次，百度音乐长期活在"见光死"的音乐阴暗地，盗版模式已将唱片公司的信任消磨殆尽；最后，百度音乐中植入的广告弹窗和工具条为音乐掺了杂质，严重影响用户体验，用户的日渐流失在所难免。于是，2015 年 12 月，百度通过"航母计划"将音乐业务剥离给太合音乐。

拉拢平台互补者也好，增加用户归属感也罢，平台领导者似乎总是处于被动地位：由于合作双方存在信息不对称，且关系专用性投资一旦做出就很难逆转，接受投资的一方有机会对投资方敲竹杠，通过损害投资方的利益使自身利益最大化。

为了克服这种机会主义行为，平台领导者往往在向平台互补者或用户示好的同时提高其多归属成本。比如用严谨的合同规范音乐创作人，用会员费用增加用户的平台转移成本。

换一个角度，这些多归属成本也可以看作平台互补者或用户对维护与平台之间的这段关系进行的被动投资，他们在过去的时间点对未来的这段合作关系下了赌注，用各自的沉没成本来平衡对方的失信风险。

其实，这里的"被动"投资还有另一种理解，即胁迫平台互补者留下来的是与现有平台捆绑的利益，而非受平台领导者的条条框框所迫。淘宝上的一个卖家兢兢业业，历时两年终于将自己的小店做到了两皇冠，积累了一大批忠实的粉丝和打动人心的优质评论，这时的他又怎么可能放弃现有成绩，搬到一个新的平台从零做起呢？

与其说这是时间沉淀的力量，不如说是平台治理机制的奥妙，是平台领导者通过关系专用性投资为成员创造利益，在提升其平台归属感的同时将这种利益进行平台专有化，进而打消成员转换平台的念头，变相提高了成员的多归属成本。

虽然提高多归属成本可以有效对冲关系专用性投资的风险，但此举毕竟有损平台互补者和用户的利益，一旦变本加厉，只会适得其反。2020年年末，一篇名为《我被美团会员割了韭菜》的自媒体文章将美团外卖送上热搜。作者发现开通美团外卖的会员后，附近几乎所有外卖商户的配送费都要比同一时间的非会员配送费贵1～5元。① 此外，有的网友还在评论中爆出美团外卖会员享受到的满减力度也不如非会员；商家

---

① 从"功臣"到被"割韭菜"：餐饮商家也被美团外卖杀熟?. (2021－01－29). https://new.qq.com/rain/a/20210129A021L800.

也纷纷发声表示平台向销量排名靠前的商户收取更高的平台佣金。

平台这种对不同市场上的不同消费者收取不同价格的行为就是经济学中所讲的"三级价格歧视";特别地,获取完全相同的产品或服务,老顾客付出的成本高于新顾客的现象也被通俗地称为"大数据杀熟",实际上是利用消费者和商家之间的价格信息不对称,对处于劣势一方、忠诚度较高的老顾客提高价格,增大平台利润空间。而对于一向高度依赖与信任电商平台的消费者和商户由于各自已经缴纳会员费用和拥有一大批忠实用户,弃之可惜的消费态度和经商思维为商家杀熟提供了条件。

其实美团外卖只是大数据杀熟事件的引爆点,早在 2000 年亚马逊对外宣称的"差别价格实验"中,大数据杀熟就已经走进人们的视野。当时的亚马逊根据用户的年龄、收入、偏好、消费频率等特点,对同一款 DVD 进行差别定价,并以老用户的购买意愿更加强烈为由向其收取更高的价格。但不到一个月,老用户们就发现自己被割了韭菜,最后在广大用户和媒体的口诛笔伐下,贝索斯亲自出面道歉并承诺对所有以高于最低价购买 DVD 的用户退还差价。

后来随着大数据的不断发展及其与商业的密切结合,平台通过杀熟攫取高利润的案例比比皆是:飞猪、携程等在线旅游平台,天猫 88VIP会员制度,滴滴在线打车平台等都对老用户收取过更高的价格。虽然短时间内能够获得高额利润,但是用户支付的多归属成本大多是阶段性的,一旦成本有效期一过,用户的流失在所难免,倘若再考虑到不良口碑对于平台未来获客的负面作用,杀熟计策得不偿失。

平台为了留存用户和平台互补者,还有一种更加简单粗暴且立竿见影的手段——强制性单一归属,通俗地讲就是"二选一",让互补者或用户只能选择接入一个平台,但是其合理合规性备受质疑。天猫曾被京东起诉自 2013 年以来不断以签订独家协议、强制独家合作等方式,要求在天猫商城开设店铺的众多品牌商家不得参与京东商城的"6·18""双11"等促销活动，不得在京东商城开设店铺进行经营，只能在天猫商城一个平台开设店铺进行经营。① 美团曾被多次曝光以提高佣金点、下架整改、调高起送费、缩小配送范围等条款要挟商户下架饿了么店铺，并承诺与美团独家合作。唯品会也被曝光要求商家"二选一"，强制商家下架爱库存平台上的所有商品，并停止在爱库存上的所有销售活动。这些现象层出不穷。

虽然强制性"二选一"有立竿见影、呼谷传响的效果，因为面对占据市场主导地位的平台领导者，弱小的平台互补者和用户只有迅速站好队，才能守住最后一点儿利润，但是于情于理，这都有失大将风范，更不是长久之计。

于情，强制性单一归属行为有违市场经济的本质——自由、平等与等价交换，这也是数字时代的底层逻辑。在数字平台生态系统中，平台领导企业、平台互补者、用户既不是"一锤子买卖"的单纯交易关系，又不是悉听尊便的永久从属关系，而是作为独立的法人主体互相赋能，在自觉自愿的情况下进行长期密切合作，共创价值，协同发展，实现共赢。于理，强制性单一归属行为有违反垄断国际惯例和国家法律法规，不利于维护市场公平和消费者权益，抑制创新和市场活力。

为此，欧盟委员会发布专门报告指出，虽然在数字市场上取得市场支配地位并不意味着必然违法，但竞争法规则应如"达摩克利斯之剑"一般悬于"数字寡头"之上，时刻监督它们的一举一动。②

---

① 京东诉天猫索赔10亿 "二选一"之争将走向何方. (2019-10-30). http://finance. china. com. cn/industry/20191030/5110101. shtml.

② Directorate-General for internal policies of the Union (European Parliament). Challenges for competition policy in a digitalized economy. (2015-07-15). https://publications. europa. eu/en/publication-detail/-/publication/592ad7c1-73bf-4061-8ad7-d3df7603a02e.

第 7 章

机会老人的试炼——生态系统竞争优势的瓶颈

古谚说，机会老人先给你一个可以抓的瓶颈，若不及时抓住，再得到的就是抓不住的瓶身了。是抓住机遇，还是被扼住咽喉？这是一个重要的问题。瓶颈也是生态系统竞争优势的成本构成中最为突出的一环。

每个治国者上任的第一天，都会想一个问题："我怎样才能让国家长盛不衰？"在《中国人史纲》一书中，柏杨指出，任何王朝政权在建立后的四五十年，或传位到第二三代时，都不可避免地会碰到瓶颈期。

这个瓶颈是"危"，亦是"机"：

倘若不能通过或一直在这个瓶颈处挣扎，整个王朝将为危所困，前功尽弃，倾巢覆灭，如夏朝建立后六十年左右，政权接连被后羿和寒浞夺取；商朝建立后四十年左右，政权落到伊尹手中。但若王朝能顺利通过这个瓶颈，它就可以转危为机，获得较长的稳定期。如唐朝第二位皇帝唐太宗，文治天下、开疆拓土，开启贞观之治；清 1644 年入关后的第二位皇帝爱新觉罗·玄烨收复台湾、反击侵略、重视农业，开启康乾盛世。这类王朝瓶颈也被后人称为"**柏杨瓶颈**"。或因王权更替、政局不稳，或因宦官专政、权臣当道，"柏杨瓶颈"成了整个王朝历史上最薄弱的环节。但若君圣臣贤，在王朝的瓶颈期励精图治，日后的长治久安将指日可待。

"瓶颈"这个词起源于运筹学，指那些影响系统的表现或者成长，限制了整个系统的价值创造或系统其他创新活动的环节。 瓶颈依附于系统存在，本质上是整个系统中的一个环节。但是大多数情况下，系统中的所有环节并不是同等重要的，有些环节十分关键，不仅起着承上启下的作用，而且直接决定了整个系统的产出水平，这就是瓶颈。瓶颈就像一个黑洞，无情吞噬着其他环节提升的能力，让整个系统停步不前；而一旦突破瓶颈，整个系统的潜能将被充分释放，实现四两拨千斤的效果。

大体上看，广义上的瓶颈包括技术瓶颈和战略瓶颈。**技术瓶颈**是指那些客观存在的、限制整个系统的环节。比如，运送粮草的车队在前进途中碰见了一条河，这条河便是运送车队完成任务绩效的瓶颈。技术瓶颈又可细分为以下三种：静态系统中的**要素瓶颈**，如莱特兄弟（Wright Brothers）改良前的飞机机翼；时间流动下的**流量瓶颈**，如福特流水线上滞留的零部件；动态交互中的**匹配瓶颈**，如化学反应中原子或分子特定的数量比，函数 $f(x) = \min(a, b)$ 的输出值由输入值中的最小值决定。**战略瓶颈**则是指那些为了解决客观存在的技术瓶颈，提升整个系统的表现并且为自身谋得收益的"收租"行为。比如被河水拦住了去路的运送车队决定修建一座桥，在方便他人的同时通过收取过桥费的方式获得收益，捕获价值。

在管理学领域，很多学者会将"瓶颈"与"结构洞"相提并论，认为它们是相同的概念。但瓶颈与结构洞还是存在本质上的区别。**结构洞**的概念最早由美国社会学家罗纳德·伯特（Ronald Burt）提出，在《结构洞：竞争的社会结构》（*Structural Holes：The Social Structure of Competition*）一书中，伯特发现社会上虽然人际关系错综复杂，但并非所有人之间都互相有联系，这样一看就好像整张社交大网上存在着几个孔隙，他把这些孔隙称为结构洞。举个简单的例子，如图 7-1 所示，（a）

图中，A，B，C 三个成员之间互相有联系，这时的关系网中不存在结构洞；但若 B 与 C 之间没有联系且都分别与 A 有联系（如（b）图所示），A 就占据了 B 与 C 之间的结构洞，成了 B 与 C 之间唯一的交流渠道。研究表明，占据更多结构洞的角色将有机会获得更多资源，尤其是信息资源，并且掌控系统中资源的流向，因此在竞争中更具优势。

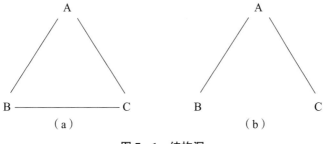

图 7-1　结构洞

瓶颈与结构洞相似的地方是，瓶颈和结构洞都具有"连接"和"控制"的作用：瓶颈连接系统中的几个环节，让系统得以运行；而结构洞被占据后，也会在社会中原本毫无关系或者关系微弱的成员之间搭起桥梁，让社会中的信息充分流动。

总体上，瓶颈与结构洞"殊途同归"。

瓶颈的控制属性源于技术因素，具有极强的客观色彩；结构洞的控制属性则源于社会活动，主观色彩更为丰富。比如，网约车平台就瞄准了人们出行网上的结构洞，在快速获取乘客和司机的信息之后，利用自动定位匹配系统为司机和乘客牵线搭桥，不仅减少了司机的搜寻成本、油耗成本，而且降低了乘客的出行成本，提升了乘客的出行体验，改善了"打车难""空载率高"问题。

在《竞争的衰亡》（*The Death of Competition*）一书中，詹姆斯·穆尔（James F. Moore）说在商业生态系统时代，对手并不会选择在游戏中轻易击败你，而是会选择你的整个生态中最薄弱的一环，用自己的商业生态进行靶向攻击。这最薄弱的一环正是数字平台生态系统的**瓶颈**。也正是生态竞争隐含成本最为突出一环。它可能是你暴露给对手的把柄，将自己推向万丈深渊；也有可能被你铸成一把利刃，给对手致命一击。

每个生态系统所有者，在开始时都会想一个问题："我怎么样才能让生态系统持续运行？"

答案也蕴藏在瓶颈里。生态系统的瓶颈源于何处？瓶颈中的"危"又如何转化成"机"？

7.1 不识庐山真面目：瓶颈的密码

我们说的生态系统其实是由互联网技术、数字技术所支撑的互联网生态系统。互联网生态系统内的平台往往具有较为复杂的商业模式，包含多种个性化的元素，在创建、运行和治理的过程中形成了自身独特的技术架构，成为生态系统价值创造的关键驱动力。

与传统的平台相比，新增了互联网技术、数字技术的现代平台大幅度提升了效率，拓宽了市场范围，呈现出一种颠覆性的惊人能力。就像我们日常生活中常使用的滴滴打车软件，出色地利用了移动互联网技术，改变了传统的打车市场格局。这家 2012 年才成立的企业在极短的时间内创造出了难以想象的企业价值，仅 2015 年一年的订单数就超过了美国打车软件巨头优步成立 6 年累计的 10 亿订单数，估值也从最初的 160 亿美元一路飞升，2019 年已超过 500 亿美元。分秒之间的车辆筛选与匹配、数据打造出的精准用户画像、顾客点滴的打车轨迹，逐渐汇聚成了一个全新的商业生态，推动着滴滴这家企业发展壮大。

由此可见，懂得利用互联网技术、拥有独特技术架构的平台生态系统能够在行业中脱颖而出，取得非同寻常的业绩。这种业绩不仅仅是打破现有的市场格局，更有可能最终颠覆整个行业。生态系统向前迈进要求平台能够具备技术主导的平台质量和用户主导的网络效应①，并以随之而来的出色业绩巩固其在整个行业的地位。

然而，如果一个生态系统所掌握的关键性技术、所搭建的技术架构与竞争对手相比较更为落后，哪怕只是一两个环节的缺陷，也足以发展成为阻碍生态系统成长与进步的瓶颈，这种瓶颈意味着这个生态系统无法在当下实现自我突破，被迫接受无论从技术层面还是业绩层面都被竞争对手甩在身后的现实。

滴滴就在这方面栽过跟头。在成长萌芽期，滴滴创始人之一的程维花 8 万元外包了滴滴的软件系统，结果不仅开发进度一拖再拖，最终的开发成果也是漏洞百出。即使经过数次修修补补，系统运行也极其不稳定。尤其是在 2012 年冬天，接连几场大雪为滴滴集中送来第一批用户的时候，尚处于襁褓中的系统更是直线拉低了司机和用户的使用体验，这无异于将用户拒之门外，直到程维请来了百度的研发经理张博担任首席技术官，才勉强补足技术上的短板，具备了可以与摇摇、百米等打车平台同台竞技的资格。

因此，**阻碍平台生态系统发展的瓶颈主要表现为生态系统中技术层面最为薄弱并显著影响平台绩效表现的环节，也是平台生态系统竞争优势的成本结构中最为突出的环节。**②

2003 年，全球最大的在线商品交易网站 eBay 收购中国第一大网上

---

① Chen L，Yi J T，Li S，et al. Platform governance design in platform ecosystems：implications for complementors' multihoming decision. Journal of Management，2022，48（3）.

② Hannah D P，Eisenhardt K M. How firms navigate cooperation and competition in nascent ecosystems. Strategic Management Journal，2018，39（12）.

C2C 平台易趣（Each Net），推出为中国市场定制的线上交易网站"eBay 易趣"。这一新生儿似乎自打出生起就被寄予厚望：一方面，eBay虽然此前败走日本市场，但是依然占据着美国拍卖市场的霸主之位，且人们相信 eBay 在日本市场的失败经验定能够转化成开拓中国市场的宝贵财富；另一方面，易趣作为中国拍卖市场的领头羊，占据着近 80％的市场份额，不仅能够为 eBay 易趣的本土化提供经验，而且带来了价值不可估量的消费者基础。

然而希望总是美好的，eBay 即使在 3 年时间内向中国市场投入了 3亿美元，但是依然收效甚微，只能眼睁睁看着自己的市场份额在淘宝网的进攻下逐年下滑（见图 7－2）。2016 年，eBay 看着仅剩 20％的市场份额，不得不选择黯然退场。

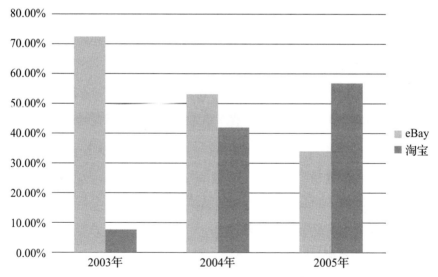

图 7－2 2003—2005 年 eBay＆淘宝占据中国 C2C 市场份额
资料来源：易观国际，艾瑞咨询（iResearch）。

后起之秀淘宝为什么能够打败当时极其强大的 eBay 呢？2004 年，易趣接入 eBay 的全球交易平台，在页面形式、交易程序、信用评价机制等方面都进行了重大调整，这让追随易趣多年的用户一时难以适应。更致命的是，eBay 易趣"人在曹营心在汉"，虽然网站的用户在中国，但是服务器搬到了美国，这意味着国内用户每点击一次，数据都要经跨洋的海底光缆进行传送，使得用户的等候时间明显加长，活跃客户因此大量流失。反观淘宝，由于其网站服务器设在中国，网络反应速度明显快于 eBay 易趣，在平台的稳定性方面也因为专业设计公司的重新架构表现良好。

但这些还不足以动摇 eBay 易趣的根基。其实一直以来，线上交易面临的突出问题是信用问题：买家担心自己付了钱收不到货，卖家担心自己发了货收不到钱；买家担心自己收到的货有问题但得不到赔偿，卖家担心买家挑刺儿、无理取闹。因此，谁能突破信用这个瓶颈，谁就能捕获线上交易成功的密码。但可惜的是，eBay 易趣偏偏在这时候患上了"拖延症"，并没有将 eBay 的第三方担保平台 PayPal 引入中国，或许这便注定了 eBay 易趣江山易主的命运。

淘宝抓住间隙，一鼓作气推出支付宝，为买卖双方提供担保交易服务，买家付款后有 3～30 天的时间来判断收到的货是否有问题，进而确定要不要付钱，这有效解决了网购过程中的诚信问题，确保了购物安全。淘宝也借此占据市场先机，一步步超越 eBay 易趣成为中国 C2C 平台巨头。

由支付宝所支持的担保交易环节，不仅使用全球通行最严格的数据安全标准，还具有完善的风险治理架构。支付宝自主研发的智能实时风险监控系统能够基于用户行为来判定风险等级，集风险分析、预警、控制于一体。这种技术支撑提升了整个生态系统的效率，带来了不俗的业绩，而一旦生态系统缺失这关键的一环，就会像 eBay 在中国的处境一样，面临生态系统进一步发展的瓶颈，陷入发展停滞的困境。

因此，如果要解决这样的瓶颈，就要从技术维度和业绩维度来甄别瓶颈问题的性质，找到解决瓶颈问题的有效方案，完善生态系统中的关键业务环节，以支撑生态系统的良性运转并提升系统运行效率和整体业绩水平。

7.2 绝知此事要躬行：瓶颈的封印

在纺织业的历史长河中，中国有着鼻祖地位。早在商周时期，我国就有大批量的丝绸作为商品进入市场进行流通；到了汉唐时期，精美的丝绸织品开始漂洋过海走向世界，"丝绸之路"向世界揭开了东方文明的面纱；至明清时期，成熟的纺织业成为中国对外贸易的主力军，纺织业的生产模式从以家庭为单位向大批量工场生产转变。

与中国不同，以英国为代表的欧洲国家采用的是"分包制"的生产方式，即家庭可以将纺的纱"分包"给手工作坊织成布。依照传统的方法，纺纱的工作与织布相比更加精细，因此耗费的人力也更多，1个织布工在织布过程中用到的纱通常需要4～8个纺纱工人来供应。但在当时，纺纱对于英国的家庭而言只是副业，人们往往在完成农业生产活动后才会开始纺纱。由于供给端的严重短缺，英国的纺织制品市场常年处于供不应求的状态。

如何打破纺织业面临的瓶颈呢？

面对严峻的形势，英国政府大力鼓励人们寻找解决纺纱效率低下的方法，并承诺谁能突破这一瓶颈，就给予巨大的奖励。1764年，詹姆斯·哈格里夫斯（James Hargreaves）发明了珍妮纺纱机，使工人纺纱的效率提高了8倍。在接下来的几十年中，水力纺纱机、骡子纺纱机等不断涌现，这些创新发明使英国的棉纱价格不断下降，1832 年棉纱的价格只有 18 世纪 80 年代的 1/20。

珍妮纺纱机的出现不仅带来了纺织业的革命，也推动了全新经济秩序的建立。工厂雇佣制的出现使许多人放弃了家庭的农业生产与纺纱劳动，从农村迁移到城市。新的城市人口刺激了零售业和服装、家具等行业的发展。为了满足基础设施建设需要，交通业、通信业等行业迅速发展。同时，为了满足工厂生产的需要，纺织设备、蒸汽机、钢铁等辅助性行业应运而生——著名经济学家华尔特·惠特曼·罗斯托（Walt Whitman Rostow）称之为经济的"起飞"。

瓶颈到底封印了什么？这本身就是一个极具吸引力的话题，吸引着人们想尽一切办法去努力打破它，将被封存于瓶内的价值彻底释放出来，或许又可以创造一个崭新的时代。如今，被互联网、大数据、云计算等新鲜事物包围的我们既然要拥抱数字时代，自然要去探索数字平台生态系统中最神秘的部分——瓶颈。那生态系统的瓶颈究竟藏在哪里呢？

我们发现数字平台生态系统内成员之间的合作互补所带来的需求聚合和网络效应是生态系统竞争优势的重要来源，尤其是生态系统网络中平台与平台互补者之间的价值共创和协同效应是生态系统不断发展的重要驱动力。然而，生态系统中各参与方也会时有摩擦，较为突出的是平台互补者的有限可靠性，即追求自身的目标实现而偏离生态系统的目标达成。它会在关键的时候破坏价值共创和协同效应，使得生态系统的发展陷入瓶颈乃至停滞。

平台生态系统的瓶颈可以来源于平台参与方在参与价值交互和价值共创过程中的任何环节，而较为突出的一个来源为平台互补者的有限可靠性，即平台互补者由于与平台所有者存在价值冲突所产生的偏离行为。

2007 年，刘强东做了一个几乎没有人支持的决定：自建物流。大家不支持的理由显而易见：没钱。如果要自建一个仓配一体的物流体系，刘强东给出的总预算是 10 亿美元，"风投女王"徐新估算京东物流的盈亏平衡点是平均一个城市一天送 2 000 单。但实际情况是，当时的京东刚刚获得今日资本 1 000 万美元的投资，2006 年的平台销售额不过 8 000 万元，全国一天的订单量也不过 3 000 多单。"自建物流"更像是一个华而不实的梦。

但是，这个梦对刘强东来说意味着京东能够打破自营电商的瓶颈，不再被物流"卡脖子"，从而构建起自己的护城河。当时的京东正逐渐从以经营数码 3C 产品①为主品类的电商平台向一站式的消费平台转型，但平台上的主要成交仍来自单价较高的 3C 产品。即使京东通过自营模式严格保证了产品的质量，但仍收到不少投诉，其中一半以上源于用户对于京东物流的不满，如逾期未收到货、收到的货物有破损、未送达指定地点等。这对于高客单价、高净值客户的 3C 产品交易来说可谓是致命的，因此京东亟须提升客户体验。

其实京东也可以选择通过外包或者加盟合作等方式来提升自己的物流服务。比如在全国的每个城市都建一个巨大的仓库，将送货服务外包给某快递公司的当日达业务；或者和顺丰合作，既保质又可提供当日达、次日达等服务。

这样做虽然省心、省时，但是埋藏了三个陷阱：

其一，自建仓库的成本过高。全国约 700 个城市，若每个城市都要建一个能够容纳足够多种类和数量的巨型仓库，如此一来成本可以说是

---

① 即计算机（computer）、通信（communication）、消费（consumer）电子产品。

天文数字，京东财务势必承压。

其二，京东对第三方物流合作的约束性不强。体现为一纸合约的合作关系从表面上看是两方各取所需，而往深处挖掘，两方的利益或许并不完全相同。京东的诉求在于保质高效、态度友好地将货物送到指定地点，有的时候还需要快递员代收货款；但是第三方物流的义务仅在于送对货，利益点在于揽件发单。双方利益不同，只能是貌合神离，京东又怎能将自己的命门拱手让与他人？

其三，事后来看，2013 年阿里巴巴牵头成立菜鸟网络，逐渐将仓储、干线运输、末端配送、物流地产、跨境物流纳入自身版图。到了2020 年，阿里巴巴已参股顺丰之外的中国五大快递公司——中通、韵达、圆通、申通、百世。倘若京东不自建物流，仅凭后发优势又如何抵挡得住阿里系物流的围追堵截？

2022 年 3 月，京东物流上市以来的第一份答卷引人瞩目：2021 年总收入达 1 047 亿元，同比增长 42.7%，其中来自外部客户收入达 591亿元，同比增长 72.7%，占总收入比例达 56.5%。这意味着，京东物流提前超额完成了 2017 年制定的"五年收入规模过千亿、外部客户收入占比过半"的战略目标，并收获了越来越多客户的认可。[1] "京东物流"和"自营"已然成为京东的两大标签。

就像村上春树所说的，无论看上去多么四平八稳的人生，肯定都会有巨大的虚脱期，也可以说是为发疯而准备的时期。人类大概需要这种类似间歇期的东西[2]，在万千变化之中牢牢把握历史的脉搏。我们可以发现一件事最关键的转折点出现之前通常要经历一个瓶颈期，对于渺小

---

① 京东物流上市后首份财报：业绩保持强劲增长，盈利能力不断提升. (2022 - 03 - 17).
https://m. 21jingji. com/article/20220317/herald/415dc9d13dda9a6f3eb0d5a26b1828ff. html.

② 村上春树. 没有色彩的多崎作和他的巡礼之年. 施小炜，译. 海口：南海出版公司，2013.

的个人而言是如此，对于工业时代的国家而言是如此，对于复杂多维的
生态系统而言更是如此。落后的技术和不尽如人意的业绩会使平台在运
行时变得困难重重，如果无法精准地匹配各参与方的诉求，就只会浪费
平台参与者的时间与精力，最终使参与者做出决策变更的行为，也使平
台陷入难以自拔的瓶颈低谷。如果无法挣扎着冲出低谷，平台就只能在
低谷的严寒与荒凉之中逐渐走向没落。而具有强烈求生欲的平台领导
者，从来都是荒野求生的达人，瓶颈低谷里的荒凉与寒冷不但没有使其
丧失斗志，反而能够不断提醒他直击平台痛点，推动平台新技术的研
发，发掘新的机遇以赋予平台全新的生命力，不断回笼生态系统的参与
者以实现新的价值发现，走出低谷，迈向更高的山峰。

7.3　柳暗花明又一村：打开瓶颈的黑匣子

网络外部性与辐射效应

在工业时代，不论是工厂还是公司，它们的发展所依靠的都是供应
端的规模经济。无论是棉纱的产量问题还是劳动力的供应问题，遇到发
展瓶颈时最终的解决方式都是"关起门来搞建设"，侧重于从内部解决
问题。消费者主要的作用是消费，供应商主要的作用是供应，能够使各
方发挥作用、创造价值的活动都集中发生在企业内部的生产性部门。

但在21世纪，随着互联网序幕的拉开，单打独斗的英雄时代渐渐
成为过去，单独一个企业在面对日益复杂的产业链甚至产业网络的时候
越发显得势单力薄、力不从心。从淘宝的成长史可以看出，一个平台之
所以能够实现规模上的高效扩张，离不开平台网络效应衍生出的价值聚

合。当网络效应被激活的时候，平台有必要将关注点由内而外进行延伸。企业的发展不再像过去那样仅仅依靠横向或垂直整合，而是依靠与外部互补者的功能整合与网络协作。

通过对平台互补者和用户活动的有效管理来增强生态系统参与者的网络正外部性是帮助生态系统克服瓶颈的关键。

技术的进步虽然给予了参与者得天独厚的优势，但是像滴滴、爱彼迎、谷歌、脸书这些公司都不是因为它们内部的结构（如运作的机器、操作的员工、流动的资金等）而具有价值，它们的价值主要源于平台的社群，或者说是生态系统的参与者。参与者带来的网络效应、需求的聚合、与平台互补的应用程序开发等现象提供了极大的网络正外部性，并且规模越大的网络辐射效应越强，从而呈现的生态价值越显著，培育出竞争对手难以超越的优势。

Instagram 为什么能在不聘用一名营销人员的前提下，用不到两年的时间收获 1 亿多名活跃用户呢？因为它用增强生态系统参与者的网络正外部性和辐射效应这个杠杆撬动了成功。

与竞争对手 Hipstamatic 不同，Instagram 允许用户免费下载应用，在允许用户保存、编辑、美化图片的同时，鼓励用户在脸书这样的外部网络共享图片，把单一的用户活动转变成为基于社交网络的多用户活动。值得一提的是，Instagram 提供的图片编辑工具鼓励用户为照片贴上具体的相关标签，比如标明汽车、服装的品牌等，推动用户向更多的人传递更具吸引力的内容。因此，用户发布活动之后，点赞、转发、评论等互动行为应运而生，这种原生性极强的营销比起刻意而为的传统营销来说丝毫不逊色。

这种令人痴迷且上瘾的社交活动带来了极大的网络正外部性。2012年，脸书斥资 10 亿美元收购了 Instagram。

关系专用性投资与平台黏性

在《资本主义经济制度：企业、市场和关系合同》（*The Economic Institutions of Capitalism：Firms，Markets，Relational Contracting*）一书中，奥利弗·威廉姆森（Oliver E. Williamson）用"维度"的概念深入刻画了交易的特征，并提出最重要的维度是交易所涉及资产的专用性。不同的交易具有不同的属性，某些特定交易不仅仅要求交易关系本身的专一性，还要求交易专用资产的专一性，从而这种资产也成为关系专用性的资产。在特定交易中，投资完成后形成的耐久性资产如果不继续用于这一项交易，而是改作其他用途，那么这种资产的价值就会大大降低。更进一步说，一旦关系专用性投资做出，即参与交易的双方或一方投资了专用于此项交易关系的耐久性资产，就在一定程度上锁定了交易双方的关系，这种持久性的交易关系对于巩固联盟是十分有价值的。

从生态系统的角度而言，提升专用性投资水平有助于长久锁定与平台互补者的关系，对于专用资产的较强依赖性也变相提高了平台互补者的多归属成本。

阿里巴巴主导构建的菜鸟网络很好地诠释了专用性投资的价值。我们之前讲京东下了一盘自建物流的大棋，破除了自营电商的瓶颈，其实电商之间的竞争，很大程度上争的就是用户体验。尽管淘宝在电商中坐享先发优势、稳居头部，但后来者京东、苏宁等瞄准了淘宝的软肋——物流，从用户体验入手构建起自己的护城河。面对居高不下的物流投诉率，改善物流成为淘宝继续维持霸主地位的重中之重，于是菜鸟网络便在这样的情境下诞生了。

菜鸟网络主要干了三件事：

第一件，开发电子面单。菜鸟开发电子面单，统一快递面单的单号格式，解决了之前因不同物流公司单号格式不一致带来的对接不便、耗费人力物力等问题。

第二件，开发智能仓储和智能配送系统。商家接单之后，包裹在送达指定地点之前还需要经历分单、拣货、二次分拣、包装、出库、逐层配送等环节。这些环节的效率决定了企业的利润与竞争力，但大多数物流公司的后台系统多由第三方小公司开发，无论效率还是体验都难让人满意。为此，在阿里大数据的支持下，菜鸟网络的物流公司得到了强大的智能仓储和配送系统支持，效率迅速提升，比如在分单环节仅用一两秒就可以实现分单，而且系统可以不受外界影响不间断作业。

第三件，搭建仓储和末端网络。为了提高配送效率，菜鸟在一些关键节点建仓，或整合闲置仓储资源供合作伙伴使用，并对销量大数据进行深度挖掘、分析整合，将商品提前配送至距离最近的仓库，大大缩短配送时间。同时，为了解决"最后一公里"的问题，菜鸟搭建了最后一公里"菜鸟驿站＋自提柜"网络，在缩短单件派送时间的同时降低快递员的工作强度。

阿里巴巴以其技术实力为整个物流行业搭建了 AI、云计算、大数据分析等相关基础设施，与"三通一达"共同构建菜鸟网络，为物流行业进行"赋能"。同时我们也看到，在菜鸟网络建立之初，"三通一达"仅各自出资 5 000 万元，占比 1%，阿里巴巴作为这个网络的主要规则制定者，以其强大的后台技术支持、稳定的淘宝平台需求、覆盖广泛的基础设施等关系专用性投资将菜鸟网络内的物流公司紧紧捆绑在平台身边。而物流公司这一平台互补者也因为长期稳定的合作关系，放心地加大在菜鸟物流体系上的投入，自愿提高了平台互补者的多归属成本。通过构建菜鸟网络，阿里巴巴克服了物流体验这一瓶颈，在增强平台黏性的同时，也获得了增加生态系统竞争优势的重要砝码。

价值共创与协同效应

逛过 MUJI（无印良品）的人或许可以发现，它的品类跨度非常大，食品、服装、化妆品、家居用品应有尽有。MUJI 甚至还开过餐厅、做过房屋改造，在全世界范围内是非常典型的、可以实现跨品类经营的少数公司之一。在这里购物的大部分顾客在纠结要不要买一件商品时，不会仅仅从商品本身出发考虑这个商品的外观、质量等因素，还会尝试着在脑海中想象这样一幅画面：如果我将这件商品和我家里具有这种典型简约风格的商品放在一起，会是怎样一番景象？这种脑海中对于商品的排列组合使我们不知不觉地成为 MUJI 的忠实用户。

为什么 MUJI 的商品会有这样神秘的吸引力呢？原因在于，MUJI 非常注重商品之间的协同效应，即每件商品都不是单独构思研发的，它们在诞生之前就被考虑到如何设计、制造，才能和其他商品结合起来使用。比较典型的是 MUJI 的收纳类家居用品：MUJI 首先生产了不同材质、不同大小的置物架，之后以置物架的材质、大小为参照，对收纳用品进行模块化生产。因此，不论顾客购买哪一种置物架，都会惊喜地发现周围有很多和置物架大小匹配、材质相同、风格相似的收纳用品，选择再复杂多样也能够一气呵成。这种不同商品之间的协同效应不仅增加了 MUJI 的盈利，而且让 MUJI 简约、自然的品牌风格深入人心，顾客自然而然地成为 MUJI 的忠实粉丝。

如果将 MUJI 看作一个生态系统，那么在这个生态系统的内部，模块化组合的商品就像是系统的多元参与者，所有参与者协同织就了一张细密的网络。这种多元角色的复杂协同是对工业时代封闭供应链体系的超越，更是互联网时代网络效应的升级。生态系统的协同，是平台和平台多元参与方的价值共创，就像淘宝同时协同了卖家、买家、物流商和各种外包服务商等角色一样，创造出强大的协同效应。

阿里巴巴集团学术委员会主席曾鸣在 2018 年的全球智慧物流峰会上提出，在不久的将来，"协同效应"将成为企业竞争中新的对抗点。在协同化的网络下，信息的分享从串联走向并联，拥有互联网技术的平台可以同时处理海量的信息，实现海量人群的互动；供应链体系从封闭走向开放，各环节分工合作，通过协同化以更快的速度实现更低成本、更高质量的全新价值组合；管理模式从传统管控走向协同共创，在协同的生态系统中，即使有千万数量级的快递物流人员，只要有高效的管理系统，他们就可以有条不紊地快速完成指定任务，这是传统的管理模式难以望其项背的。

因此，**为了克服瓶颈，生态系统需要构建一个协同化网络来实现价值共创，对冲多边摩擦带来的增量交易成本。**

实践篇

生态竞争的企业实践论

第 8 章

生态系统竞争优势的塑造

生态竞争理论并不是高高的空中楼阁。它早已被平台企业熟练运用，广泛落地在生活的每一个角落。生态系统中的任何参与方，都有可能成为构筑竞争优势的底台。

从南极到北极，从密林到荒漠，从高山之巅到大洋深处，无论是一截枯木、一汪池塘、一片沼泽，还是一处雨林，在物质与能量的交换、生命与环境的交流中，大大小小的生态系统共沐阳光雨露，向世界传递出勃勃生机。

在自然界中，任何生物群落都不是孤立存在的，它们相互作用、彼此联系，形成丰富多彩的统一体——生态系统。

在数字时代的背景下，具有敏锐嗅觉的平台企业清楚地认识到，在商业格局不断转型进化的当下，同更多生态伙伴凝聚成为生态整体，共同创造价值、获取收益，已经成为更具生命力的自然选择。

在商业海洋中恣意舒展着生机活力的生态系统催生出的生态竞争理论，已然成为数字时代商业舞台上的焦点，并在各垂直领域平台企业的熟练运用中，广泛落地在生活的每一个角落。

正如自然界中的生态系统，难以计数的生产者、消费者与分解者辅车相依，孕育出周而复始、生生不息的生命奇迹。在商业语境下，用户、平台所有者和互补者，生态系统中的每一分子都表现出独特的力量。他们相扶相帮，在实践与探索中搭建起一个综合的生态竞争架构；他们各有所长、分工明确，成为构筑生态系统竞争优势的底台。

从传统企业走向生态系统，从企业竞争优势转向生态系统竞争优势，无论生态、平台，抑或企业、个人，在采取下一步行动前，都需要率先察觉并展开思考：优势来自何方？潜能怎样运用？竞争又将如何取胜？

8.1　水能载舟，亦能覆舟：用户，意想不到的群众力量

在传统的竞争模式中，与企业直接对应的是顾客（customer），而在全球进入移动互联网时代，移动应用飞速发展，应用工具层出不穷，用户（user）的概念开始得到广泛采用。从这个简单的名称变化中，我们就可以窥探到，在新的时代语境下，这一群体已经从企业价值创造的被动接受者，逐步向生态价值体系的主动创造者转变。而他们所蕴含的群众力量，既是平台企业建立生态系统竞争优势、实现快速扩张的主导力量，又是重塑企业的发展路径到无限可能性的未来的重要推手。

社交网络：机会云集还是挑战丛生

半个世纪前，互联网的雏形 ARPA 网和 NSF 网悄然问世，被设计用来加强美国计算机科学部门的科学家的联系，为他们之间的资源共享、信息沟通提供一个实时网络平台。[①] 因此，从一开始，互联网就带

---

① 劳东，特拉弗. 电子商务：商务、技术、社会：第 13 版. 劳帼龄，译. 北京：中国人民大学出版社，2020.

有虚拟社区的成分。

信息通信的触角已经以超乎想象的广度和深度连接到世间万物，织成一张细密的互联网，互联网的社交属性在数字技术的普及下得到充分体现。而对于平台企业来说，用户间自发形成的社交网络，是立足市场时的机遇，更是攻城略地时的挑战，既能快速扩散又面临很大的不确定性。

《西太平洋上的航海者》（*Argonauts of the Western Pacific*）一书记载了在巴布亚新几内亚东部群岛的一种叫作"库拉"的交换制度。

群岛上的土著彼此交换两种"库拉宝物"，用贝壳雕琢打造的项链和臂镯。这种交换没有实际的经济意义，无法带来长期占有的个人财产，而是需要按照规定方向让库拉宝物实现不定期流动。宝物只能在个人之间结成的"库拉伙伴"中传递，其中有以亲朋为主的内陆伙伴，也有异地的接待人、保护人和盟友等数量有限的海外伙伴。地位越高，库拉伙伴也越多。

这样，整个群岛就形成了一个闭合回路——"库拉圈"（kula ring）。[1]

库拉圈具有社会权利和人类学意义，而库拉圈的形成对于理解平台生态系统的社交网络则非常有帮助。

在数字技术的渗透下，用户不再是单独的分散的消费个体，较之以往，拥有相近的自然环境、趋同的文化背景、类似的消费偏好的用户群体，彼此间的人际互动和信息分享活动更加频繁，逐步形成没有明确边界和秩序的关系网，也就是社交网络。或者更通俗地讲，这种以人为中心，以周围环境为纽带的关系网络，就是与库拉圈类似的"圈子"社会。

---

[1] 马林诺夫斯基. 西太平洋上的航海者. 弓秀英，译. 北京：商务印书馆，2017.

在这样的圈子中，虚拟社群越来越多地与现实世界相交叉，**社交网络已经成为经济活动中的重要角色，对用户信息获取、信任倾向、消费决策产生不可低估的影响，也成为平台企业营销推广需要考虑的重要流量入口。**

库拉宝物的流动，将一座座岛屿联结成为库拉圈。而用户信息的传递，则将一位位用户联系在一起形成社交网络。

对于群岛上的土著来说，比起库拉宝物的大小和精细程度，更看重的是其曾经拥有者的故事和荣耀。而社交网络中交换的通常也并不是具有经济价值的实物商品，而是用户在平台中的真实体验和情感反馈。在信息的交换中，价值得到积累和体现。库拉宝物被规定要进行不定期交换，而网络用户间也始终在不自觉地进行沟通交流，正是这样的以用户为中心的信息散播和消费推广模式，使得社交网络成为平台进驻与发展的重要动力。

在北京豆瓣胡同附近的星巴克，阿北写下豆瓣的源代码。16 年后，这个"有趣多元的文化生活社区"，已经成为当代年轻人聚集和社交的重要阵地。

豆瓣是一个书影音评论区，用户可以从书影音的长短评论中，发现跨越时空的相似思考与感触。它更是一个爱好各异的用户的生活社区，这里有 60 多万"工友"在"上班这件事"组里摸鱼吐槽，超过 50 万"开心果"在"哈哈哈哈哈哈哈哈哈哈哈哈"组分享自己的欢乐一刻，14万多用户纠结着"今天穿什么"，7 万多成员将梦境记录在"记梦器"中。

27 个大类小组，每个大类下百万级别的成员[1]，在无数帖子的发布

---

① 比凡尔赛更厉害的，是豆瓣组学. (2020 - 12 - 13). https://mp. weixin. qq. com/s/OVPuiD2oTHUpavTSSLwC2A.

与评论中，即便是拥有奇怪念头的少数群体，也能在这里找到自己的聚集地，和陌生人在精神上产生共鸣。

正是在这样的信息交互中，不同人群的社交需求得到满足，越来越多的用户被吸引到这个具有深度体验的虚拟社区。

在库拉圈中，一个异乡人很难与土著结为库拉伙伴。对于平台企业来说，目标市场用户群体所形成的社交网络同样如此。社交网络中的情感联系越亲密，平台与用户双方的初始关系越紧密，市场本土企业就越容易获得信任。而对于外来企业，由于缺乏直接的文化联结，外部的陌生关系难以直接形成信任，市场进入难免受到阻碍。

借助微信平台流量崛起的微商体系，用户间初始关系常是亲朋好友，具有较高的信任程度，因此能够产生消费意向、促成消费行为。但当早已在中国市场生根发芽的微信平台向海外进发时，存量用户的海外扩散就没有那么顺利了。

"现在，每天有 10.9 亿用户登录微信，3.3 亿用户进行视频通话；7.8 亿用户进入朋友圈，1.2 亿用户发表朋友圈；3.6 亿用户读公众号文章，4 亿用户使用小程序。"[①] 在 2021 年 1 月 19 日的"微信之夜"，张小龙开篇展示的数据表明，十年风雨后，微信不再是单薄的应用软件，已然成为一种生活方式。

微信用户数量庞大、增长迅速，其国际化道路也被寄予厚望，以 WeChat 的名义进驻海外市场，马化腾更是直言："这辈子能够走出国际化的，就腾讯来说，在目前来看，我就只看到微信这个产品。"

"怎样才能成为村子里的人？"费孝通在《乡土中国》中谈到取得地缘条件时抛出这个问题，"大体上说有几个条件：第一是要生根在土里；

---

① 微信十年的产品思考. (2021 - 01 - 27). https://developers. weixin. qq. com/community/business/doc/000ea481874f281ed59bd4ed854c0d.

在村子里有土地。第二是要从婚姻中进入当地的亲属圈子。"[1]

与此类似，**平台企业想要进入目标市场与当地企业展开竞争，"从婚姻中进入"不失为有效的选择。这种"婚姻关系"或者通过收购方式来实现，或者通过市场上有影响力的"意见领袖"来促成。**

在消费行为中，意见领袖是指为他人过滤、解释或提供信息的人，这种人因为持续关注程度高而对某类产品或服务有更多的知识和经验。[2]

一些古老而传奇的库拉宝物是库拉圈中每个人都希望交换到的东西。在社交网络中，意见领袖传递出的信息就像是更受欢迎的库拉宝物，能够得到更多认可。家庭成员、朋友、媒体、明星、权威人士等，都可以成为某一范围内的意见领袖，影响着其他用户的信息获取、消费偏好和行为决策。正因为如此，招募意见领袖为自己敲开市场大门，就成为平台企业关注的焦点。

正如 Owhat 创始人丁杰所言，"明星的生活方式和价值审美，正直接地影响年轻人的生活方式，并引导社会的流行文化与消费趋势。"在社交平台上，明星的热度一直居高不下。不同于以往局限在娱乐行业内的购买专辑、演唱会门票等活动，现在的"粉丝经济"拥有更丰富的内涵，作为社交平台热度的消费承接，电商带货成为"粉丝经济"变现的重要方式。年轻化、高消费的用户群体与无接触、云互动的电商直播的碰撞，为品牌提供打开销路的新方式，也为平台带来吸引流量的新引擎。

作为中端腕表直播开拓者，天梭（Tissot）上市了卡森臻我系列机械女表，并借力三八国际妇女节让代言人刘亦菲出席聚划算明星直播。这种营销策略，让消费者将购买行为转变为一种应援方式来表达自己对明星的认同、喜爱和支持，甚至进入社交圈层找寻归属感，意见领袖的

---

① 费孝通. 乡土中国. 北京：北京大学出版社，2012.
② 陆雄文. 管理学大辞典. 上海：上海辞书出版社，2013.

带动也让品牌收获不俗的销售表现。[①]

外部化扩散：水到渠成还是前路难料

在抽象模型时，经济学家有时会假设人们的消费行为彼此独立，互不干扰。而现实中，事物在方方面面都会相互影响。民间流传的"要想富，先修路"就是一个例证。交通基础设施的便利带动各行各业迅速发展，从而使得经济状况得到改善，而经济越发达也将吸引越多投资建设，交通状况也就越完善。

在经济活动中，一个人的需求通常依赖于其他人的需求，我们将这种现象称为"网络外部性"。[②]

在各个参与方之间存在的正网络外部性，恰是生态系统竞争优势的重要来源之一。想象一下淘宝上只有一个用户，那么没有商家会选择进驻；只有一个店铺，那也不会有用户在这里浪费时间。

对于平台企业来说，使用的人数越多，平台的内在价值就越高。诸如社交网站脸书、专业网站领英、办公软件钉钉等，使用者数量的不断增长使平台和用户都获得更高的效用，即便不进行过多市场宣传或承诺，也能吸引更多用户加入，带来不断攀升的下载量。

作为社交网络的杰作，脸书从 2004 年开始运营，年底使用者就达到 100 万，截至 2020 年年底，日活跃用户数更高达 26 亿。

有鉴于脸书的成功，谷歌凭借深厚的资源基础，也开始参与到社交网络的竞争中。2011 年，谷歌推出和脸书类似的社交网站 Google Plus，

---

① 《天猫服饰明星营销白皮书》：看品牌商家如何快速入局?. (2021 - 03 - 17). http://www.aliresearch.com/ch/information/informationdetails? articleCode＝180525740188635136 & type＝％E6％96％B0％E9％97％BB.

② 平狄克，鲁宾费尔德. 微观经济学：第 9 版. 李彬，译. 北京：中国人民大学出版社，2020.

在更友好的界面设置、更好的隐私保护选项和更雄厚的资金支持的作用下，第一个月就吸引 2 500 万人加入，发展势头迅猛。

然而在后来，Google Plus 的使用者数量却急剧下降。到 2015 年 7 月，用户数甚至不足 2 000 万，与拥有 15 亿用户的脸书形成鲜明对比。一年后，这个社交网络项目被谷歌放弃。[①]

Google Plus 的缺陷很明显也很致命，那就是当它进入市场时，脸书已经有接近 8 亿用户，其正网络外部性的重要作用显现出来：任何潜在的新用户都会自然而然地受到有更多用户的社交网站的吸引。脸书就这样通过存量网络效应屏蔽竞争对手从而建立起进入市场的"护城河"。

平台企业具有天然的国际化属性，它通过外部化方式不仅在国内扩散，还会在国外扩散。**传统跨国公司的国际化动力通常是基于内部化逻辑，而驱动平台国际化的主要动力则是基于外部化逻辑。**

当谈到跨国公司时，投资、兼并、收购等词汇会出现在我们的脑海中。跨国公司把别人建立的已有优势通过内部化变为自己的立身之本，同时也把自身的独特优势赋能给全球各地的子公司；把交易费用高昂的外部市场变成互通有无的内部市场；通过尽可能降低中间产品的交易成本来谋求全球化过程中的整体利润最大化；等等。**成本最小化贯穿国际化过程的始终。**

到生态系统情景中，再谈及国际化，用户间形成的社交网络、由此带来的网络外部性成了核心要素。平台不需要像以往那样花费高昂的经济代价，仅凭生态系统参与各方，特别是用户间的社交互动，就可以将触角伸向全新市场并从中获益。以图片分享为主的社交应用 Instagram 摘得"硅谷历史上用户自然增长最快软件之一"的桂冠，正是用户间社

---

① Google Plus losing to Facebook：what it says about Internet privacy.（2015 - 07 - 02）. http://fortune.com/2015/07/02/google-plus-facebook-privacy.

交互动的强大辐射作用助推这款现象级的产品在平台国际化道路上越走越远。**价值最大化贯穿国际化过程的始终。**

2010 年，傅盛带着自己创办的可牛影像与金山安全合并成为金山网络。

不到 4 年时间，更名为"猎豹移动"的年轻企业就以猎豹般的速度席卷市场，用户总量突破 5 亿，月活跃用户数量达到 2.23 亿，成为 Google Play 中全球第一大工具类应用。这支"全球移动工具第一股"在纽交所正式上市，以猎豹力量在国际市场跃然出击。

在国内，360 已经是电子设备安全产品的市场霸主。出海，成为猎豹移动的不二选择。在进军海外的过程中，用户始终是猎豹移动的重心所在。

在迈出出海的第一步前，猎豹移动统计了 Google Play 上所有的用户发言，以此发掘用户最普遍的需求。统计结果显示，"清理、杀毒、电池、系统"，特别是"清理"出现频率最高，猎豹清理大师应运而生，到上市前夕已经拥有 1.4 亿月活跃用户。以此为锚点，用户网络逐步铺设开来，猎豹移动构筑起强大的工具应用产品矩阵，迅速打开海外市场。

工具应用为猎豹移动带来 34.64 亿次下载和超过 6 亿月活跃用户后，用户增长到达瓶颈，广告变现也遇到阻碍。

什么样的业务模式更具持续增长和盈利变现能力呢？轻游戏悄然入镜。

然而，工具应用和轻游戏的用户群体并不重合，已有用户基础难以发挥应有的网络外部性作用。

于是，猎豹移动锁定了其他平台的强大力量，做好两手准备，一方面从脸书、谷歌等平台购买流量导流，另一方面从腾讯、网易等开发重度游戏的平台引流，双管齐下，轻游戏用户渐渐充盈起来。

打铁还需自身硬，依靠其他平台带来用户流量是难以持续的，猎豹移动深谙这一点。

2015 年，猎豹移动发布的第一款游戏产品《钢琴块 2》大获成功。这个简单的黑白方块组成的小游戏在当年年底登上 150 多个国家（或地区）游戏排行榜首位，亮眼的成绩也证明了猎豹移动进军海外推进外部化战略是很好的实践。

与大型手游不同，像《钢琴块 2》这样模式简洁的轻游戏本身就是能够快速裂变的产品，如果能够精准把握用户需求和交互行为，那么实现用户自发推广、彼此分享、下载扩散就容易很多。

对此，猎豹移动根据不同国家用户的需求特点，有针对性地制定产品策略。

在俄罗斯，猎豹移动主动将游戏玩法进行本土化改造，提升产品口碑，在当地引发网络效应。欧美国家的玩家青睐个人挑战类游戏，中国玩家则偏好群体作战，猎豹移动便因地制宜地推出不同倾向的版本。韩国用户喜欢在地铁通勤时讨论游戏，社交娱乐氛围更浓，游戏裂变系数高达 3∶1。换言之，平均来看，每个现有用户能为产品带来三个新用户，也因此，适合消磨时光又略有挑战性的《钢琴块 2》在韩国得以实现快速扩散。相比较而言，日本的游戏裂变系数偏低，猎豹移动便转换思路，购买一定基数的种子用户以带动分享，再通过购买流量助推扩散，由此日本市场也顺势打开。

在群众力量的支持下，猎豹移动实现海外流量的积累和变现，输出直播、AI 驱动等领域也开始尝试涉足，猎豹始终在移动，在不断进击。

凡事都有两面性。一方面，外部化扩散促使平台成长；另一方面，这种自发的用户交互，也有可能驱动平台迈入事先未能预料到的发展轨道。

"哔哩哔哩"弹幕视频网（英文名称 bilibili，简称 B 站）的创始人徐逸曾坦言，创办 B 站的初衷是希望二次元爱好者在 A 站（弹幕视频网 AcFun）宕机时"有地方可去"。因此，B 站最初便是以动画、动漫、游戏等的内容创作与分享为主，通过二次元、小众用户积累口碑，奠定深厚的用户基础。

在这个过程中，B 站营造出独特的社区氛围。"弹幕"构建起一种共时性关系，用户即便在不同时点观影，也可以就影视内容彼此互动、吐槽交流，让单向的视频播放变成双向的情感连接。B 站通过用户投票选举出 bilibili 娘这样的二次元角色，其形象频频出现在各种官方活动与用户衍生作品中，并以这样活泼的角色定位拉近了用户与 B 站的情感距离。如此种种，用户对 B 站的归属性增强。在用户心中，B 站甚至渐渐脱离网站社区的角色定位，获得了拟人化的形象。

在网络外部性的助推下，B 站已经不再局限于二次元社区。用户基数的增加带来多元化的用户群体和多种类的内容呈现，B 站正向着全面而成熟的内容平台发展。

然而，全频道发展挤压了 B 站"元老"——二次元的发展空间，引起部分资深用户的异议。此外，鱼龙混杂的用户和良莠不齐的作品随之出现，B 站也面临着种种负面新闻的冲击。

2018 年，B 站被央视新闻点名批评存在低俗动漫内容，且相应用户中不乏青少年群体。同年 7 月，国家网信办会同五部门联合约谈哔哩哔哩短视频平台相关负责人。2020 年 6 月，国家网信办会同相关部门对国内 31 家主要网络直播平台的内容生态进行全面巡查，哔哩哔哩再次被点名。

被称为"Z 世代乐园"的 B 站，在用户带动的自发扩散过程中，多次引起用户不满，内容问题频出。如果 B 站一直缺乏持续有力的监管审核与对发展路线的清晰规划，那么随意性的外部化扩散带给 B 站的，可能是更多的负面影响。

8.2 众生互惠而成：互补者，是盟友也是对手

《淮南子》有言："乘众人之智，则无不任也；用众人之力，则无不胜也。"对于生态系统来说，各个参与者的命运都日益紧密地联结在一起。"万物相形以生，众生互惠而成"，汇聚其中的互补者群策群力、精诚合作，成为生态系统优势构建、价值创造的重要依靠。

然而，商场如战场，互补者与平台以利相聚，却也容易因利而散。由于互补者的多归属性和有限可靠性，以及平台所有者的有限理性，他们无疑是合作的盟友，也是竞争的对手。

同一个品牌可以在淘宝和京东同时上架相同产品，同一家餐馆加入美团的同时也不会放弃饿了么的用户。我们难以强求互补者在价值创造的过程中将生态利益置于自身目标之上，对其他生态系统提供的价值契机视而不见。同样，我们也不能保证平台企业在价值分配时不偏不倚。

俗语说，没有永远的朋友，也没有永远的敌人。商业基因中的"逐利"二字，使得联盟更偏松散，而非牢不可破。这也让依托互补者建立生态系统竞争优势，成为始终不能停歇的博弈过程。

本是同林鸟：赋能瓶颈共创价值

如何调整同互补者之间的关系？最关键的注脚就是"价值"二字。

凯文·凯利（Kevin Kelly）所著的《失控：全人类的最终命运和结局》① 中记录了这样一个故事：墨西哥东部生长的一种"巨刺金合欢"（即牛角相思树），在进化的过程中学会诱使蚂蚁成为自己抵御外界伤害的防护者。金合欢向蚂蚁抛出诱饵：可供居住的防水的漂亮托叶刺、叶柄蜜腺分泌的现成蜜露泉和可供食用的叶尖嫩苞。渐渐地，蚂蚁学会在刺里安家，在枝叶巡游，为金合欢放哨护卫。它们分泌毒液攻击一切贪吃金合欢的生物，甚至剪除可能阻碍金合欢生长的藤萝、树苗之类入侵植物。蚁群和金合欢互利共生，共创价值。

自然界中的物种间彼此适应从而满足自身需求，互相影响最终达到共同进化。在平台生态系统中，平台与互补者同样如此。

"没有人纯粹因为喜欢硬件而买硬件。他们购买硬件是为了播放电影或音乐。"索尼公司（Sony）前首席执行官霍华德·斯特林格（Howard Stringer）这句话道出了互补者的存在，正如与硬件适配的软件功能一样，对生态系统价值创造具有无可替代的作用。

在生态系统中，瓶颈既是价值创造的关键障碍，又是价值创造的重要支点。通过采取有效的瓶颈策略，平台企业激励互补者占领瓶颈，或者赋能互补者去创新性地解决拥挤的瓶颈，或者赋能自身的业务部门提供高质量的瓶颈环节的服务，以更好地协调互补者与平台进行深入合作、共创价值，实现生态系统整体价值最大化。

"Pick，pack，ship and provide"，亚马逊在 FBA（Fulfillment by Amazon）第三方卖家服务这一重要的主营业务板块上付出的努力，使第三方卖家相信，一旦选择它的物流系统，商品配送就几乎不会出现缺陷。沃顿商学院教授桑提尔·维拉哈凡（Senthil Veeraraghavan）指出，

---

① 凯利. 失控：全人类的最终命运和结局. 张行舟，陈新武，王钦，等译. 北京：电子工业出版社，2016.

"作为其庞大电子商务交付平台的一部分，亚马逊长期以来一直是一家大型运输和物流运营商。"

事实上，物流作为电子商务运营不可或缺的环节，始终因为其高投入、慢回报而缺少足够多的参与者来提供优质服务。在这样的情况下，成功打通这一阻碍的亚马逊，就成为众多第三方卖家不得不依靠的合作伙伴。

"如果你是中国的卖家，想把产品卖给美国客户，你与联合包裹（UPS）、美国邮政服务（USPS）或任何运输公司建立的物流安排，都不可能比亚马逊的服务更便捷。"桑提尔的看法不无正确。亚马逊在全球范围内投资自建物流仓库基础设施，到 2017 年，已经有 109 个物流中心，可满足 180 多个国家或地区的需求。[①] 通过便捷的服务、低廉的价格，在电子商务领域，成为约束电商发展的关键瓶颈的物流问题就这样在亚马逊的配送服务中迎刃而解。

越来越多的互补者，也就是第三方卖家，在权衡利弊后，接受了这棵"金合欢"的价值诱惑，群聚于此，护卫平台发展壮大。

同样的情形也在中国市场上演。古龙在小说中描写小李飞刀例无虚发、无人能挡，"只因天下武功无坚不摧，唯快不破"。[②] 京东物流凭借自建系统，成为这样一把"唯快不破"的飞刀。

以电子产品售卖起家的京东，因为商品本身的特殊性也面临着物流困境。早期，贵重物品特别是手机、电脑等 3C 产品的寄送，是快递公司不愿意承担的配送业务，而这却正是京东平台无法割舍的主要商品，也是它发家的主营业务。一个并不拥挤的瓶颈——自建物流配送体

---

① 林德库，余朋林．电子商务下的物流管理发展趋势及优化对策．商场现代化，2018 (14).

② 古龙．小李飞刀：多情剑客无情剑．郑州：河南文艺出版社，2013.

系——就这样出现在京东面前。

既然第三方物流无法满足配送需要，那么自建物流将更好地服务于平台和互补商家的切身需求。既然当前的配送速度无法达到期望，那么自建物流将使配送时间更有保障。既然现有的物流服务还有提高空间，那么自建物流带来的送货上门、便捷退换等增值服务，将提升消费体验，增加用户黏性，吸引商家入驻。

尽管清楚地知道这将是一项长期工程，但是万丈高楼平地起，想要吸引并留住互补者，构建生态系统竞争优势，物流瓶颈的占领策略将是最好的选择。经各方面权衡，2007 年，京东踏出自建物流的第一步。

2010 年，京东自主研发的仓储管理系统（WMS）正式上线，开启物流管理信息时代，并在北京等城市率先推出"半日达（211 限时达）"服务，成为电商物流配送服务标杆。2016 年，大件物流完成所有行政区县全覆盖。截至 2020 年 3 月 31 日，京东已经在国内运营超过 730 个仓库，投入运营的 25 座"亚洲一号"智能物流园区形成目前亚洲最大的智能仓群，密集又广阔的物流网络正在世界范围铺设开来。

"体验为本、技术驱动、效率制胜"，是京东践行的核心战略，也让京东与生态伙伴能够共同创造更高价值。标准化的系统运作和高效率的配送流程有效降低了物流成本，增强了京东物流抵御突发性状况的能力。新冠肺炎疫情暴发以来，京东成为少数保证物流配送的平台之一。借物流"出圈"的京东，吸引着更多第三方卖家环绕在平台周围，促成大量盟友关系的确立。物流已不再是单纯物的流动，更推动着生态系统中互补者的参与。京东通过自建物流的瓶颈策略，打造了以高效物流为中心的平台生态系统的护城河。

随着不同产业的发展，生态系统面临的瓶颈可能不同，也可能会偏离原先的位置。另一种瓶颈策略就是，激励互补者进入与生态系统其他组成部分高度互补的瓶颈。

通常来说，高度互补的瓶颈具有更强的外部性，能够为平台带来 1+1＞2 的价值流入，实现双赢。通过为互补者提供资源支持，同时资助多个有能力、有前景的互补者进入瓶颈，平台还能够避免瓶颈位置互补者数量稀缺带来的不可替代的风险。而互补者也无法通过占据独一无二的位置来敲竹杠或提高议价能力。因此，彼此间合作关系停滞甚至崩溃的可能性极大降低。

印度尼西亚的 Go-Jek 就采取了这种策略。

原本是为解决交通拥堵问题而生的 Go-Jek 并没有局限于摩托出租车业务，而是发展成为囊括出行、外卖、物流、支付等各项生活服务的大一统平台。

原本在叫车平台 Go-Ride 上等候顾客的 100 多万摩托车司机，在非高峰时期也会进入快递服务平台 Go-Box 递送包裹，补充生态系统的配送能力。

这样高度互补的业务延伸增加了司机作为平台互补者的收入渠道，提高了互补者黏性，为平台的价值创造提供了更多可能性。而数以百万计的互补者司机无法独自撼动平台地位，平台与互补者司机共生共栖的合作关系更加稳定。

也做分飞燕：资源掠夺竞合博弈

没有游戏软件，游戏机便毫无价值；没有影碟，DVD 播放机就分文不值；没有刀片，剃须刀也无用武之地。

生态系统是围绕最终的价值主张而组织起来的，独木难成林，只有当所有的互补部分都存在时，这个主张才能创造价值。

因此，平台总是希望有足够多的互补者充当伴侣产品（companion

products)① 的角色，筑牢自己商业领域的基石。但如果剃须刀可以自己更新刀片，平台开始抢占互补者的市场，那么"伴侣"间的亲密关系将陡生变数。

传统跨国公司所建立的企业竞争优势，部分是基于它们在生产网络中所享有的位置优势。相比之下，平台企业则更依靠同互补者的合作关系来扩大优势、创造价值。存在竞争-合作关系的平台企业与互补者，在价值捕获和价值分配过程中的分歧往往无法避免。

为捕获更多价值，平台可能会阻碍用户触达互补者产品或服务，选择复制或创新同类产品在相似细分领域分一杯羹。正如亚马逊，在物流运输环节向互补者传递出友好合作的信息，回到电商销售领域，却更多地体现零和博弈的思维。

以线上书籍销售业务打开电子商务大门的亚马逊确如其名，在电子商务领域，它像亚马孙河一样勇往直前，在图书市场站稳脚跟后就开始扩张自己的综合电商版图；它像亚马孙河流域一样孕育着品类繁多的物种，数十万个独立品牌在平台销售。

可以想象，如果电商平台直接进入互补者的产品领域与之直接竞争，那么用户的选择无疑会出现变数。已经发展成为全球电子商务巨头的亚马逊，也在酝酿这样的想法。

在过去的几年间，亚马逊不满足于平台提供者的身份，开始向第三方卖家销售较为成功的产品领域渗透。家庭用品、服装、食品等销售成本较低，不需要进行不可替代性投资的产品成为亚马逊的选择。各种自主品牌的产品，正在直接挤压原有互补者在平台的生存空间。

这样的策略确实取得了回报。作为平台提供者，亚马逊在消费数据

---

① 基根，格林．全球营销：第 8 版．傅慧芬，杜颖，译．北京：中国人民大学出版社，2020．

的获取方面具有先天优势。海量数据帮助亚马逊了解用户的在线购物习惯，勾勒不同细分市场上的用户画像，做出更加科学准确的生产决策。自主品牌产品与智能设备的互动进一步锁定用户的视线。物美价廉的产品定位也受到用户青睐。

在碾压式的优势下，原本沉淀在互补者一方的价值被亚马逊捕获，大数据分析平台1010data的高级副总裁杰德·埃尔伯特（Jed Alpert）直言："消费者品牌不能再只将亚马逊看作一个渠道，而必须承认它已经变成了一个竞争对手。"

国内市场也呈现了类似的场景。阿里巴巴和京东接连推出自己的品牌——淘宝心选与京东京造。淘宝心选总经理钧源在新网商营销大会上做分享时说道："很多人说为什么阿里巴巴做自有品牌了，是不是跟商家抢市场？其实想多了。"但上线仅一年便有超过2 000个SKU和800多个标准产品单元，将近1亿人次的访问量①，对于同类产品的卖家来说，或多或少总会有些影响。而致力于实现"高端商品更优价格"和"大众商品更优品质"的京东京造，更成为同类生活家居品牌的有力竞争者。

让我们回到金合欢和蚁群的故事。自然界的共生关系中，各方行为不必对称或对等。即便没有蚁群的保护，金合欢也可以依靠荆棘和苦味的叶子，以及其他保护措施来抵御外界伤害，而蚁群离开金合欢生存将面临更大挑战。事实上，生物学家发现自然界几乎所有的共栖同盟，在相互依存过程中都必然有一方受惠更多。但是从总体上说双方都是受益者，因此秉持双赢的思维，它们之间的心理契约继续生效。

就平台生态系统而言，在平台与互补者的合作联盟中，分毫不差、

① 淘宝推出"淘宝心选"平台. (2018 - 07 - 02). http://industry.people.com.cn/n1/2018/0702/c413883-30098857.html.

毫无争议地划分利润蛋糕只可能出现在数学题里。不过，尽管价值的分配无法做到一碗水端平，价值的创造却能让双方受益。

如果平台在进入市场时，将目光放在如何有效治理生态系统、获取长期竞争优势，那么善待自己的合作伙伴就是更好的选择。这样或许对短期利润没有明显帮助，但从长期增长目标和巩固市场主导地位的角度看，更有助于平台获取长期价值。

对于互补者来说，与平台直面竞争或许不是最佳选择。互补者可以调整自己的策略，例如在亚马逊平台上，可以选择出售轻型或创新型产品，避免平台的直接介入。毕竟平台地位难以撼动，与其成为可能竞争的对手，不如发展成为长期合作的盟友。

因此，**为了生态系统的可持续发展，给定资源约束的条件，平台和互补者需要达成合理的竞合关系，帮助平台各参与方实现价值共创，通过合理的激励机制实现价值创造和价值分配的平衡，共同进化，长期受益。**

8.3　也学牡丹开：中小企业，从捕捉机遇到创造机遇

生态，平台，这样的词汇总平添一种庞然大物的既视感。但正如自然界的生态系统中不可能只有大型的凶禽猛兽一样，数字经济下的生态竞争中也不乏中小企业的身影。

在互联网商业化的 20 余年间，与日益激烈的生态竞争并存的，是面向身处其中的每一分子的发展机遇。"苔花如米小，也学牡丹开。"在生态系统构筑竞争优势底台时，中小企业或及时捕捉机遇，或自主创造机遇，纷纷选择适当的策略，充分释放自己的独特价值。

自我升级：从捕捉机遇开始，合作共赢

这或许是一个商业竞争最残酷的时代，但也是机遇层出不穷的时代。

在生态系统的发展过程中，总有薄弱却关键的环节成为隐忧。为此，平台往往选择向互补者开放资源，试图集众人之智，破除瓶颈造成的障碍。而这，正是中小企业能够捕捉的发展机遇。

丰田在 2019 年就做出决定：无偿提供自己持有的关于电机、电控、系统控制等约 23 740 项车辆电动化技术的专利使用权。那些以制造、销售电动车为目的的整车制造厂，在购买丰田的车辆电动化系统后，可以得到丰田提供的有偿顾问支持。

决定一经推出，便引起行业内外的广泛讨论。

在此之前，拥有很多企业难以企及的硬实力的丰田，就践行着"共存与共享繁荣"的经营哲学，早已构建起完整的知识共享网络，以便向供应商提供知识产权和技术支持，形成独特的软实力。

在丰田软硬实力两手抓的同时，作为其生态系统互补者的供应商，也在及时捕捉发展机遇，不断实现自我升级。

供应链搭建之初，供应商对这个年轻的品牌似乎并没有太高的认同感，彼此间的联系也较为松散。

为了改变现状，丰田在美国和日本分别成立供应商协会，旨在提供一种机制促进知识共享，推进供应商同丰田间关系的发展。这个机制包括两月一次的供应商联合大会，每一到两月一次的主题委员会会议。前者分享与供应链相关的计划、政策、市场趋势等，后者更关注时常变动的成本、质量、安全、社会活动等相关知识。在这样的分享中，供应商对丰田的了解更加深入，同丰田的关系逐渐密切，生产技术供应理念也得到提升。

以此为基础，丰田向供应商逐步深入地传授自己的生产系统（TPS）。组建咨询与解决问题的团队，为供应商提供专家顾问，帮助他们解决在推进 TPS 过程中存在的问题。在技术支持之外，丰田一以贯之地推崇知识共享。在丰田的鼓励下，供应商向彼此开放自己的生产操作系统，展示分享不同的方法与经验。这样的措施使供应商团结在生态系统中，也显著提高了学习运用 TPS 的效率。

作为生态系统的互补者，无论出于对自身发展的考量，还是怀揣对生态系统整体的期待，供应商都不满足于仅仅作为知识输出的被动接收者，在丰田成长进步的同时，它们也在持续升级。

供应商形成了一个自愿学习团队。在团队中，它们获取经验，传递见解，创造知识，并在常学常新中修正自己的行为，以适应新的市场环境。在这种共享知识的多边关系建立起来的同时，供应商得以不断探究新思想，学习新技能，提高自身能力，共同为生态系统赋能并创造价值。

正如丰田的供应商一样，它们选择彼此合作，互利共赢，促进生态系统良性发展。**中小企业也能够选择进入生态系统的某一环节，自我迭代并持续升级，适应快速变化的市场环境，满足生态系统的发展需求。**

协同创新：自可以创造机遇，竞争出彩

选定扎根于某一环节便不再改动，被动接受平台扶助，在与同类企业互利互惠中实现自我升级，这样固然稳妥，但如果互补者在加入生态系统时没有进入关键瓶颈环节，由于与平台所有者存在完全的竞合关系，互补者的发展前景就不太明朗。

等待机遇不如创造机遇。

中小企业也可以主动出击，率先进入有前景的领域或瓶颈环节，抓住平台开发新市场的机会，在新市场有限的竞争对手中脱颖而出，实现

与平台资源共享，协同创新，共创价值。

喊出"吃喝玩乐全都有"口号的美团点评一直都在深耕生活服务市场，出行业务也成为其市场开拓进程中必不可少的环节。到上市前夕，出行业务在美团生态版图中的重要性更加凸显出来。

2018年6月25日前，已有消息显示，美团计划在香港首次公开募股（IPO），并且寻求获得600亿美元估值。

而在前一年10月时，尽管美团宣布完成40亿美元融资，估值也仅超过300亿美元，持续上涨的融资规模和估值仍无法满足美团的雄心，如果能够进军出行业务，参照滴滴或优步，企业估值将得到快速提升。在这样的考虑下，2017年12月1日，美国出行事业部成立了。

"成立出行事业部，继续探索创新，为消费者提供更丰富、优质的出行选择。"

仅一个月时间，美团就在全国七个城市上线打车入口，拓展出行业务成为工作重点。

正在此时，解决"最后一公里"出行问题的共享单车在国内市场发展如火如荼，ofo和摩拜是不容置疑的两大巨头。

从北大校园走出的ofo散发着一些学生气息的浪漫。ofo希望"连接自行车，而不生产自行车"。在这种思想指引下，ofo前期在自行车硬件配置上并没有花费太多精力，低成本车辆迅速在市场铺设开来。相比之下，摩拜自行研发生产单车产品，成本更高，质量也更好。

不同的选择导致不同的结果。与摩拜相比，ofo承担后期更高的车辆维修费和人工维护费，高损毁率影响着用户体验，机械车锁带来私人占有的风险。前期席卷市场的风潮过后，ofo略显后劲不足。而摩拜以更优的硬件设备赢得用户青睐，更低的维护成本使后期投入减少，带有全球卫星定位系统的车锁能够避免车辆丢失，市场地位渐渐稳固。

当美团的视线投向出行领域时，摩拜已经牢牢抓住共享单车领域的宝贵机遇，从同类企业中脱颖而出，成长为拥有超过 2 亿用户、每天提供超过 3 000 万次骑行服务的全球最大互联网出行企业，凭借国际化布局带来一定的国际知名度。这个年轻的企业引起美团的关注。

收购摩拜会是一个好的想法吗？美团给出肯定的回答。

共享单车的用户与打车出行的用户群体具有高度的重合性，如果收购摩拜，那么大量需求匹配的用户资源就可以汇集到美团的出行业务中，得以相互变现。摩拜在共享单车之外，还向网约车、拼车、分时租赁共享汽车、公共交通体系等领域迈出脚步，与美团出行业务布局相符。摩拜拥有的用户精细化的位置数据，可以帮助描绘出包括用户出行轨迹、生活方式、消费偏好等信息在内的生活圈，对美团来说具有深挖需求、精准营销的巨大潜在价值。

综合美团业务部署来看，收购摩拜将推动"大出行"战略的实施，为用户提供更加完整的闭环消费体验，增强生态系统竞争优势。2018 年 4 月 4 日，美团点评全资收购摩拜的协议正式宣布签署。9 月 20 日，美团点评正式赴港上市，总市值达到 4 000 亿港元。

瞄准"最后一公里"需求，在共享单车领域锋芒毕露的摩拜，契合了美团进驻出行市场的时机，最终成为美团生态系统中的重要成员，与平台协同创新，共同进步。

瓶颈策略：因势利导，竞合平衡

2020 年，随着 B 轮亿元融资的注入，好活科技成为国内首家获得过亿元国资加持的灵活就业互联网平台。[①]

[①] 好活再获 B 轮亿元融资，服务万亿灵活就业市场. (2020 - 11 - 25). http://www.xin-huanet.com/money/2020 - 11/25/c_1210902725.htm.

在数字技术的普及中，快递员、外卖员、代驾司机、网课教师等灵活就业者与日俱增，但和他们相关的岗前培训、在岗考评、终身管理等合规专业的就业服务，却没有得到平台的全面保障。面向灵活就业者提供综合性服务的好活科技出现了。

就业或许只是某个时点的动作，当员工与企业成功签约，这个行为就戛然而止。但对于好活科技来说，就业服务无疑是一种持续参与就业者职业生涯不同阶段的活动。

前期，好活科技基于"互联网＋大数据"等信息技术，为灵活就业者进行用户画像，帮助用工企业与灵活就业者之间快速、精准匹配。

匹配完成后，好活科技通过与金融保障机构合作，为灵活就业者量身定制小额普惠金融产品，解决启动资金不足的问题。同时提供"一站式"服务，从电子化注册到协助新个体和企业进行年报、税务登记、开票完税等经营活动。

事后，好活科技结合灵活就业者所在领域的特点，联合中国人保推出"新就业形态人员职业伤害责任险"，进行有针对性的保障，帮助维护灵活就业者的基本权益。

正是由于精准把握多方面现实需求，即使就业服务这一瓶颈在职业生涯不同时期出现调整改变，好活科技也总能处于高附加价值的位置。它与业务重合的同类企业竞争，与服务互补的金融保障机构合作，根据所处瓶颈位置的不同及时调整竞争与合作的动态平衡。

在这样灵活机敏的战略布局下，好活科技已经与全国十余个省（自治区、直辖市）监管部门合作打造"互联网＋大数据政企协同治理平台"，同饿了么、天鹅到家、叮咚买菜等大型平台达成合作，即时配送、新零售、社区团购、物流运输、生活服务、网红电商等 40 余个场景中都有它服务的身影。[①]

锋芒毕露的好活科技已经掌握优势地位，只要数字平台不断发展，生态系统持续扩张，就会有更多灵活就业者，而占领就业服务瓶颈的好活科技也将有更大的话语权。

竞争与合作确实是战略定位的基础，但二者并非水火不相容。勇于竞争可以一展身手，专于合作能够聚沙成塔。

随着生态系统的发展和瓶颈拥挤程度的改变，对于中小企业来说，因势利导调整与互补者的竞合关系，在不同瓶颈位置做到相应的技能转换，是对自身能力驾驭的挑战，也是与时俱进更上一层楼的机遇。

对于传统零售品牌来说，会员管理并不是一件新鲜事。对会员基础信息和购买行为的管理早已在销售行动中得到践行。随着移动互联网的普及，特别是社交媒体的发展，基础而粗糙的功能已经无法满足品牌的需要。它们希望用户在使用微信或者支付宝时就能成为品牌的会员，更希望摆脱实体商场的束缚，通过社交平台上的公众号、小程序等应用场景就能触达消费者。[②] 面对这样的需求，上海舞象网络科技有限公司（简称舞象云）为品牌商们打开一扇新的窗户。

舞象云的服务对象多为"腰部品牌"，它们有提升数字化核心竞争力的野心，但也发愁入驻天猫等平台的高昂费用，以及用户流量被把持的困境。舞象云因此具备了从阿里巴巴、腾讯等大型平台商业版图中分一杯羹的机会。

对于鞋服连锁品牌热风，舞象云基于品牌微信公众号平台，在实体门店销售过程中招募会员，引流到线上。同时上线官方微商城，既能够

[①]　中国共享经济发展报告（2021）.（2021 - 02 - 19）. http://www. sic. gov. cn/News/557/10779. htm.

[②]　上海交通大学海外教育学院连锁品牌战略研究所.企业数字化转型的风口之争：2019年度连锁品牌趋势观察报告.上海：上海交通大学出版社，2018.

起到产品上新推广的作用，又可以作为线下门店断码缺货时的补充销售。基于微信的会员体系帮助商家更好地采集利用会员数据，全面了解用户的消费能力和喜好，增加用户黏性，成功做到线下引流线上，线上反哺线下。

而对于不同消费场景零售品牌留夫鸭，舞象云给出不同的解决方案。由于大多数顾客只是路过店铺一时兴起，买一些零食小菜解解馋，在有限的互动时间里品牌通常难以引导顾客注册会员。舞象云便提出打造"支付即会员"场景，只要使用支付宝付款，品牌就可以调取顾客信息，自动转化为会员，实现信息采集。

因人而异的精准服务、因城施策的瓶颈策略，让舞象云在同类服务商中崭露头角，与品牌商们结成更加牢固的合作关系。2018 年 3 月，舞象云和阿里巴巴达成战略合作，正式成为智慧门店 iStore 的合作伙伴，在新的生态系统中继续蓬勃生长。

如果说生态系统中上演的商海博弈就是一个函数模型，中小企业或许因为取值区间的限制，难以求得其他企业那样的峰值，但仍有能力在限定区间内，找到对应最优解的自变量，甚至突破限制，生成更加精彩的函数图像。"好像一粒芥子，在各种种子里是顶小的，等到他生长起来，却比各种菜蔬都大，竟成了小树，空中的飞鸟可以来停在它的枝上。"①

8.4 居其所而众星共之：平台所有者的治理方略

惠而浦公司（Whirlpool）前首席执行官戴维·惠特万（David

---

① 胡适. 容忍与自由. 北京：法律出版社，2011.

R. Whitwam）相信："要想获得持久的竞争优势，唯一的办法就是巧妙地运用你分布在世界各地的能力，使公司作为整体的力量大于各部分之和。"对于平台生态系统，想要使整体的力量大于各部分之和，关键在于平台所有者的治理方略。

孔子曰："为政以德，譬如北辰，居其所而众星共之。"尽管治理国家与治理生态的场景多有不同，但内涵逻辑可供借鉴。平台所有者作为生态系统的领导者，在生态系统的发展模式与前进方向上具有更多的话语权，对其他参与者也有更强的市场约束能力。因此，当生态伙伴，特别是互补者能够做到在其位谋其事时，平台所有者就需要严格自律，以合情合理合规的治理策略来统筹各方利益，谋求最佳发展。

兼相爱则治：调整规则，适应发展

治理始终是生态系统竞争优势的重要来源。"兵不在多而在精，将不在勇而在谋"，作为生态系统的领导者，平台所有者面对的并不是训练有素的军队，而是松散耦合的生态伙伴，此时，将领的纵横捭阖就显得尤为重要。

2020 年 4 月，厦门市集美高校校区附近的多家餐厅联名举报饿了么强制"二选一"，这些商家同时在饿了么与美团两家平台提供外卖服务，在中午用餐的高峰期却被饿了么强行下线。

类似的情形不是首次出现，也不仅仅在外卖行业出现。比如，天猫和京东的竞争，QQ 和 360 的博弈。一些平台利用自己的市场优势地位和互补者对平台流量的依赖，通过排他性协议屡屡破坏良性竞争环境。

在生态系统中，各参与方虽然以平台为中心团聚在一起，但并没有严格的上下级关系，而是借助开放性平台提供的资源模块、技术板块等形成松散的商业网络。因此，要想使其他参与方为生态系统的整体目标贡献力量、创造价值，并且认同价值分配规则，平台应当约束自己的行为，采用有效的治理策略作为各方关系间必不可少的润滑剂。

可能很难找到为生态系统量身定制的一成不变的治理规则。参与到生态系统中的成员数量众多，商业活动变化繁多，各方诉求不一。**平台所有者只有充分考虑多方利益诉求，与时俱进，不断调整规则，激励和赋能互补者进行价值共创，才能适应生态系统发展的需要。**

这将是一个不断学习、持续改进的过程。从以往的经验来看，平台的组织架构、技术功能等固然重要，但学习整合能力更为关键。

操作简便但功能强大的微信公众号的出现，让微信用户流量的价值得到更充分的体现，也帮助微信从社交工具向连接线上线下的开放平台转变。

但随着微信公众号数量突破千万，知识产权侵权、内容创作低俗、谣言传播屡禁不止等乱象也时有发生，给微信平台的治理带来巨大压力。

微信的组织架构不可谓不成熟，功能设置不可谓不全面，但是面对日渐增长的流量，原有的治理规则也面临着挑战。因此，平台所有者需要时刻学习如何在变化的市场环境中更好地协调生态合作伙伴特别是互补者之间的活动。

摆在平台所有者面前的问题，不仅包括参与者数量的增加，还包括互补者彼此间存在着的多边相互依存的关系。牵一发而动全身，即便市场条件变化，要求平台做出应对，重新调整这些合作伙伴的关系也不是一件容易的事情。因此，在相似的条件下，不同平台可能会依据自身的需求，做出不同的治理决策，以迎合生态发展的特异性。

　　没有品种繁多、操作便捷、功能多样的应用软件，智能手机将丧失绝大部分的魅力。但纷繁复杂的应用软件也会带来平台治理的难题。

　　作为构建起 iOS 和安卓这两大主流操作系统的平台企业，苹果和谷歌在治理实践中分别遵循了封闭和开放两种治理思路，打造各自的生态竞争壁垒，形成各自的生态系统竞争优势。

　　2007 年 1 月 9 日，苹果联合众多软件开发商精心打造的 iOS 系统在 Macworld 大会亮相。同年 11 月，谷歌与全球顶尖的手机制造商、软件开发商、电信运营商和芯片制造商共同成立开放手持设备联盟（Open Handset Alliance，OHA），正式向外发布安卓系统，向 iOS、Windows Phone 等操作系统宣战。

　　iOS 和安卓两个操作系统的风格在诞生之初就已经定型。iOS 系统具有封闭特性，只允许接入苹果自行开发的移动设备。安卓系统则采取开放的平台准入，鼓励任何品牌的移动硬件商接入系统，推出基于安卓版的智能手机。

　　iOS 系统的源代码并不对外公布，想要参与到生态系统中，互补者必须使用 Objective-C 编程技术，配备必要的软硬件开发条件。安卓系统的源代码则在发布之时便免费授权开放，通用的 Java 编程语言系统，系统内置的众多优质谷歌服务，对硬件制造商和软件开发者都显得更为友好。

　　两个操作系统的这些特点也赋予了它们不同的准入门槛和审核标准。iOS 系统中的应用商店 App Store 有相对严格的进入门槛、更长的审核周期和细致严格的审核规则。安卓系统的应用商店 Google Play 的门槛就要宽松许多，审核周期更短，审核规则也更加简洁包容。两者的上架审核规则如表 8-1 所示。

表 8-1 苹果与谷歌应用商店的上架审核规则

项目	App Store	Google Play
审核机制	事前审核为主	事后审核为主
事前审核方式	人工审核	机器扫描（一定概率的人工审核）
事后审核方式	用户投诉	用户投诉
审核时间	1～4 周	1～2 天
审核重点	应用图标和界面设计、功能设置的版权问题； 广告植入、支付方式、信息登录的合规性； 应用内容的合法性和分级	应用内容的合法性和分级
审核结果	操作简洁、精心设计且富有创造性的应用上架	机器扫描下无明显违规行为的应用上架

虽然风格迥异，但两种操作系统的治理规则都能契合各自生态系统的发展需要。

苹果为人称道的应用商店 App Store 的收入只占总利润不到 1% 的比例，应用程序的首先目标是拉动硬件设备——iPhone、iPad、Mac-Book 和 iPod 的销量。

而 iOS 系统的封闭特性为这样的销售策略保驾护航。由于 iOS 系统的封闭性，苹果的硬件设备在出厂前就已经对系统进行最大限度的优化，各个版本间的连贯性和相容性、硬件与软件的契合度也都值得称道。同时，非开源的系统、严进严出的治理规范，倒逼互补者提供更高质量的产品与服务，为用户带来差异化和高质量的极致体验，形成属于苹果生态独具的竞争优势。

安卓系统以其开放性和包容性迎来迅猛发展，在移动电子设备领域占据主流地位。虽然监管力度不足牺牲了一定的安全性，但兼容丰富的硬件选择、准入宽松的开发商、琳琅满目的免费软件，都吸引着规模庞大的互补者和用户群体参与到生态系统中。流量优势也成为谷歌不断前进的坚强后盾。

治理规则是封闭还是开放，苹果和谷歌给出了不同的答案。

但是生态竞争中治理方略本就没有标准答案，"鞋子合不合脚，自己穿着才知道"。iOS 与安卓在移动设备操作系统市场上几乎形成寡占格局，各有千秋、各自精彩，它们都找到了适合自己的那双鞋子。

此事要躬行：因地制宜，改善互补

数字技术赋予生态系统显著的特征，就是创新延展性和高度可塑性。如果将传统企业比作一幅业已完成的油画，组织架构管理规则一经确定便很难涂改，那么平台生态系统更像是一张拼图，无论是平台本身的组织设计、治理规则甚或生态系统的整体业务范畴，在已有的图形基础上，都可以灵活地拆解组合。这就意味着，不同于大多数传统企业在有整改念头时只能"纸上得来"具体方案，**平台所有者可以在不同的商业活动和不同的市场中采取不同的治理方略，实践学习，小步快跑，持续迭代，以找到改善平台各方互补性的最佳方式**。

2017 年，《人民日报》发表了一篇名为《中国网络文学何以走红海外》[①] 的报道。常常被父母一辈看作"上不了台面"的"起点升级流"网络文学，一跃成为备受关注的文化输出新方式。

2014 年，美籍华人赖静平在北美创建网站 Wuxiaworld，将中国网络文学翻译并传播到海外，在一年内就获得百万级英文读者，并催生出 Gravity Tales，Volare Novels 等众多粉丝翻译网站。在这样强劲的增长

---

① 人民日报艺海观澜：中国网络文学何以走红海外.（2017 - 08 - 17）. http://opinion. people. com. cn/n1/2017/0817/c1003-29477023. html.

势头中，2017 年 5 月，阅文集团抓住机遇，趁势而上正式成立起点国际。

作为中国网络文学门户网站元老的起点中文网，从 2002 年 5 月正式创建到现在，已发展出一整套成体系的 VIP 机制。这样的"起点模式"包括两个层面：后台是以 VIP 在线收费制度为核心的生产机制，"微支付—更文—追更"这样的形式将网站、作者和读者的利益诉求聚合在一起；前台是以用户为主导的作品推荐—激励机制，如投票、争榜、打赏等，充分调动"粉丝经济"的力量。①

起点进军海外，自然也想将这一套完整的规则体系复制到海外。不过，面对可能出现的水土不服，与国内治理规则相比，起点国际不断调整付费机制，循序渐进地将治理理念传递到新的市场中。

由于当时网络文学的出海主要依靠爱好者自发翻译传播，读者早已习惯于免费阅读，贸然收费难免激起反感情绪，起点国际在成立初期推行与国内相反的免费阅读模式。到 2018 年，用户数量达到一定规模，阅读习惯也逐步养成，起点国际开始打起收费的主意。

要让用户接受付费，就需要让免费变得不那么打动人心。为此，起点国际上线"video advertisement model"，用户只有看一段广告后才能解锁新章节。这样的模式持续一段时间后，部分用户的态度开始发生转变，似乎花一些小钱取消广告也不是不能接受的事情。这样，付费机制"premium program（VIP）"就开始试运行了。刚开始，用户可以自行选择观看广告或者收费，而到起点国际正式上线一周年时，"video advertisement model"取消，"premium program（VIP）"正式上线，用户只能选择按章付费。

---

① 邵燕君．网络文学的"断代史"与"传统网文"的经典化．中国现代文学研究丛刊，2019（2）．

付费机制正式推广后，与起点中文网类似，起点国际也推出能够购买小说章节的虚拟币"Spirit Stone"（灵石）。不同的是，起点国际上的翻译小说并不像国内按字数统一定价，而是根据小说的质量、速度和热度，与译者协商确定。

作家可以说是小说平台的灵魂所在。参照国内的职业作家体系，起点国际也在尝试建立一套职业译者体系。面对海外的特殊环境，起点国际做出相应调整，将其改造得更加海外化和粉丝化。

起点国际在 2018 年将译者的收入模式由按章取酬丰富为可以选择分成模式，按照网站、作者、译者之间 3∶3∶4 的比例，给译者丰厚报酬。译者翻译什么小说，原本是服务于阅文集团的总体战略尤其是知识产权（IP）导向，但为了赋予用户更多选择权和发挥其能动性，激活"粉丝经济"的热度，起点国际推出独具特色的作品推荐机制，让译者先翻译一部分章节，再由用户进行票选，名列前茅的就正式上线，落后的则可能中止翻译。

不同于国内一直以来的原创作家团队，网络文学的出海以翻译为主。但没有原创小说，平台缺乏可持续发展的动力。为此，阅文集团投入重金在起点国际复制了国内被俗称为"低保"的新人作者激励制度。在小说上架的前 4 个月中，只要作者能每月上传 4 万字以上的章节内容，就算订阅收入没有达到 200 美元，也可以获得起点国际补足的每月200 美元收入。上传字数越多，保底收入越高，4 万至 6 万字为每月 200美元，6 万至 8 万字为每月 300 美元，8 万字以上每月就可以有 400 美元。不过，为了降低资金压力，不同于国内的保障体系基本没有时间限制，起点国际的"低保"只有前 4 个月。

为了增强原创作品的影响力，起点国际仿照国内，也推出小说排行榜"Power Ranking"。不同的是榜单被分为翻译小说和原创小说两个子榜单。每个子榜单的排名都由用户投给作品的"Power Stone"（热力石）决定，这样也能够吸引更多用户关注原创小说。

在不同的市场，面对不同特色的生态系统用户和互补者群体，阅文集团并没有生搬硬套"起点模式"，而是依据现实环境影响和平台发展需要做出调整，更好地发挥生态各方的互补作用。拥有外在的付费机制和作家培养体系、内在的创作模式和写作套路，今后中国网络文学在英语世界将有怎样的未来，值得追踪与期待。[①]

平台生态系统与传统企业的不同之处就在于，有时即使平台自己没有做到，在建立生态系统竞争优势的过程中，合作伙伴共创价值的扩散过程也可以推动生态系统走向国际市场。那么，对于有志于超越国界的平台企业来说，如何才能在国际舞台中更好地发挥自己的生态系统竞争优势呢？

进入生态系统竞争优势的创造—转移—升级的良性循环，我们相信，在海外市场中，平台生态系统依旧能够焕发生机与活力。

---

① 吉云飞."起点国际"模式与"Wuxiaworld"模式：中国网络文学海外传播的两条道路.中国文学批评，2019（2）.

第 9 章

生态系统竞争优势的升级

在数字经济和互联网全球化的浪潮下，时空距离的限制被打破，传统国际商务逻辑经历了革命性重构。在母国成功建立生态系统竞争优势之后，优秀的平台企业纷纷寻求海外发展的空间，能否成功"出海"，俨然成为平台企业的试金石。然而，面对陌生的市场环境，母国的生态系统竞争优势是否同样适用？如何将生态系统竞争优势成功应用到不同的国家？这都是企业将生态系统竞争优势向海外迁移过程中需要考虑的重要问题。

9.1 "异乡人"的愁苦：谈谈"局外人劣势"

航海家哥伦布完成了他的前无古人的探险活动后，向支持他探险的西班牙国王和王后汇报时说："地球是圆的。"他因为这一伟大的发现而名扬后世。但是，500 多年后，美国《纽约时报》中东事务专栏的一位作家沿着哥伦布西行时的航线，从美国乘飞机出发，经由法兰克福一直向东飞行，来到了印度的"硅谷"——班加罗尔。经过一段时间的观察，他有了一个发现，回到美国后，他说："我发现这个世界是平的。"

"世界是平的"，并不是说地球已改变了它的物理形态。"世界是平的——在 21 世纪初的全球化过程中，世界正发生着重大改变，全球价值链合作的深入和通信技术的不断发展正在将整个世界夷平。"这个论点的提出有着划时代的意义，它揭示出当今世界正在发生着深刻而又令人激动的一个变化——全球化的趋势。它以高科技的发展为动力，在地球各处勇往直前，势不可当。世界也因此从一个球体变得平坦。

"世界是平的"，意味着在今天这样一个因信息技术而联系紧密、方便的互联世界中，全球市场、劳动力和产品都可以被整个世界共享，一切都有可能以最有效率和最低成本的方式实现。

"世界是平的"，改变着每一个人的工作方式、生活方式和思维方式，乃至于每一个人的生存方式。因此，生活在当今时代的每一个人，都面临着"平坦的世界"这样巨大的变化。我们将如何自处？看来，在这个世界里，要想脱颖而出，最重要的一点是不断强化自己的竞争力，首先要培养"学习如何学习"的能力——不断学习和教会自己处理旧事物和新事物的新方式。

数字时代，移动互联网的普及使得地理距离和时间不再成为限制，世界的每个角落都前所未有地连接在一起，全球化的趋势不可阻挡，我们正在以前所未有的方式互相联络、互相竞争、互相合作，一个平坦的世界似乎已经清晰可见。与此同时，平台企业的国际化逻辑也经历着重大变革，这些数字企业被赋予"生而国际化"的特质，无论身处何方，只要拥有基础的网络设施，就可以访问同一平台企业的网站，或使用其移动应用产品，海外的边际供给成本几乎为零。因此，当平台企业在母国市场建立起生态系统竞争优势后，开拓国际市场就成为新的发展方向。

然而，众多平台企业在异国他乡频频受阻却又告诉我们，这个世界在它们面前似乎并不像想象中那么平坦。亚马逊宣布自 2019 年 7 月 18

日停止为亚马逊中国网站上的第三方卖家提供卖家服务，在中国保留的主要业务将围绕海外购、全球开店、Kindle 和云计算等展开。在全球出行软件中占有极高地位的优步，在经历两年多的发展后退出了中国市场的舞台，优步中国的全部资产也在 2016 年 8 月初被滴滴收购。选择日本作为自己国际化出击首站的百度，在进军日本市场多年久攻不下后也做出了关闭百度日本搜索引擎 Baidu. jp 的决定。在本国拥有万千拥趸、成功建立起生态系统竞争优势的平台企业，在海外却屡屡受挫，似乎始终不过是个"异乡人"，这就是平台出海所面临的"局外人劣势"。①

在社交网络中，每个人都更青睐与熟人互动，而来自不同国家的人所处的自然环境、语言氛围、文化熏陶、社会背景等都存在着差异，彼此间的陌生感阻碍了跨国交流的顺利进行。因此，一个个局限于各国地理边界和文化边界的本地社交网络就这样自发形成了。"圈内人"自成一派，"局外人"难以嵌入目标国家的用户交互中，也无法大范围触达原本可能存在的潜在用户，空有一身竞争优势却无法发挥出来。这种**由文化、制度、空间距离等因素造成的不同国家间生态系统难以兼容，外来平台企业不被当地社交网络所接受，面临相对于本土平台企业的竞争劣势的现象，称为"局外人劣势"。**

在"局外人劣势"下，平台企业的运营成本大大提高。对平台企业自身来说，一个新的市场总会带来进入成本，包括可能的风险成本和信息成本，经营方式、战略规划因地制宜的改变也会带来管理成本。从用户端来看，想要在陌生的用户群体中建立并维护能够实现网络效应的社交网络将提高获客成本和关系成本。从互补者的角度来看，原本熟悉的

---

① Chen L, Shaheer N, Yi J T, et al. The international penetration of business firms: network effects, liabilities of outsidership, and country clout. Journal of International Business Studies, 2019, 50 (2).

现有互补者不能满足生态系统在新市场中的扩张需要，而东道国互补者的可用性和匹配性尚不明确，这其中便会出现新市场中可能面临的歧视成本和在新旧市场间难以避免的变动成本。即便平台顺利克服种种阻碍进入东道国市场，也有可能因为无法融入当地而难以充分发挥生态系统竞争优势，无法实现迅速扩散，最终折戟沙场。

因此，能否克服"局外人劣势"几乎直接决定着平台出海的成功与否。如何融入当地自发形成的社交圈，从局外人变成圈内人，做好本土化实现协同创新，克服"局外人劣势"，尽快激活网络效应，以便成功发挥自身的生态系统竞争优势，也就成为平台亟须解决的关键问题。既然完全抛弃原有的生态系统竞争优势另起炉灶显得不切实际，那么，**平台企业通过本土化调整创造新的生态优势（地域性优势）并转移不受地域限制的原有优势（非地域性优势），对现有生态系统竞争优势进行动态迭代并持续升级，就成为平台出海策略集的必选项。**

生态系统竞争优势的创造、转移和升级如图9-1所示。

图9-1 生态系统竞争优势的创造、转移和升级

资料来源：Li J T，Chen L，Yi J T，et al. Ecosystem-specific advantages in international digital commerce. Journal of International Business Studies，2019，50（9）.

9.2　在新土壤扎根：创造生态系统竞争优势

"橘生淮南则为橘，生于淮北则为枳。"同企业竞争优势一样，随着技术发展和市场变化，平台原本的生态系统竞争优势也会发生异变，甚至出现水土不服的现象。我们想要品尝到柑橘的清甜，需要移植培育适应当地气候的树种；平台想要发挥自己的生态优势，也要对变化的竞争动态做出反应，创造适应新市场的竞争优势。

大部分情形，国际扩张的先决条件是以本国市场为基础，也就是说平台需要在最熟悉用户偏好的母国市场创造生态系统竞争优势后，再进一步考虑出海。阿里巴巴的成功通常可以追溯到在淘宝平台上引入买家和卖家之间的即时通信工具阿里旺旺，这一功能获得中国市场用户群体的青睐，也在淘宝取代 eBay 的竞争中发挥了重要作用。

尽管如此，基于母国市场的生态系统竞争优势可能并不是数字平台国际化的必要条件。当平台企业寻求在国外集群中建立生态系统，或倾向于建立一个综合的全球生态网络时，也可以选择直接在国外发展，这在一定程度上是因为数字化掩盖了原产国，所以有助于减轻"局外人劣势"。例如横扫东南亚市场的电商巨头 Lazada，在成功占领马来西亚、泰国、越南、菲律宾和印度尼西亚这五个邻国的市场先机，并建立平台生态系统后，才最终转向母国新加坡推出自己的平台，逐渐构建起完整的东南亚电商生态。事实上，**在全球一体化的生态系统中，当用户网络已经发展到超出其本土边界的临界质量时，基于东道国的竞争优势在进一步扩散时往往不会受到过多挑战**。正如爱彼迎只有从更广泛的地区招募房东，吸引到相当数量的国际旅行者，自己的竞争优势才能跨越阻碍持续下去。

　　既然谈到爱彼迎，那么不妨让我们想象这样一个场景：深夜中，在长途自驾之后，一行旅客风尘仆仆地抵达民宿，按照先前房东在爱彼迎上的留言找到了门外密码箱中的钥匙，打开房门完成入住。一周之后，这群租客收起行囊，按照房东留在桌上的字条，清洗餐具，归位家具，将垃圾收进门口的垃圾桶中，锁门并将钥匙放回密码箱，整个短租流程到此结束。而整整一周时间内，前往外地度假的房东并没有见过这群陌生租客哪怕一面，甚至没有通过电话，只通过爱彼迎自带消息功能完成最基本的沟通交流，至于自己的房子具体几点几分迎来了新客，他们的人数几何，如何使用屋内的设备，全部不在掌控之中，而这正是发生在美国新奥尔良的一个真实案例。"多元的全球社区是爱彼迎的立足之本，我们最大的目标是为所有房东和房客建立一个具有包容性的共享平台。"正如爱彼迎的联合创始人兼首席执行官布莱恩·切斯基所说，作为全球最大的民宿短租公寓预定平台，联系全世界的旅行者，构建全球统一的住宿共享平台一直是爱彼迎为之不懈努力的发展目标。目前，爱彼迎遍及全球的互补者群体、庞大的用户网络为爱彼迎构建起多元的全球社区，形成难以撼动的竞争优势。面对拥有广阔市场前景和潜在用户的中国市场，爱彼迎做出了积极的努力。

　　让我们回到刚才的情景中，如果把同样一件事放在中国上演，可能性有多大？恐怕大多数房东都难以接受，租客们也难免感到惴惴不安。爱彼迎为旅行者提供尽可能便利住宿的理念特色，却可能成为其进入中国市场的阻碍。事实上，爱彼迎这种低成本、高效率的房东-租客匹配模式是建立在美国完善的信用体系之上的。在美国，信用卡高度普及，个人信用就如同身份证，联系着各方面的生活场景，因此，没有人会愿意承担由于违约造成的额外成本。这样庞大而发达的信用体系约束着每一个人的行为，也增进了同一平台上陌生人间的信任。当爱彼迎准备将这套无往不利的生态系统搬进中国市场时，便遭遇了外国企业"水土不服"的魔咒，爱彼迎中国总裁彭韬感慨道："中国是一个完全不同的操作系统，如果它是 iOS，其他国家可能是安卓，中国有的，其他国家没有，其他国家有的，中国没有。"尚未完善的信用体系给简单快捷的 C2C 共享模式带来极大挑战。从互补者角度来看，由于缺少足够的约束，房屋财产、卫生无法得到充分保障，愿意提供共享住宿的房东数量远低于预期，房源严重不足；至于用户方面，习惯了选择酒店解决出行住宿的中国用户尚未完全接纳共享民宿，他们无可避免会对缺乏保障的房源质量、安全性能、配套服务等产生怀疑。正是由于供需双方的顾虑质疑，中国市场上的生态系统始终难以简单复制搭建起来，进入中国市场显得格外困难。

受挫后的爱彼迎意识到，要将建立在母国（美国）竞争优势基础上的生态系统全盘复制到东道国（中国），以期改变目标市场用户习惯拓展生态网络是不切实际的。因此，爱彼迎开始发力进行本土化定制，对市场做出快速响应，基于中国市场特点创造新的生态系统竞争优势。2017 年，公司正式宣布官方中文品牌名称为"爱彼迎"，寓意"让爱彼此相迎"，消除中国用户对品牌的陌生感，也有意拉近用户之间的心理距离。正式进入中国后，爱彼迎建立起专业的中国区产品运营团队，并赋予其充分的自主权，为房东提供保险和清洁服务等保障，提升线上线下整合能力，获取充足的房源。同时，在 App 中开发上线"故事"功能，满足中国用户在线分享旅行故事的意愿，在故事的讲述中可以@房源，吸引更多潜在用户参与到生态系统。此外，积极参与本土生态建设，建立产品研发团队，接入支付宝和微信支付渠道以方便中国用户的线上交易。2018 年 7 月，爱彼迎在中国以 500 万美元投资中国本土民宿托管平台"城宿"，以获取更多优质房源。通过一系列的措施努力，在本土化的生态系统支持下，爱彼迎在华成绩显著。2018年，爱彼迎在中国的业务模式从出境游拓展为出境游和境内游并重，境内游已经占到了中国市场业务的50％，国外游客预订量增长100％，非一线城市增长高达170％，国内房源数量同比增长2.5倍。这样的数据表明，这家短租巨头在中国市场上站稳了脚跟，不仅拥有了稳步增长的国内房源和用户群体，而且逐步实现市场下沉，将三四线城市变为新的增长点。通过在异国他乡中创造生态系统竞争优势，爱彼迎在中国扎下了根。受疫情影响，2022年5月爱彼迎宣布调整中国市场业务，固本培元，聚集出境游业务，自2022年7月起暂停支持境内游房源、体验及相关预订。

9.3 在荒原中开花：转移生态系统竞争优势

被称为"九死还魂草"的卷柏能够在干旱时自行将根从土壤中分离蜷缩起来，等随风移动到水土适宜的地方后重新扎根成活，遇旱而枯，遇水而荣。有些生态系统竞争优势也像这卷柏一样，不受所处地域的限制，一旦随着市场拓展的风来到异国他乡，便能在新市场的水土中舒展根系，焕发出勃勃生机，这就是平台形成的非地域性优势。

如果说这种以本国为基础创造出的非地域性生态系统竞争优势是一株卷柏，那么平台在母国所依靠的外部资源就是灵活的根，可以顺利地转移到其他国家，并且与当地企业提供的产品或服务形成互补。这并不局限于技术算法等平台拥有的外在资源，平台内部形成的治理规则，例如YouTube的赞助模式，也可能成为汲取未知土壤养分的根系。

2020年，谷歌母公司Alphabet在财报会议上首度公开了部分You-

Tube 数据，其中包含着这样一条信息：2019 年 YouTube 拿出 150 亿美元广告收入中的 85 亿美元作为对视频博主的赞助。流量多少、视频内容、频道性质、观看地区、用户群体、时间长短、原创程度等种种因素，繁复而不杂乱地被 YouTube 的内容赞助模式囊括在内。YouTube 的赞助模式几乎在世界各地都能发挥应有的作用，高额度的内容分成带来持续性的优质内容供给，抓人眼球、形式各样的视频又将五湖四海的用户汇集到平台中，形成多方利好的正向循环。

　　虽然母国市场上的外部资源形成的根系能够被其他市场接纳，甚至可能为新大陆带来新颖与宝贵的体验，但这样的情况毕竟只是少数，更多时候维持植株生命力的营养成分只在某些地区存在，在另一些地区却难尽如人意。正如初到中国的爱彼迎一样，由于突然离开美国的信用体系，水土不服而屡屡受挫。

　　"我想不出几个真正灵验的全球广告。品牌在世界各地所处的阶段不同，这就意味着有不同的广告工作要做。"李奥贝纳广告公司（Leo Burnett）前首席创意官迈克尔·康拉德（Michael Conrad）的这番见解，也恰是更多平台企业在漂洋过海的历程中所面临的普遍挑战。**为了让原有的生态系统竞争优势在海外落地扎根，平台需要识别不同地区不同阶段的不同情况，重新校准自己在新市场的行事规则。**

　　"有速度更有温度"，以打造客户体验最优的物流履约平台为使命的京东物流，是京东在国内形成独特的生态系统竞争优势的重要帮手。因此，当吹响大举进攻国际市场的号角时，京东决定将自己已有的最大优势——京东物流作为重要武器，探索电商出海的新道路。

　　东南亚潜在的最大的 B2C 电子商务市场，人口超过 2.6 亿的印度尼西亚，成为京东踏出国际化步伐的第一站。2015 年，京东印度尼西亚站成立了。

有着"千岛之国"称号的印度尼西亚城市化率较低，基础设施匮乏，这极大地增加了京东布局物流网络的难度，也成功打消了京东将自己的物流供应链优势直接复制到这个新市场中的念头。当时，印度尼西亚当地的物流时效一般是 5～7 天，物流效率低，配送质量差，都是京东在当地进一步发展的瓶颈所在。尽管京东在印度尼西亚三地设有仓库，并拥有 Jaya Ekspres Transindo 物流公司，但仍同目标相去甚远，无法满足京东在员工、仓库、物流系统建设方面快速扩张的需求。

尽管如此，京东没有成为孤僻的"局外人"，机械地将原有的竞争优势原封不动地生搬硬套到印度尼西亚市场，而是通过与当地第三方合作，逐步将高效的物流体系转移到海外。

2017 年 8 月，京东向印度尼西亚出行平台 Go-Jek 注资 1 亿美元，吸收这一当地互补者进入平台生态系统中，共同开展物流合作。此外，京东逐步转移国内竞争优势，将自主研发的行业领先的仓储物流管理系统 WMS 5.0，以及商家平台系统 ECLP 转移到印度尼西亚市场，提升印度尼西亚仓储能力和精细化运营能力，也为印度尼西亚仓储对外开放做足准备。与之相伴，"210 准时达"和 24 小时取货服务也开始在雅加达地区推出，并逐步推广至印度尼西亚其他地区。

"未来公司还将继续在印度尼西亚发挥优势，帮助印度尼西亚物流建立更多新的仓库及开放给更多商家。"京东积极的竞合策略，印证了京东物流国际供应链部负责人韩鎏这句话。对印度尼西亚市场开放自营物流体系，同更多第三方商家保持良好的合作关系，帮助京东进一步融入当地物流生态。

2018 年 12 月 12 日，一名普通的用户 Lani 睡前在京东印度尼西亚上下单，早上刚起床便收到了快递小哥送来的包裹。京东印度尼西亚"分钟级"配送服务成功实现，用户最快能够在下单后一小时内收到包裹，在京东成熟的物流体系支持下，印度尼西亚当地用户享受到了"中国速度"，极大地优化了消费体验，"京东模式"也成功在此落地生根。

京东能够将一整套完整的仓、配、客一体化的物流体系复制到印度尼西亚市场，实现生态系统竞争优势的跨境转移，基础就在于其丰富的管理经验和强大的技术赋能，这些独特的资产不受地域限制，身为非地域性优势，无须过多的本土化适应便可以跟随平台同步出海。未来的京东仍将选择在竞争激烈的国际市场中率先扎下物流的根，搭建全球智慧供应链基础网络，进而带动生态整体展现出更强的国际化生命力。

9.4　向更高更远处蔓延：升级生态系统竞争优势

北宋理学的奠基者之一程颐有言，"君子之学必日新，日新者日进也。不日新者必日退，未有不进而不退者。"君子之学如此，生态竞争亦如此。数字时代，平台企业面临着前所未有的竞争环境，行业态势和用户需求在时刻变化，只有不断创新升级生态系统竞争优势，及时把握市场需求，才能在海外市场立足，避免被淘汰的命运。

技术革新是生态系统竞争优势持续升级的第一推动力。随着云计算、大数据、人工智能、物联网、区块链等新技术的应用，平台治理规则将更加有利于使用新技术的互补者们。在这样的规则变更与支持下，将有越来越多更具技术含量的创新性互补产品出现，帮助平台生态系统建立起更为强大的资源基础，而这又会反向激励更好的互补者加入，从而增加现有产品蕴含的价值。不断扩大的资源基础和更大的外部性将促进平台得到更多用户的信赖，扩大生态系统的范围，这些广泛的用户数据又将进一步改进平台现有的预测算法，帮助平台更为准确地识别潜在的生态系统新成员。在这样的良性作用、相互促进下，现有的竞争优势无疑将会呈现螺旋式持续升级的态势。

平台包络策略是生态系统竞争优势实现持续升级的重要方式。包络就是将已经建立的平台生态系统的覆盖范围扩展到邻近的市场，美团不断开拓生活服务领域、进军出行业务，Go-Jek 在乘车服务中增加包裹快递和食品配送，都是平台包络的表现。如果能够充分利用现有用户群体的价值，在相关市场中达到用户临界数量，那么这一策略就会发挥价值创造的最佳效果。不过，这样的范围扩张往往需要平台模仿相邻市场中的先行者。虽然说起模仿学习总会让人联想到后来者、局外人和新兴企业，但事实上，市场领先的平台企业可能会选择模仿较新的产品和功能，抢占市场先机，并且利用原有市场的网络效应扩大生态系统竞争优势的范围，进而抵御本地竞争，动态升级竞争优势。

2012 年，滴滴为解决城市出行的痛点而起步。十年时间里，从出租车到网约车，再到智慧交通系统的开发，社会需求在发生变化，滴滴也在不断成长和学习。技术升级和平台包络策略，是滴滴跻身国内出行市场领军地位的秘诀，也是其进入国际市场的敲门砖。

谷歌人工智能产品 AlphaGo 在围棋大赛中战胜人类顶级选手一度引发热议，而人工智能技术在出行领域的应用探索，滴滴则走在世界前列。面对用户每天出行产生的海量数据，滴滴掀起了一场算法革命，把城市划分为可以无限细分的区域进行跟踪和计算，针对一个区域范围内的车主和用户进行多次路径规划，从中选择双方最优的匹配选项。

此外，滴滴还会根据原始数据和产生的二级数据进行研究学习，包括 ETA、路径规划、实际路线、匹配时间等，最终订单匹配效率大大提升，做到真正预测了司机和乘客的需求。

到 2016 年，对于一个具体区域来说，例如一个街区、一座大楼，滴滴就已经实现了提前 15 分钟预测动态供需，精准度高达 90％。

预测—干预—再预测—再干预。滴滴通过事前协调缓解区域运能紧缺，而非紧缺之后再通过价格杠杆事后处理，这就将滴滴同市面同类产品区分开来。

而滴滴的雄心显然不止于此。

2018 年的智慧交通峰会上，滴滴推出了智慧交通战略产品"滴滴交通大脑"，这一兼备云计算、人工智能技术、交通大数据和交通工程的智能系统，协助交管部门解决交通工具与承载系统之间的协调问题，为智慧城市的建设发挥作用。

技术升级的同时，滴滴还将平台包络的逻辑，向相关和非相关的产业延伸。

"滴滴交通大脑"让滴滴和全国 20 多个城市展开合作，通过人工智能和云计算技术实现实时数据流，并将交通流量测量、智能交通信号、交通拥堵分析、安全驾驶分析、智慧信号灯、交通引导系统、潮汐车道和公交调度系统等都包含在内。

2015 年，滴滴首次在内部提出"洪流"战略，希望在围绕乘客提供一站式出行平台的基础上，进一步建设围绕车主和汽车的一站式服务平台，最终成为面向未来的共享汽车运营商。

2018 年 4 月 16 日，滴滴汽车服务平台成立，"洪流"战略加速落地。

汽车租售业务（汽车开放平台）通过整合车源及金融等资源，为车主提供汽车租售一体化服务；加油业务为车主提供便捷优质的加油及基于油站场景的增值服务；维保业务为车主提供正品、优价、便捷的车辆维修保养服务；分时租赁业务以出行场景、流量、品牌及汽车解决方案为依托，为用户提供商业可持续的短时自驾租车服务……

在这个新成立的服务平台中，移动出行服务得到不断延伸，人、车、交通和生活方式互联互通、开放共享的生态圈正在加速构建。

不仅是交通方面，滴滴依托已经积累的平台用户，开始开展外卖业务，并且在无锡、南京、长沙、福州、济南、宁波、温州、成都和厦门首批上线滴滴外卖。

滴滴成功实现了生态系统竞争优势的升级，同时加快了国际化的步伐。这些都得益于在技术变革和产业延伸方面做出的努力，为其提供了关键性的优势。

"成为智能交通技术的领导者，并通过积极的国际化部署推动世界交通和汽车产业变革"，是滴滴发展的核心愿景。也正是因为滴滴在城市交通领域形成的领先的大数据技术能力、产品和经验，它所能带来的价值逐步获得东道国市场的认可。

从2018年开始，滴滴先后进入巴西、墨西哥、智利、哥伦比亚和哥斯达黎加五个国家的市场。拉美地区也成为滴滴国际化运营的主要部署地。

为什么选择拉美地区？近年来，这一地区的经济迅速发展，城市面积不断扩大，但是治安和基础设施建设等方面仍然比较落后，滴滴的加入正好迎合了这方面的需要。

出租车、网约车、拼车、共享汽车、巴士和单车，滴滴将这些产品互相打通，聚焦多元化出行，与公共交通体系互为补充，并逐步引入在中国研发的安全保障技术和司机服务体系，满足了东道国用户在城市里便捷安全地行动的基本需求，显著提升了当地的安全和体验指标。

基础出行方案之外，滴滴的交通电气化运营方案也得到青睐。

智利有全世界最积极的公共和私人交通电动化规划，滴滴则在汽车服务框架下拥有规模化的电动汽车资源，也开发出电动车充电服务网络，二者之间资源理念的匹配使得滴滴受到智利政府的欢迎。

在中国智慧城市建设过程中，"滴滴交通大脑"的卓越表现充分证明了滴滴始终投入大量精力到社会性服务中，并且也有能力辅助做好城市管理工作。皮涅拉总统对此高度评价，欢迎滴滴前往智利发展，参与智利交通转型项目，助力达到本地的智慧城市和交通电气化目标。滴滴参与东道国智慧城市建设，开展政企合作，也拉开帷幕。

作为全球连接出租车司机和企业最多的移动出行平台，滴滴拥有亮眼的业务表现。

滴滴也凭借着不断升级的竞争优势，参与到拉美智慧交通和可持续城市建设之中。

2019 年，滴滴国际版 App 获得 Google Play 评选的墨西哥地区"最具潜力应用"奖。在国际竞争中，滴滴从"局外人"向"领军者"不断努力，其更高更远处的竞争蓝图正在徐徐展开。

第 10 章

国际竞争场上的真实角力

现实场景的竞争远比想象中更残酷。谁能率先建立生态系统，谁就更可能占领国际市场的新高地。

可以想象威尼斯广场南面的古罗马斗兽场，历史上那是一个专供奴隶主、贵族和自由民众观看斗兽或者奴隶角斗的地方。人与兽之间进行的搏斗，生与死的问题就摆在面前。相比斗兽场，围棋看起来就像是一种很温和的游戏。然而，当一盘棋的输赢决定着棋手的生死，甚至是一个家族的命运的时候，事情的发展就会截然不同。竞争将会异常残酷。

企业竞争如同围棋博弈，它更残酷，也更真实。一子千钧，一步的重量可能决定了棋局完全不同的命运。在生态竞争场里，企业在合作的同时也面临残酷的竞争，尤其是在看不见的地方，竞争亦如厮杀。现实场景的竞争远比我们想象中更残酷。谁能率先建立生态系统竞争优势，谁就更有可能在国际市场上占有一席之地。

这是一个效率至上的时代，企业之间的竞争，比较的不仅仅是谁更强，"变强的能力"或者说持续变强甚至更重要。企业不仅要比较"发展的速度"，还要比较"发展的加速度"——在同样的时间中，谁能更快变强，又该如何推进这一进程持续加速。这是一个需要探索的永恒命题，即基业如何长青。

在真实的世界里，企业建立生态系统的过程绝不容易。它相当复杂，让企业面临更多的机会和路径选择，同时也带来更多的机遇与挑战。若想成功搭建一个生态系统，企业有很多事情需要做。很多时候企业家花费大量时间去研究如何把这些事情做好，也就是如何创建/管理一家高效能的优质平台企业。面对数字时代各种错综复杂的垂直场景，我们不禁会问：企业如何有效参与生态竞争，有没有一些通用的原则或普适的规律可供借鉴？

生态竞争强化了适者生存的丛林法则，新旧更迭空前提速。一批企业逐渐淡出人们的视野，一批批企业又逐渐涌现出来，数字时代为生态竞争提供了偌大的管理实验室。中国本土市场也经历了一场场波澜壮阔的激烈竞争。很多事情回头来看，让人不禁感慨良多。

2002 年，eBay 进入中国市场，之后市场份额从 70％下滑到 2007 年的不足 10％……

2005 年，MSN 正式进入中国，曾经一度在商务用户的市场份额高达 53％，后来在 QQ 的攻势下节节败退……

2014 年，优步进入中国市场，与滴滴多次正面交锋，其中国业务最终于 2016 年被滴滴收购……

2015 年，全球最大的短租平台爱彼迎进入中国，出现为期 2 年的萎靡不振，各项指标表现不佳，痛定思痛，于 2017 年第一次确定了本土化名称，决心深耕中国……

在中国市场，具有先发优势的 eBay 没能战胜淘宝，曾经风靡一时的 MSN 在和 QQ 的竞争中跌下神坛；相较于滴滴和途家，国际平台巨头优步和爱彼迎逐渐陷入困境。eBay 和 MSN 也曾经非常努力，它们拥有自己的优势，比如 MSN 背靠微软，eBay 也拥有强大的收购能力、业务能力，但这些并不一定能成为生态竞争中的核心竞争力——至少从结果来看，这些并不能帮助它们击败对手。

一批批国际互联网巨头折戟中国市场，遭遇水土不服。与此同时，一大批优秀的本土企业纷纷崛起，阿里巴巴、腾讯、百度、京东、美团……现象的背后浮现了一些一般法则的蛛丝马迹——定制化、敏捷性、协同化和生态化。只有揭开生态竞争的面纱，我们才会懂得如何在真实情景下进行决策和实践。

10.1　走向本土化的道路：淘宝 vs eBay

10～15 年后，我认为中国将成为 eBay 在全球最大的市场……中国具有巨大的长期潜力，我们会尽一切努力保持第一的位置。

——eBay 前首席执行官梅格·惠特曼（2004 年）

第 19 个

轮到第 19 个了。

惠特曼正坐在美国加利福尼亚州的办公室里。墙上挂着一幅世界地图，她看着地图上的 18 个标志。几分钟之前，太平洋岛屿上的一个标志暗淡下去了，孙正义挥舞着软银的大棒打碎了 eBay 占领日本线上交易市场的梦想。惠特曼摇摇头，没再看那里一眼，把目光投向了旁边那片幅员辽阔的土地——中国。

彼时，eBay 是世界上最大的线上交易平台，互联网 C2C 行业的全球引领者，最成功的互联网公司之一。这时，它用 1.5 亿美元现金，收购了中国最大的线上交易平台易趣，以迅雷不及掩耳之势打入中国市场。

惠特曼知道，中国有自己的本土特性，但是在她眼里，19 这个数字更有特色。

eBay 计划利用自己的全球能力，展开第 19 次竞争。正如之前和对手的每次竞争一样，惠特曼把决策权集中在自己身边，在美国远程操纵着 eBay 中国的一举一动。2003 年 7 月，郑锡贵被聘任为首席财务官。这是一个在中国出生并长大的美国高校毕业生，在 eBay 总部、eBay 韩国有五年的工作经验。2003 年 8 月，eBay 德国的一位高管被任命为 eBay 中国的首席运营官。

eBay 通过多种方式改变中国业务，使其与 eBay 的全球系统保持一致。为了方便整个全球平台的维护，eBay 中国的服务器从中国搬到了硅谷，网站的维护工作主要由 eBay 加利福尼亚总部的工程师完成。为了符合母公司定价，eBay 中国在定价策略上进行了大力调整，易趣开始对上市商品收费。在列表分类、界面风格和技术方面，eBay 中国都发生了重大变化。

易趣被改造成为 eBay 标准世界计划的一部分。惠特曼又一次出色地完成了计划。中国融入了 eBay 全球的大生态系统中，这正是她想看到的。

2004 年 11 月，郑锡贵继任首席执行官的职位，这个有着优秀美式思维和全球工作经验的年轻人，将成为惠特曼在中国的得力远程助手。

交易亭

在 20 世纪与 21 世纪之交的中国，有着很多像如下情景的平凡的周末：在上海市一家低层建筑大厅里，大约 200 人或在进行商品交易，或在使用大厅内提供的数码相机、扫码仪和电脑，把自己的商品照片上传到一家名为易趣的交易网站上。

这一段时间里，易趣是中国最大的线上交易平台，并且快速成长着。到 2001 年中期，它已经占据了中国互联网 C2C 市场 90％的份额。

但是，自 1999 年 8 月易趣成立以来，有一个问题一直困扰着这两个年轻人：用户不愿意在线上完成交易。无论是因为线上支付的复杂操作，还是因为对线上支付的不信任，大多数客户只是在线上进行沟通和谈判，再约定具体地点，线下交换商品。

易趣的管理层决定支持这种特殊的交易模式。于是，在世纪之交的一段短暂时间里，北京、上海等城市出现了这种名为"交易亭"的建筑。一个典型的交易亭可以容纳几百人，主要的功能就是进行线下交易，同时支持易趣网用户的商品注册上传。但是，交易亭只存在了短短两年时间。1999 年年末第一家交易亭建成，2001 年年初最后一家交易亭拆除，连一点儿踪迹都没有留下。

2000 年 6 月，为解决支付信用问题，易趣建立了货到付款系统，与快递公司合作，由快递公司充当收付款的代理。它又和四大银行合作，鼓励用户使用信用卡。之后，易趣的消费者数量有了一次显著的提升。

2001 年 8 月，易趣决定向卖家收取上货费用。这时，易趣成立满两年，提供的所有服务都是免费的，唯一的收入来源是网站上的广告。这个决定是为了提高公司未来的融资能力。然而，交易数量大幅下降。

易趣一次又一次尝试着新的动作。这时的中国市场，大约流通着 2 500 万张信用卡，占消费者支出的 1％（美国约为 25％）。一切都在起跑阶段，中国的互联网用户正在急剧增长，同时带动网上购物市场的飞速扩大。接下来的 6 年里，中国的互联网用户数量从约 3 400 万急剧攀升至 2.1 亿，网上购物消费规模从 6 亿元增长到 561 亿元。未来一片光明，21 世纪 C2C 将有着未知的广阔前景。但是，有一些事情也悄悄浮出水面：

21 世纪初的在线交易行业，**最不能接受的是服务收费，最难以解决的是信用问题，最需要满足的是买卖沟通。**

工蚁

相对于 eBay 进入中国的大张旗鼓，淘宝的上线是悄无声息的。甚至，在上线之后的两个月里，淘宝和阿里巴巴的关系处于保密状态，很多阿里巴巴的员工也不知道。

淘宝采取了一种不同于 eBay 的方式竞争。尽管 eBay 在其他国家取得了巨大成功，但它在中国面临的战争将带来新的挑战。马云非常自信，他说："eBay 是海里的鲨鱼，而我是长江里的鳄鱼。如果我们在海里战斗，我们会输；但如果我们在河里战斗，我们会赢。"

淘宝和 eBay 的实力差距悬殊。上线后，淘宝选择了工蚁的标志作为自己的吉祥物，寓意团结起来，奋战到底。

一只互联网工蚁和一头互联网巨鳄开始了角力。

历史的走向与 eBay 所想大相径庭，以至于让我们今天回看这场实力悬殊的比赛，也不禁发出感叹。2005 年，仅仅在两年之后，eBay 的中国市场占有率竟下降到不足 40%，而名不见经传的淘宝，已经占有了近 60% 的客户（见图 10-1）。当 eBay 还在进行自己的宏伟计划时，发现这片世界上最重要的土地已经脱离自己的控制了。淘宝与 eBay 之间展开了一场时代性的市场大战，并且大获全胜。2006 年，eBay 退出中国市场。

回看 2003 年到 2005 年，淘宝做了三件大事情：首先，在成立时，宣布 3 年内面向所有用户不收取费用；5 个月后，推出第三方支付工具支付宝，以"担保交易模式"使消费者对淘宝网上的交易产生信任；在

8个月后，将即时聊天工具和网络购物联系起来，推出阿里旺旺。

这并非什么惊人的决策。凭这几件事，它就能创造一个奇迹吗？

2003年12月1日，淘宝网的办公地址从杭州市文二路391号西湖国际科技大厦，迁址到文三路478号华星时代广场。从这一刻起，它开始了飞速发展。按照马云的话来说："湖畔时代结束了，华星时代正式开启。"正是这几项决策，使马云开启了一个崭新的时代。

这背后隐藏着什么惊人的成功秘诀？回望历史，这些决策都呈现了着一种朴素的共同特性——本土化定制，即走本土化路线以适应本地市场。

在淘宝成立之初的那段时间里，eBay使用的是传统的收费模式，卖家每上线一件商品，就需要缴纳1元到8元不等的登录费。"收费"是eBay的核心原则，但是它仿佛并没有意识到，在中国市场里，这两个字会对消费者，尤其是新用户，带来多大负面的影响。

马云是知道的，他决定反其道而行，承诺3年内面向所有用户不收取费用。这并不是一个简简单单的决定，淘宝先是从软银之类的几家机构拿到8 200万美元注资，之后又找来雅虎，拿到了10亿美元，这才使得免费模式得以继续。

免费固然给淘宝带来了很大的挑战，然而，这使得中国消费者体验新事物的成本降到了最低，一下敲开了新的市场大门。在淘宝说出了"免费"二字之后，对于eBay的用户而言，免费与收费二者在他们眼中，不再是前者带来了额外福利，而是后者榨取了自己的利益。淘宝代表了正义，而正义与民心，远远超过了"先来后到"的先发优势。

的确，中国市场有一个显而易见的消费习惯：一千元可以花，一元必须省。即使是今天，对于一件价格100元而需要支付6元运费的商品，很多人也会表示出不愿意。他们更愿从另一家店铺购买一件价格高出 10 元的同样商品——只要这家店铺能够提供免邮费服务。显然，大部分消费者自己也没有意识到这件事，然而，消费者对邮费的排斥，确实超出了 eBay 的估计。

21 世纪初的中国在线交易行业，**最不能接受的是服务收费，工蚁提供了解决方案**。

淘宝为了获取用户数量，几乎押上了自己的一切。即使用户尝试网购这种新鲜事物的成本已经降到了最低，但风险还是没有下降，这还不足以让他们放心地把钱交给网上的陌生人。

与此同时，在 2002 年，强大的对手 eBay 已经斥资 15 亿美元合并了 PayPal 公司，并拥有了一套领先的安全支付流程，美国消费者对此表现出了非常欢迎的态度。如果淘宝再不行动，PayPal 将踏进中国市场，把淘宝好不容易得到的用户生生夺走。在劣势与威胁面前，2003 年 10 月，阿里巴巴推出了自己的支付工具——支付宝。

支付宝为交易双方提供了安全的支付环境，有效解决了很多用户"网上买东西不放心"的顾虑。然而与此同时，另一边的 eBay，也许是正在专注于对 PayPal 的合并与支付流程的研发，并没有及时意识到用户如流水般转向了淘宝。

机会稍纵即逝，2005 年，支付宝日均交易量达到了 1 万笔。一年后，这个数据已经增长到了 50 万笔。2006 年，中国 C2C 总体交易额 230 亿元，淘宝以 65.2% 的市场份额位居第一。eBay 的客户则一去不复返了。eBay 最终退出了中国市场。

21 世纪初的中国在线交易行业，**最难以解决的是信用问题，工蚁提供了解决方案**。

淘宝成功的因素不止这些。淘宝推出自己的在线聊天工具阿里旺旺，这既是买卖双方的沟通工具，也是纠纷解决的凭证，还能够有效地提升用户体验。

然而，直到今天，eBay 也没有此类创新。如果想要和卖家进行沟通，即使只是一两句话，买家也只能在商品页面右边的"卖家信息"下，点击"提问题"或发信息，给卖家留言，或者通过添加卖家的MSN 账号得以联系。在今天的中国线上购物市场，买家与卖家存在着巨大的沟通需求。

许多线上购物公司为了简化一点点的购物操作流程，都能够下狠心投入大量的资金，却忽视了消费者沟通的基本需求。消费者和卖家沟通，最需要的是"快"和"放心"，因此淘宝并没有花大力气打造简洁、先进、美观的聊天页面。这是实践给出的正确答案。

21 世纪初的中国在线交易行业，**最需要满足的是买卖沟通，工蚁提供了解决方案**。

从 2005 年开始，eBay 中国业绩持续下滑，这让许多人对其标准化战略产生怀疑。

eBay 中国前战略规划主管沈晨岗抱怨道："由于这项服务现在是在加利福尼亚州圣何塞的全球平台上运行，如果我们必须增加一项新功能，需要几个季度，而不是几个月。淘宝在回应用户方面更灵活、更快。"邵亦波后来也附和了这一观点，他表示，eBay 全球平台的复杂性严重拖累了其中国业务的决策速度。他声称，以前易趣 9 周就能做出的决定在 eBay 中国变成了 9 个月。

集中化也损害了 eBay 中国的技术表现。一位业内人士解释说，eBay 全球通常在周四午夜维护其服务器，以便更好地为周五的流量高峰做好准备。但硅谷的周四午夜是中国的周五下午。因此，eBay 总部的定期服务器维护恰逢 eBay 中国本周最繁忙的时刻，导致了性能问题和客户投诉。eBay 中国曾试图与 eBay 总部协调制定不同的维护时间表，但没有成功。

　　eBay 知道，有必要对其中国业务进行改革。2005 年 9 月，微软中国区首席营销官吴世雄接替郑锡贵的位置。这时，吴世雄已经在几家国际 IT 公司的中国运营部门担任高级主管，包括莲花（Lotus）、英特尔和微软。他迅速启动了 eBay 中国的几项战略调整。2005 年 12 月，该公司停止向在线商店收取维护费。一个月后，它也取消了交易费。两个月后的 2006 年 3 月，eBay 中国与中国最大的电子产品连锁企业永乐电子建立了合作伙伴关系。根据协议，易趣网将成为永乐的独家网上商店。

　　但随着 eBay 中国的业绩持续下滑，2006 年 9 月，PayPal 中国首席执行官廖秀冬接替了吴世雄的职位，他继续领导 PayPal 中国和 eBay 中国。2007 年，易趣与 eBay 的全球平台完全隔绝，只能在中国进行国内交易。同样在 2007 年，PayPal 从易趣网站上撤下，只剩下安福通作为易趣网站上唯一的在线支付服务。

　　我们听说过各种卓越的企业战略、管理思想和运营模式。这些内容让管理者显得智慧、高大。但我们很少去思考：这些关于公司管理的珍贵想法，能否像秘籍一样，做成锦囊，任身在何地，拿出便有妙用？换句话说，有没有一种企业的运营思维宛如一种完美无瑕的珍宝，让每一个地方、每一种文化里的人都为之沉醉，愿意成为其忠实的消费者？

　　事实给出了否定的答案。真实的案例一次次向我们证明：在一种文化中成功的企业，到了另一个地方，面对一种全新的文化环境，它的成功经验并没有多么好用。反之，一个巨大的企业离开了自己生长的土壤，来到另一个地方发展，可能被当地一个名不见经传的小公司，用一种不起眼的运营方法打败。

　　强龙难压地头蛇。面对国际化，不同的文化之间，顾客的需求与顾虑千差万别。一个企业在美国成功实践的方法，到了亚洲，到了中国，会不会就失去了竞争力，反而成为被淘汰的原因？在巨大的国际竞争场上，没有先来后到的礼仪之说，谁能快速抓住需求，针对需求进行本土化，谁就能占得先机。国际竞争场上的成王败寇，并不是在说强者就能掌握真理，而是说胜者头脑里的那些运营思维，就是在此时此地恰合民心的真理。

在生态竞争的大环境中，企业不进行本土化是不能存活的。然而，仅仅是拥有了本土化定制能力，也不一定能够安稳地存活。谁的本土化做得快、做得好、做得没有失误，谁就是胜者。做得慢的、做得没有人家好的，即使能够进行本土化，也没有多余的消费者需要它的服务，最终只能被淘汰。

中国的经济和社会结构呈现多层次，用户需求高度多元化。中国互联网环境侧重应用驱动型创新，企业在竞争环境下需要挖掘中国特色需求，针对需求进行精准定制化。

淘宝与 eBay 的竞争，已经是十几年前的往事了（见图 10-1）。

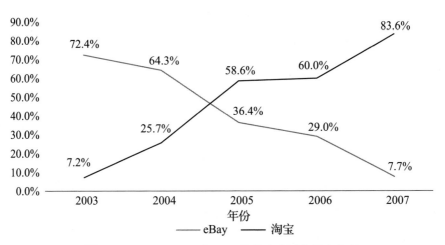

图 10-1　2003—2007 年 eBay 和淘宝中国市场占有率

现在回看当初，诸多方面，可以说 eBay 成为淘宝的探路灯，eBay

成就了淘宝，也最终被打得一败涂地。在 eBay 退出中国市场之后，淘宝开始了新的旅程。2008 年，阿里巴巴股价下降到 IPO 时的 1/3，2012 年退市摘牌。2014 年，阿里巴巴在美国上市，创造了美国股票市场上最大 IPO 事件。同时，淘宝作为 C2C 业务，与 B2C 业务淘宝商城（后易名"天猫"）、一站式购物搜索引擎—淘网，共同构成阿里巴巴平台生态系统，并坚定地向生态企业发展："我们不追求大，不追求强；我们追求成为一家活 102 年的好公司。我们旨在构建未来的商业基础设施。我们的愿景是让客户相会、工作和生活在阿里巴巴。"

　　法则一：定制化——平台企业需要在竞争环境下针对本土市场需求进行本土化定制。

10.2　迅雷不及掩耳：QQ vs MSN

　　我们即将看到的事情，发生于 21 世纪初，距人类发明电报约 170 年，发明电话约 140 年。

　　这时，人类已经摆脱了原始的人力通信方式，熟练掌握了以电话机为代表的电子通信技术。1984 年，马丁·劳伦斯·库帕（Martin Lawrence Cooper）发明了人类历史上第一代移动电话，"大哥大"开启了无线移动时代。1992 年，IBM 发布了全球第一款智能手机 Simon Personal Communicator，它在当时的价格是 899 美元，几乎比 16GB 的 iPhone 4 的发布价贵了一倍。它宣告了世界上第一款全触屏智能手机的诞生，奠定了现代智能手机发展的道路。自此，人类的通信技术注定与互联网要联系在一起。

　　在互联网快速发展的背景下，人们发明了一种全新的通信方式——

网络即时通信。这是一种通过互联网在用户间即时发送和接收消息的技术。虽然在今天看来是再普通不过的一件事情，但是在20多年前，当人们对互联网还处于半陌生状态的时候，这项发明绝对称得上让人意想不到。此时此刻，中国正处在网络即时通信的早期，手机仍未在大众中得到普及，即时通信软件的用户少之又少。网络即时通信应用，大部分服务于以商务人士为代表的精英群体。

1996年，三个以色列年轻人维斯格（Vigiser）、瓦迪（Vardi）和高德芬格（Goldfinger）聚在一间小屋里，决定开发一种使人与人在互联网上能够快速地直接交流的软件。

没过多久，七片绿色花瓣和一片红色花瓣组成的公司标志，在三个年轻人的手指上诞生了。他们给公司起了一个名字——ICQ（即"I seek you"，中文"我找你"）。ICQ支持在互联网上聊天、发送消息、传递文件等功能。市场需求大，软件的使用用户快速增长，6个月后，ICQ宣布成为当时世界上用户量最大的即时通信软件。在第7个月的时候，ICQ的正式用户达到100万。1998年，ICQ被美国在线以4.07亿美元收购，此时其用户超过1 000万人。

这个时候，28岁的深圳大学计算机系毕业生马化腾刚刚开始了自己的新一次创业，在深圳创立腾讯计算机系统有限公司，为中小企业搭建无线网络呼寻系统。马化腾看见了ICQ营业模式的成功，顿时产生了极大的兴趣。ICQ没有中文版本，因此在中国只有一小部分人士能够使用。假如自己开发出一个中文版的ICQ，那么会不会成为一件爆款的产品？

于是，马化腾领导腾讯公司抓准时机，开通了即时通信服务，取名为OICQ。不久，马化腾受到美国在线公司的侵权控诉，在半年后，他将OICQ易名为QQ。

　　然而，1999 年 7 月 22 日，QQ 的用户注册数还没有到 5 万人的时候，一件马化腾极不愿意看到的事情还是发生了。互联网巨鳄微软旗下的 MSN（Microsoft Service Network）也推出了即时通信服务。含着金汤勺的 MSN Messenger 横空出世，上线仅仅 6 天，就有 70 万用户注册。MSN 的背后，是市值已经达到 5 830 亿美元的科技巨头微软；而 QQ 背后，只是一家小小的寻呼系统服务商。QQ 使出全身力气，又 4 个月过去了，用户量刚刚达到 6 万。

　　在最早的一段时间里，ICQ 垄断了中国市场。但是，因其过于复杂的操作和纯英文页面，用户只局限在了很小的一部分人群。到目前为止，中国网络即时通信行业的主要竞争者里，ICQ 不再是那个举足轻重的人物。ICQ 仿佛并没有想占领中国市场，对于中国市场提出的种种需求，没有做出任何回应。但 QQ 和 MSN 不同，接下来的新世纪里，互联网巨鳄和中国本土的小企鹅，展开了一场惊人的实力悬殊的交锋。

　　较量在迅雷不及掩耳之势下展开。

　　● 起始。二者实力悬殊，差距日渐增大。2001 年 3 月 16 日，根据 Media Metrix 公司的统计，MSN Messenger 在世界上有 2 950 万使用中的用户。这时的 MSN 还没有宣布进入中国，但是其简洁与精英的风格早已收获了大量商务人士的青睐，甚至连蓝色的 Logo 小人，也如同一种格调般存在。

　　● 发展。MSN 似乎并没有把中国市场看得很重，它首要的目标市场是欧洲和美洲。在这段时间，QQ 迅速成长。2001 年 2 月，QQ 在线用户成功突破 100 万。2002 年 3 月，突破 300 万。QQ 在中国市场显示出了强大的生命力。

　　● 转折。2005 年，MSN 进军中国，没做任何宣传，迅速吸引千万注册用户。没有任何的宣传和本地化支持，MSN 轻松占据中国即时通信市场的 10%，位居第二。同时，MSN 将使用群体定位在高端商务人士，而目标用户人数超 1 000 万。

● 意外的结局。让我们深感惊讶的是，到 2006 年，MSN 中国市场的用户少之又少，已经完全不是 QQ 的对手了。实际上，MSN 进入中国市场不到半年，就进入了停滞状态，蓄力待发的 QQ 抓住了时机，一步步地取得了胜利。

历史存在许多巧妙的转折。关于 QQ 与 MSN 之间的竞争，我们可以发现一些有趣的地方。QQ 的惊人成功大部分源于一列魔幻的数字：9，6，5，4。

2014 年 10 月 31 日，微软总部宣布 MSN Messager 正式退出中国市场。中国地区的 MSN 用户部分转移到 Skype 上，剩下的用户更多开始使用 QQ 和微信。进入中国市场 10 年，回望历史，MSN 好像总是比 QQ 慢了一拍。

离线消息功能，MSN 比 QQ 晚推出 9 年。

群功能，MSN 比 QQ 晚推出 6 年。

大文件传输功能，MSN 比 QQ 晚推出 5 年。

网络硬盘功能，MSN 比 QQ 晚推出 4 年。

MSN 有着明显的漏洞，但漏洞修复速度和更新速度都非常慢，甚至被用户吐槽"万年不更新"。每一个 MSN 用户几乎都能细数出其不足之处：传输文件困难、大文件传输中断可能性高、群功能薄弱，基础功能不足，附加功能极少。这么多的缺点不加以及时改正，怎么看也不像是一家能够成功的公司所做的事情。由于更新频率低，难以跟上时代的步伐，MSN 曾经的竞争力慢慢开始演化为拖后腿的制约因素。

同时，MSN 与用户隔离感很强。MSN 不能有效感应到用户的真正需求，用户面临着"有苦无处诉"的困境。在需求飞速变化的互联网时代，能否快速响应需求决定着用户是否继续使用一款软件。然而，作为微软公司附属业务的 MSN，用户反馈在层层的传递中耗尽了时间，并且难以受到公司高层的重视。微软具有强大的实力，然而 MSN 作为一个价值不大的业务模块，反被耽误了发展。

在成立之初，QQ 被认为只适合青少年学生群体；对成年人来说，QQ 功能太过于花哨、太过于青涩。然而，在真正使用之后，人们却发现许多惊喜，比如离线文件发送、邮箱快速收发大容量邮件、通过手机能在第一时间获取邮件信息等。由于 MSN 的种种问题，当人们不得不抱着尝试的心理转向 QQ 时，却因为这样一个契机，真正被 QQ 的方便性吸引住。是 MSN 把自己培养出的依赖于即时通信的用户，拱手转让给了 QQ。

易观智库（EnfoDesk）发布的《2012 年第四季度中国 IM 市场季度监测》显示，2012 年第四季度中国移动 IM 市场累计账户数市场份额中，占比前三的应用和份额分别为手机 QQ 36.59％，微信 25.89％，手机飞信 19.93％。第五位手机 MSN 仅占 4.46％。由此可见，不仅仅是 QQ 与 MSN 拉开了差距，后来者也都凭借清晰的功能定位和成功的商业运营走上了差异化成长的道路。

经过几年的竞争，曾占有绝对优势的 MSN 到 2008 年时市场份额已经降至 4％，2012 年用户数仅剩 4 500 万，面对 QQ 上亿的用户，MSN 在中国市场已无力回天。

或许最初的时候，马化腾从来没想过要超越 MSN。又或许，MSN 从未渴求占有中国的市场。但我们能够从中看到，快速响应市场的能力，确实是一项重要的成功秘诀。在生态的竞争场中，无论你拥有多少用户，他们想要离开，只需要轻松地下载一个新的 App，甚至不需要注册新账户。

　　QQ 在与 MSN 的市场争夺中胜利了。但是我们也能看到，自 2011 年推出以来，由于简洁的风格、扫码功能的更新等一系列因素，微信已经渐渐追赶并成功超越了 QQ，成为中国即时通信市场的霸主。在 QQ 与微信的竞争中，市场响应能力起到了关键的作用。

　　很多人把 QQ、微信的成功归结于平台经济中的网络效应。任何一个企业都不能认为网络效应是一把万能钥匙，如果没法快速满足新生需求，用户流失也是弹指之间的事。用户的新生需求不断被满足，当平台企业对这件事达成共识的时候，那就是"唯快不破了"。

　　在 QQ 与 MSN 的一场网络即时通信的"远古战争"中，QQ 因为快速响应而获胜。

　　国际舞台上的竞争虽然少了些"先来后到"的礼仪之态，却应验了亘古不变的箴言："先下手为强"。谁能快速响应市场，谁就能吸引新的客户，从竞争对手手中分流客户。市场产生了新的需求，这些需求不会像大字写在半空中，因此，敏锐的嗅觉就成为企业竞争中的重要一环。

　　市场的竞争会使顾客的需求被无限满足。或是将简单的页面变得丰富，或是将复杂的操作变得简洁，市场的需求可能让企业开辟一块自己从未涉足的领域，也可能要求企业将自身的核心业务不断淡化，甚至要求企业颠覆自己现有的目标和方向。

　　只要一个人的手机里不想塞进超过三个同样功能的 App，那么在浩瀚如海的应用市场中，就会有大量的竞争、胜利、驱逐和淘汰。尤其在即时通信领域，一个人是否坚持成为一家企业的用户，更多的不取决于他自身的喜好，而是取决于他身边的人的选择。

　　QQ 比 MSN Messenger 早推出了半年，赢得了市场；微信比 QQ 晚推出了 12 年，同样赢得了市场。生态竞争中"赢者通吃"一直被奉为宝典，但缺乏敏锐的嗅觉和敏捷的组织响应也会使来之不易的先发优势丧失殆尽。

　　法则二：敏捷性——平台企业需要在竞争环境下针对本土市场需求进行快速响应。

10.3　线上线下唱双簧：途家 vs 爱彼迎

　　2015 年 8 月 19 日凌晨，罗军拿起手机，屏幕上显示出一条太平洋彼岸的快报：爱彼迎宣布正式进入中国，作为战略合作伙伴，红杉资本（Sequoia Capital）和宽带资本（Broadband Capital）一同而来。

　　"终于还是来了。"全球最大的短租民宿平台进军中国市场，媒体迅速聚焦在了罗军身上。

　　这时，罗军的手里掌握着一颗中国短租民宿市场中冉冉升起的互联网明星——途家网。由于二者几乎相同的模式，途家一直被看作中国版的爱彼迎。

　　在 19 日上午的采访中，途家创始人罗军透露，公司刚刚完成了 3 亿美元的 D 轮融资，由全明星投资（All-Stars Investment）领投，雅诗阁（Ascott）及现有投资方等跟投。完成这轮融资之后，途家网的估值一跃超过 10 亿美元，罗军表示，途家下一步将把重心放在开拓海外市场上。

　　爱彼迎终于还是来了。

　　在最初的一段日子里，爱彼迎并没有什么大动作。它在中国只有约 30 名员工，剑指中国出境游市场，主要吸引国内游客前往海外居住。但是，中国巨大市场所发出的吸引力，让每一个企业管理者根本无法忽视，爱彼迎很快看到了这种潜力。中国游客在海外使用爱彼迎的数量大幅增加，本土的房屋共享应用繁荣发展。马上，爱彼迎决定拓展中国本土业务。

作为服务型平台企业，爱彼迎通过联系旅行者和有空房出租的房主，提供在线短租的房屋。它的公司简介中写道：你可以从个人的手中租住一间房屋，而不是从一家酒店中租住。爱彼迎与传统酒店所不同的地方，就在于强调房主与租客的交流，注重用户的体验感，给用户"家"的感觉。爱彼迎团队的规模相当小，也不介入住户和房东管理。房东只需要在平台上注册登记，就可以出租自己的房屋。这种纯线上的特点，让爱彼迎减少了太多负担，给它带来了专心研究服务与业务升级的空间。

但是，爱彼迎在中国的发展并不顺风顺水。固然，进军海外会带来诸多的挑战，但是对于这样一家在全球拥有数百万套房源的行业巨头来说，它的步伐明显显示出了非比寻常的艰难。在这背后，似乎有另一种看似并不重要、容易被忽视的东西，给途家带来了很大的优势，给爱彼迎带来了很多坎坷。

爱彼迎一直采取的是纯线上的经营模式，将自身严格定义为"民宿出租信息发布平台"。作为 C2C 平台，仅线上撮合，对接租客与住客，不深度介入对用户入住体验的管理，并且一直坚守着这一点。在这种管理思想的指导下，进入中国最开始的一段时间中，爱彼迎决定不在中国设立总部。

而途家恰恰与之不同。途家采用线上线下结合的模式，自行管理经营大批民宿，替房东做了许多烦琐的工作。无论是房客退房后的清洁打扫，还是租房用品的补货，抑或是大门智能锁的安装等，途家都会帮房东来做，这些琐碎的生活小事，从表面来看，占用了途家不少的人力、物力和财力。途家不仅仅是一个平台，更像在担任一个住房管家的角色。

途家还有两项创新。在房源上，途家和房产开发商合作拿下房源做托管并出租。同时，它还完善了自己的线下服务体系，全方位管理用户入住，为房东提供专业的短租民宿保洁服务，提供门锁安装、保险等服务。

途家的口号是"让不动产增值，与家一起旅行"，愿景是"帮助业主更好地管理异地不动产，使旅行者享受家一般的旅途"。相比于爱彼迎所注重的"家"，途家的理念更偏向于"家＋管理"，是情感与服务的结合。

对于爱彼迎来说，人力资源就是平台上的房东。但是，途家有庞大的人力资源体系，它的团队规模是早期爱彼迎团队的近百倍。在途家网，用户可以享受到特别的不动产管家服务。它提供了各种专业的家政人员、厨师、司机等，以保证用户享受到五星级酒店的待遇。

从"线上线下"这个角度来看，爱彼迎像是"纯线上"的代表，而途家更像是"线上＋线下"的典型。

李开复在《AI·未来》里用"轻磅"和"重磅"讨论了它们的区别。爱彼迎代表着"轻量模式"，是一家纯粹的民宿出租信息发布平台；途家代表着"重量模式"，它自行管理经营大批民宿，代替房东做了许多烦琐的工作，从房客退房后的清洁打扫，到租房用品的补货，这些都是爱彼迎所不曾做到的事情。

李开复说：这些愿意以重磅——花钱、管理劳动力、提供跑腿、建立规模经济——经营的企业，虽然面临更大的挑战和压力，但是它们改变了数字经济的运行逻辑，改变了实体经济的运行方式。

同时，它们也在生态竞争时代改变了自己。

二者的竞争没过多久，爱彼迎就发现了一股力量正在阻碍着自己。

由于在中国没有总部，爱彼迎联合创始人纳森·布雷查赛克（Nathan Blecharczyk）负责中国业务。这位公务繁忙的首席战略官为了管理中国的 140 名员工，需要每个月一次从旧金山跨太平洋飞到中国来。往返的行程带来疲惫，文化差异更是带来挑战。学了一个月的中文之后，布雷查赛克面对复杂的中文发音，决定停止尝试。他放弃了之前的倔强，认真地说："我确信我们会在中国找到一位优秀的领导者。"

爱彼迎明白作为海外企业进行本土化的重要性，也制定了充分的本土化战略。2017 年，公司推出了中文名称——"爱彼迎"，寓意"让爱彼此相迎"。同时，它允许游客用微信登录，还可以使用支付宝付款。爱彼迎严格遵守与酒店相同的规定，支付各种税费，并且很看重与地方政府的合作，曾经花了整整两年的时间与桂林市政府展开接触。桂林市旅游发展委员会主任罗建章说，他希望把桂林推介给世界，很看重爱彼迎全球化网络的作用。

同时，爱彼迎在中国也使用了雄厚的资金，和本土对手展开竞争。途家花大量资金推广、打折和宣传，爱彼迎就也用大量的投入来做推广。爱彼迎招募了数百人，帮助其进军中国和整个亚洲市场。

但是这一切努力并没有达到理想的效果。中国的房屋共享市场与欧美有所不同。随着房地产热潮催生了大量的空置公寓，中国的短租民宿企业快速发展。但是，中国的房东更愿意把空着的房子租出去，而不是让陌生人住在自己的房子里。爱彼迎所提倡的房东和租客近距离接触，增加文化体验，是在中国市场相当难以实现的一个愿望。

爱彼迎将自身定位成线上平台，不拓展线下业务。这在美国和欧洲非常流行。但是，在中国，完全不同的环境，爱彼迎一下感觉到了力不从心。很多事情没办法解决。就算制定了战略，也没有线下团队将战略进行落地。爱彼迎很看重中国市场，也投入了大量资金。布雷查赛克不肯透露该公司在中国市场的花费，但他表示数额已经高于其他海外市场的花费。

股市提供了答案，途家股价的增长速度达到爱彼迎的 3 倍。

到 2019 年，途家的海内外房源已经超过了 150 万套。爱彼迎虽然在全球有超过 600 万套房源，但是中国只有 15 万套，排在木鸟、美团、小猪之后。

从 2017 年开始，爱彼迎也改变了自己的经营模式，开始拓展线下领域的业务。不仅如此，国内几大短租民宿预订 App 都不满足于线上的经营而做起了线下服务。爱彼迎有"悦管家"保洁服务；美团民宿有"美团管家"；小猪干脆将"无忧入住"计划和"小猪管家"进行升级，发布业务品牌"揽租公社"，为房东提供涵盖设计、软装、保洁、商城、物联网设备、智能化管理等环节的经营解决方案。2018 年，爱彼迎引入第三方线下服务供应商，为房东提供增值服务，开始打造自身的线下生态体系。

现在，短租民宿的线下服务领域还存在着许多问题。价格过高、吸引力不足、质量不达标……房东对于保洁服务的要求一是省钱，二是效率，三是质量。现在，这几家企业还很难满足房东们的需求。

有些时候，途家、爱彼迎的决策会受到质疑：民宿平台发展线下服务，抓不住房东的心，对房东能有多大吸引力？但是，这更能告诉我们拓展线下领域的重要性。

罗军曾在公开场合说，短租市场房源可以个性化，但服务和运营要有标准流程。线上线下整合是未来的趋势，线上线下协同将给企业带来新的思考。无论是线上平台还是线下服务，企业的决策都应该紧紧围绕着"让用户更满意"。

他举了一个例子：假设一家老小要在一个房子度假，在出发前一天，你跟他说"这里的气温 22℃"，这什么意义也没有。在客人的眼中，你应该有点像远方的叔叔一样跟他们说："你来我这里玩呀，春天多雨，有点冷，我们这里穿夹克了。雨伞不用带，我们这里备着伞。"

"这样的服务，他的逻辑不是简单地看你是做线上还是线下。"

法则三：协同性——平台企业需要既能够进行线上运营，又能够管理大规模的线下运营团队，线上线下协同以适应不同的市场发展阶段和基础环境。

10.4 生态系统谋出路：滴滴 vs 优步

优步于 2009 年在美国创立，因旗下同名打车 App 声名大噪。在几年的发展中，快速覆盖了全球 70 多个国家和地区的 400 多座城市。2014 年 2 月，优步宣布正式进入中国市场，在出行方式的选择上，产品线包括人民优步、优选轿车、高级轿车、高级商务车四种。

正如我们所知，优步这样一家全球知名的公司，在中国市场并没有顺风顺水，对客户的吸引工作处处受阻。反而一家更年轻的企业，在短时间内将其打败，迅速扩张成为中国最大的出行平台——滴滴。滴滴的胜利，并不单单因为在二者的补贴大战中花更多的钱、拼更低的价格，而是有更值得探索的东西。

2015 年 9 月 9 日，距离滴滴上线整整三年时间，在程维和柳青的管理下，公司宣布完成总计 30 亿美元的新一轮融资。就在那一天，"滴滴打车"进行全面品牌升级，更名为"滴滴出行"，并启用了新的标识和 App，业务涵盖了出租车、专车、快车、代驾、大巴、货运等等。

回首三年前的这一天，2012 年 9 月 9 日，滴滴在北京正式上线。之后公司一路飞驰，不断发展壮大。通过低价格吸引用户，通过种种福利吸引司机的加盟，加之一轮轮的融资，阿里巴巴、腾讯、苹果、中国平安、中国人寿……2020 年 6 月底，滴滴 App 开放了上海首批智能网联汽车，通过滴滴平台，能够在嘉定自动驾驶测试路段范围内呼叫自动驾驶车辆。滴滴已经成为国内最大的一站式出行服务平台。

就像当年马云融资 50 万元创办阿里巴巴一样，2012 年的时候，滴滴的启动资金只有 80 万元，而程维只从口袋里拿得出 10 万元。2013 年，B 轮融资，腾讯投资了 1 500 万美元；2014 年，C 轮融资 1 亿美元——中信产业基金 6 000 万美元，腾讯 3 000 万美元，其他机构 1 000 万美元。

滴滴一直在巨头的阴影下行走，在艰难的逆风过程中建设自己的生态系统。程维说："很多人问我，滴滴创业过程中最大的困难是什么。在我看来，创业很少有最大的困难。现在的创业是平衡的创业，不像过去依靠长板去赢。现在的创业过程其实是不停地补短板的过程。"正像他说的，对于滴滴而言，生态建设的过程，更多的是补短板的过程。

可以说，绑定账号登录是滴滴生态建设的第一步。

滴滴打车软件凝聚了程维的心血。在滴滴成立之初，程维对自己的软件可谓信心满满。一天，他兴高采烈地拿着研发出来的软件，去给一家大型团购网站的产品经理看。对方却只是在几秒钟之后，就向他泼来一盆冷水："垃圾！"

程维的万丈热情一下子被浇灭了。自己的心血竟然被别人称作垃圾，何况对方根本就没有仔细看！程维只好说："你能不能给创业者一些鼓励！"

之后，产品经理告诉了程维"垃圾"的原因："你看看现在的互联网产品，哪里还有需要注册的。"

　　这时候程维才明白，自己在设计滴滴打车平台的时候采取了注册制的形式。当用户在手机上下载 App 之后，还需要注册一个新的账号，设置一个新的密码之后才可以使用。然而，在微信、QQ、微博这些社交媒体已然横行的时代，人们早已经不愿意再进行这种注册账号的繁复操作了。程维再去观察其他软件的时候，突然发现，太多平台 App 已经不再采用注册式，而是在登录的时候，一键绑定原有账号就可以。后来程维取消了注册登录的页面，与其他平台合作，用户只需要点击绑定账号即可登录，行云流水，毫不费时。

　　地图是滴滴接下来的第二个合作。滴滴上线之初，程维并没有选择打造一套属于平台自己的地图，而是选择与腾讯合作，内置腾讯地图进行导航。当用户打开地图，就可以通过互联网进行智能定位，并查看到附近出租车的数量和分布。在打车之前，用户可以先通过地图查询目的地的详细地址，无论是医院、银行、宾馆、公园，都可以通过地图查看到详细位置。

　　但是，腾讯地图并不是腾讯生态系统里的重要项目，在功能上存在着许多欠缺，市场占有率也相对较低。之后，滴滴与百度合作，接入百度地图，在百度地图 App 内即可完成滴滴订单。再后来，滴滴又与高德地图合作，为高德地图用户提供打车服务。滴滴不断尝试接入新的地图，并在这个过程中为用户供应了最佳体验感的打车服务。

　　2017 年，滴滴申请了导航地图甲级资质，成立了自己的地图公司：滴图科技。滴滴使用的地图基本上已更换为自主研发的科技，但是滴滴仍然与百度地图、高德地图保持密切合作。打开百度地图或者高德地图，选择目的地，在"打车"一栏中，就可以看见地图平台推荐的滴滴打车选项。在和其他打车软件的直接对比中，滴滴的低价格、高口碑脱颖而出。用户点击地图上的滴滴打车按键，屏幕就会直接转到滴滴 App

中。滴滴和地图软件的关系，逐渐从"依托"变成了"合作"。

在与众多平台合作的情况下，滴滴快速地补足自己的短板，用户基数快速增长。2014 年，滴滴进行补贴大战的时候，预估的订单增加量可能在 10%，但是平台的订单在一周之内就增加了 50 倍。订单的增加远远超出了预估，就像所有人能想到的那样，平台中大量的问题暴露了出来：网络故障频出、服务器断连、数据库系统崩溃……顾客叫不到车，司机接不到单。滴滴采取应急的技术措施，暂时缓解了问题。但是一个问题开始无休止地困扰程维：公司的技术跟不上发展怎么办？

滴滴的首席技术官张博给出了答案：滴滴需要人才，需要技术，需要"入云"。

首先，滴滴要给自身的发展带来最重要的资源储备——人才。张博带领着自己的得力干将，组成一支"特殊团队"，跨过太平洋，跨过金门大桥，来到了硅谷。这支"特殊团队"是由程维派来硅谷专门挖华人专家的猎头代表团，他们此行的目的也只有一个：挖人。

他们看重的是算法领域和大数据领域的华人专家。张博带着代表团队参观硅谷的各大公司，之后想方设法约见华人专家。很快，一大批科学家被召集了起来。

这些专家在毕业之后留在美国硅谷工作，原因各有不同。有些人希望在大学里全身心投入自己的研究中，有些人担心回国之后自己所学的技术没地方派上用场。但是，张博发现了他们的一个共同点：许多华人专家，心里仍旧希望有朝一日能够回归祖国。

这时候的滴滴已经有能力给科学家用武之地。滴滴开始打造自身的大数据商业模式，已经成为中国互联网打车平台的龙头，拥有千万级别的对接司机和几亿的平台用户。在这种情况下，许多硅谷的顶尖工程师和学者选择回国，开始为滴滴打造以大数据作为驱动的大型互联网公司。

程维说："我们告诉他们中国发生的事情。很多美国华人一线工程师、一线学者，对回来创业没有信心，不了解市场，而加入'BAT'三巨头又会是一个萝卜一个坑很难有作为，那滴滴出行就是一个很好的落脚点。我们就这样带回来了十几位人才，他们还在不断地辐射。"

人才之后就是技术——突破性的技术，持续创新的技术，足以支持快速发展的技术。为此，滴滴决定打造培养技术的研究中心。2015 年，滴滴成立了自己的机器学习研究院，2016 年升级为"滴滴研究院"。研究院的创始院长何晓飞是浙江大学的教授，担任过雅虎的研究科学家，在滴滴负责无人驾驶团队、大数据部门、核心交易引擎，主导设计并开发了拼车、动态调价、订单分配、运力调度、热力图、供需预测、智能补贴、预估到达时间（ETA）、路径规划等项目。

这个时候，滴滴已经覆盖了全国 360 多个城市，2015 年全平台（包括出租车、专车、快车、顺风车、代驾、巴士、试驾、企业版等）订单交易量达到 14.3 亿个。滴滴平台面临着越来越严峻的大数据挑战，每天会接到近 1 000 万人次的出行需求，每天都要处理约 50TB 的数据。

何晓飞教授说："在大数据时代，获取数据变得相对容易，但如何有效地分析和理解海量数据仍是一个很大的问题。为了能够有效地借助传统机器学习算法的思想来解决大数据时代的问题，需要对数据本身进行更加紧凑有效的索引和表达。另外，不仅仅是数据的量大，数据的高维性（多维数据）和实时性也是大数据机器学习面临的两大挑战。"

滴滴不仅专注于打车服务，还专注于技术研发，这是滴滴生态中的重要一环。

人才和技术之后，是"云"。百度出身的张博，自然想到要给滴滴做云计算，因为百度开放云就是一个可靠的智能云计算服务平台，很多

App 都可以在"云"里面开发。现在，滴滴面临着许多问题。一方面，平台上的网络、存储等故障不断；另一方面，网页服务器和数据库管理系统也频频出问题。要么是乘客叫不到车，要么是司机抢不到单。显然，靠传统采购机器的方法来实现扩张，是无法满足业务发展需求的。

对于这个担忧，滴滴又像腾讯一样，发展云技术，做"整体入云"。当时，腾讯对滴滴的两轮融资额已经达到 4 500 万美元，在技术方面，滴滴的技术平台与腾讯云自然比较亲近。滴滴知道，如果要发展自己的云技术，需要在全国范围内建立基站，做极大的投资，对于一个成立三五年的公司来说，一定是不可取的。滴滴选择接入了腾讯云，这使得平台的响应速度大幅提升，基础平台构建也节省了大量资源，有利于专心研究客户需求，推出更好的业务和功能。

对于首席技术官的使命，张博说过一段很有见地的话："首席技术官要清晰认识到技术为产品服务，产品为商业服务。简单来说就是：从技术骨干到产品骨干，要懂互联网产品，明白用户需求，知道如何设计出一款满足用户需求的产品，要知道这些用户过来了以后，商业模式是什么，企业如何创造利润。而从技术骨干到首席技术官，难度更大。技术专家往往在某一领域精深，但要变成全能选手，就需要对每个领域都有所了解，找到这个领域真正的顶尖人才，然后组织起团队，驾驭团队实现目标。"

现在的滴滴，不仅有自己的 App，而且已经嵌入微信、支付宝等平台。用户既可以通过 App 接受一站式的出行服务，也可以不下载 App，直接通过其他平台接受滴滴的服务。滴滴有数亿月活支付用户，同时通过多种合作方式开拓用户。滴滴服务用户数的提升带动了支付用户基数的增长，支付合作伙伴更有意愿持续投入。在社交群体方面，滴滴使用微信支付车费，用户就会自动关注滴滴出行服务号。同时，滴滴官方微博邀请明星代言出行，粉丝量超百万，形成口碑营销。滴滴还设立了分享红包功能，一键转发微信好友、朋友圈、微博、支付宝好友。

生态竞争场不是角斗场，在这里，没有人与兽靠着原始的蛮力角斗、厮杀。企业与企业之间的竞争，更像是一盘棋的博弈，两个生态系统各执棋子，进行一场看似平和实则刀光剑影的比拼。也许一步之差，就会与对手相差万里，不仅自己，连同互补者也会遭殃。企业可能只是众多棋子中的一个，只凭借一颗棋子，无论占有多大的优势，都很难获得成功。

对于大多数的企业来说，建设自身的生态布局，要意识到自己是整盘棋里的一部分。的确，有一些企业凭借一己之力，就可以打造生态帝国。比如微信，坐拥超过 10 亿的全球注册用户，已经成为当之无愧的社交媒体和在线支付领域的领军者。加之小程序的发展，它正朝着"微信即天下"的方向发展。阿里巴巴、小米、京东，这些互联网公司更容易建立属于自己的生态国度，因为它们自己就是半个棋盘。然而，对于更多的企业，如果也想在市场竞争中分得一杯羹，不能仅靠一己之力，积极适应互联网的各种生态体系，寻求与生态伙伴的合作共赢才是必由之路。

法则四：生态化——平台企业需要适应互联网的各种生态体系，寻求与生态伙伴的合作共赢，根据市场不同的应用场景和垂直领域构建生态系统。

第 11 章

生态竞争的未来——我们可以走多远

我们处在一个全新的生态竞争时代。未来如何，历阅书册，无处寻及。

但是，只要未来仍不确定，就仍然有路可走。时代从不辜负有志向的人。

11.1 旅者继续前行：如何把企业做大做强

移动互联网时代的到来，正在颠覆着这个世界。企业竞争格局不断变化，巨头垄断现象渗入各个行业。一些企业选择在国内市场的红海"绝地求生"；一些企业瞄准了具有更大潜力的海外市场。阿里巴巴、腾讯、京东等国内龙头企业，以及亚马逊、苹果等世界各行业巨头，都是对生态竞争理念进行实践的生动写照。与此同时，它们也在实践中遇到了一些阻力，亟待破局。

数字时代是一个崭新的时代。这个时代以其独特的生态竞争逻辑向即将到来的未来持续追问：竞争优势从何而来，又将走向何方？这是我们这个时代之问。透过全书，以下三个问题的轮廓逐渐勾勒出来：

平台所有者："我们该如何去帮助平台企业实现生态系统竞争优势？

我们如何保证这种竞争优势可持续？"

平台使用者："我们在帮助平台企业实现生态系统竞争优势过程中能做什么？我们能从中获得什么？"

平台互补者："我们在帮助平台企业实现生态系统竞争优势过程中的竞争策略是什么？我们又能从中获得什么？"

这些问题提出的视角不同，但都是围绕着平台企业的生态竞争的逻辑框架，牵引着数字时代的企业从已知走向未知，"上下求索"，解开基业长青的密码。从这三个角度继续思考，能让我们静下心来：在生态竞争的未来里，企业应该以怎样的态度走下去？

平台所有者的三项工作：调整、改进、对比试验

为了在生态竞争的全新格局中谋得一席之地，平台所有者需要下功夫做好三件事：一为调整，二为改进，三为对比试验。

调整，即调整平台治理规则，以适应生态系统的发展；改进，是在实验中学习，不断改进平台设计、治理规则和平台生态系统的范畴；对比试验，即在不同的市场中进行对比实验，找到改善互补性的最佳方式。

第二次世界大战后，在相当长的一段时间内，日本的生活物资供不应求。各个品牌厂商都非常傲慢，根本看不上 7-11 这种小便利店，觉得东西只要放在货架上，自然会被抢购一空。其中，有一家大的牛奶品牌厂商，只允许 7-11 卖它的商品。它的想法很简单：便利店同时卖多个品牌，会挤占自己的收益。事实真的如此吗？

7-11 的创始人铃木敏文不愿意这样。他大胆猜想：有没有可能，如果货架上有很多品牌的牛奶，那么大家销量都会提高？于是他开始做试验。

他先是只卖那一家的牛奶，然后记录下数据。接着，他又把几个厂家的产品排成一排，供顾客挑选，再次记录下数据。第二次的整体牛奶销售额高了不少，并且所有单个厂家的销售额也都增加了。

结论出来了：如果顾客没得选，他就不选了。铃木敏文的假设被验证是正确的。从那以后，7‑11 极度重视数据，成了一个站在数据上的便利店，从激烈的零售业大战中胜出，成为日本便利店行业巨头，并且长盛不衰。

显然，7‑11 的成功取决于其小步试错，不断调整和持续改进，寻求解决问题的最佳方案。生态系统是一个共生的整体，平台所有者需要有全局性的思维，统筹好平台各利益相关方。

企业在生态竞争时代要学会"共赢"，这种大时代背景下的"共赢"思维，落在平台所有者的肩上，显得格外质朴，即先把蛋糕做大，然后再思考如何分配。不同于传统企业的竞争方式，生态竞争时代的到来，使竞争的要求变得更为立体多面。平台所有者面对的只有一个硬道理：没有共赢，就没有未来。

平台使用者的两种选择：社交网络和外部化

站在平台使用者的角度，企业要做的事情是始终围绕用户展开——依托用户进行生态优势的建设。具体来说，就是两方面：社交网络和外部化，即引流和扩散。

生态战略依托于平台用户，平台的网络外部性赋予了平台一个重要的使命，就是扩大用户基数，激发网络效应。然而流量从何而来，又该如何增长？

2020 年 9 月，抖音日活跃用户突破了 6 亿大关。这意味着，在这个地球上的每一个夜晚或清晨，都有几亿人同时在使用一款 App。他们用拇指翻看着一条条小视频，并且通过这个平台进行交流和互动。当然，还会看到无数的直播和广告，并在无形之中为经济增长贡献自己的力量。

对于抖音来说，用户，或者说平台使用者，就是平台最大的资源。从 2016 年 9 月的最初上线，到 2020 年 9 月突破 6 亿日活跃用户，抖音只用了 4 年时间。这种资源不仅给抖音带来了大量可以使用的数据，一同而来的还有营收。2020 年 4 月，抖音全球下载量突破 20 亿，估值突破 1 000 亿美元；5 月，抖音全球收入 9 570 万美元，相比上一年，增长 10 倍。

抖音的成长之路似乎有迹可循。一方面，抖音引入了粉丝群庞大的中国明星加入，同时与时尚品牌、奢侈品牌合作；另一方面定期推出"话题"进行"病毒式"传播，吸引数千个视频和数以百万计的观看次数，同时利用城市广告屏幕举办线下推广活动，成功引流并激发网络效应。

外部化的轨迹隐约刻画了一条路径：从发达的一二线城市扩散到三四线城市，从高影响力的国家扩散到低影响力的国家。主打全球产品和本地化内容的组合，适度本地化来克服外来者劣势，促进平台的国际化。抖音国际版 TikTok 进军国际市场，在特定时点提供当地特色的贴纸和效果，还邀请当地的意见领袖（明星、时尚达人）加入，通过网络扩散进一步激发跨地域的网络效应。

平台互补者的一个精髓：精选极致与主动赋能

平台互补者方面，核心目的是要精选极致。就像木匠想做一扇好门，不仅要有一身本领，还要找到极其坚韧的木材；企业想发展，不仅要自身做得好，还期待互补者做得更好，能有更快的创新和技术迭代。

互补者跟用户一样，也是平台宝贵的财富。优质的互补者更是极品中的极品。平台的互补者也存在网络外部性，优质的互补者会吸引更多优质的互补者，同样还会吸引更多优质的用户。因此，平台会倾斜定价，大力补贴互补者以激励更多的互补者，形成黏性和网络效应。

生态竞争强调共赢，共赢的同时也存在竞争。企业需要依托互补者建立生态系统竞争优势，互补者之间是盟友也是对手。这是一种"竞合"的策略，平台所有者和参与生态系统的各方在价值分配上激烈竞争，但是它们仍需要进行价值共创，实现价值协同创造。

平台和参与者之间，要维持价值捕获和价值共创的平衡，实现价值分配的最优。在生态竞争时代，平台企业要注重的不是残酷的"竞"，而是更为智慧的"竞合"，而在"竞合"之中，更要注重的也并非"竞"，而是那个"合"，即共生。

亚马逊曾经一度因驱逐互补者而臭名昭著。它在平台上精选互补者的爆品为样品，出售需要平台层面投资的相似产品和创新型产品，进入互补者的产品领域与之直接竞争，强硬驱逐互补者，遏制了网络效应的发挥，破坏了生态系统的平衡。平台所有者须知"有所为有所不为"。京东早期最大的痛点在于物流效率和品质，它不惜重金打造物流王国，为互补者提供优质的物流服务，形成良好的生态。因此，对于生态系统的瓶颈，平台所有者可以赋能互补者去用心维系，或积极主动填补，与互补者共生，共创价值，形成良好生态。未来生态系统的形态更多的一定是"合"而非"竞"。

生态竞争理论不是一个空中楼阁式的未曾实践的想法，它早已被平台企业熟稔于心，广泛落地在生活的每一个角落。

苹果通过封闭的 iOS 架构，以严格的进入门槛打造产品和服务质量、增值服务的差异化；谷歌用开放的安卓架构，允许各品牌移动设备硬件商接入，获得庞大的用户规模和互补者规模……

然而这些互联网巨头、平台生态系统的典范企业所追求的不同理念：服务质量差异化、用户规模化，恰恰也成为自身建立生态圈之路上的困扰。就拿 iPhone 手机和安卓手机用户来说，统一手机充电接口的呼声越来越大。

早在 2009 年，苹果、三星、华为、诺基亚等主流手机厂商共同签署了一份协议备忘录，同意在未来将手机充电口标准化。

欧盟也一直希望科技公司开发标准化的解决方案，但是十多年时间过去了，市场上各类电子产品的充电接口类型依然有不下 30 种。为此，欧盟付出的代价是每年重达 5.1 万吨的电子垃圾，这部分电子垃圾均来自电子产品的接口制造品。

因此，欧盟考虑以立法的方式对电子产品的接口施行统一。这意味着，此前无法兼容的安卓手机充电端与苹果 iPhone 手机充电端要实现统一了。

"苹果造车"也一直受到业内外极大关注。出于安全和成本考虑，苹果汽车与主流车企不同，将采用磷酸铁锂电池。而摆在苹果造车前的一个阻力，就是动力电池供应。苹果试图找到多家传统车企作为代工企业，但是出于政治关系、成本问题，对方都不愿在美国建厂，这对苹果希望的提供本土化供货服务来说就无法满足了。生态圈的扩大，对企业而言远没有想的那么简单，这是一个漫长而复杂的过程。

苹果、谷歌、亚马逊、京东……它们熟练地应用自身的平台。无论是在合作，还是在竞争，也无论偏重于什么样的战略措施，对于这些企业，有一点是毋庸置疑的：企业不会为了现在的利润就停下前进的脚步，它们的合作与竞争也并不只是为了谋取利润，而是向更长远的发展谋划。

生态竞争，要求平台企业为生存而转型。但转型不是转身，不会一蹴而就。无论是库克（Timothy D. Cook）、施密特（Eric E. Schmidt）还是刘强东，都不会轻易说自己的企业已经转型成功。企业从过去的时空中走来，也将奔向未来的时空。无论是平台使用者、互补者还是所有者，生态系统中的任何参与方，都成为构建生态系统竞争优势的底台。

11.2　路前方的真貌：平台竞争的未来形态

在数字时代，亚马逊、谷歌、微软、阿里巴巴、腾讯等诸多企业都依据自身禀赋对生存做出了深入的思考。无论进行什么样的战略选择，也无论侧重于什么方向的业务，对于这些企业来说，有一点是相同的：它们都在建立生生不息的生态系统。张瑞敏认为，企业未来只有两条路可以走：生态化和被生态化。我们所看到的这些企业，用自身的真实体验诠释了这样的观点。

一直以来，我们都在讨论两个基础的问题——不仅有关于过去和现在，还直接指向未来：一方面，在数字时代，即使是行业领先的企业，如果意图违背共赢思维，通过传统的竞争思维能否获得持续成功？另一方面，企业除了生态化和被生态化，还有第三条道路可以选择吗？

对于平台型企业而言，坚持竞争思维的企业是否还能继续存活？想要获得持续的竞争力，除了生态化还有无道路可走？

共赢思维

企业的战略思维决定了战略选择。我们这个时代，平台企业的战略思维转型趋势应该是从"竞争"到"共赢"。

传统的企业战略思维围绕"竞争"展开。最开始是"零和"竞争，企业家认为地球上只有一块大蛋糕，既然不可能再做出一块来，就赶紧扑上去咬一口。后来，"零和"逐渐变为"非零和"，企业家知道可以一起把蛋糕做大，然后每人都分到更大的一块，但是就像一切历史的必然，既然"合作"只是以竞争为目的导向的过程，那么最终还是会有人进行野蛮的争夺。无论是"零和"还是"非零和"，核心都是竞争。

但是企业家并不会为这种争抢而感到汗颜。因为他们争到的是资源，而企业对资源的拥有和控制决定了其利润的获取，决定了它的生死。传统的资源是有限的，一块铜矿或者一桶原油，企业再合作，也最多每人获得一半。

这不可能叫作"共赢"。

同时，企业家还掌握着以波特五力分析模型为代表的传统理论。波特说，有竞争力的战略必须出自对决定产业吸引力的竞争规则的深刻理解。在这样的视角里，无论是新进入者还是原有竞争者，都仿佛拿着一柄长矛正在瞄准彼此。

京东前首席战略官廖建文提出，企业习惯的竞争思维主要由两个因素决定：一是传统的经典战略理论，二是资源的控制与利用。无论是最初的"零和"竞争思维，还是之后的"非零和"竞争思维（竞争＋合作），都只能导致一胜一败，或者在多数情况下两败俱伤的局面。

曾经在业界一度争论火热的"线上"还是"线下"，成为摆在众多零售企业面前的困难抉择。有人说要赶上互联网时代的脚步积极"上网"，摆脱线下实体空间的高成本束缚；有人对这种"脱实向虚"表示质疑，消费者没有真实的触感，如何建立起对产品和品牌的信任？

后来不少企业达成了"鼠标加水泥"的商业模式。一开始，"鼠标"并没有把"灰头土脸"的传统产业放在眼里，实体零售和互联网零售被人为地隔开一条鸿沟。有人称，"新经济"必将取代"旧经济"。可是随着泡沫一次次灰飞烟灭，人们开始意识到新经济是用电子这个工具武装起来的经济，工具本身自然有价值，但其真正的魅力还是在于对旧经济的融合与改造。

而多种渠道的并行，对企业管理而言同样存在挑战。如果商品通过多种渠道抵达终端消费者的话，极有可能发生渠道冲突。"线上到线下"，将先进的互联网技术与传统优势资源相结合，利用先进信息技术提高传统业务的效率和竞争力，才能实现真正的商业利润，而这也是传统企业数字化和互联网公司实体化实现"共赢"的过程。

任何一个时代的任何一件事情，如果不能达到"共赢"，那么只有个体可能成功，整体永远是失败的。数字时代，整体市场格局发生了巨大变化。"数据"作为新能源，具有与传统资源巨大的差别——可共享性。在"共赢"的生态体中，体现出了传统儒家的"仁者爱人""人人为我，我为人人"的思想，使合作的每一方都得到利益。

生态化定位

在传统的企业竞争时代，信息具有不对称的典型特点，而企业所能利用到的资源也极其有限。根据钱德勒（Alfred D. Chandler）的观点，在传统时代，"规模经济"和"范围经济"是主要的经济模式。企业在竞争中逐渐认识到自己的存活之路——"做大"或者"多元化"。

但是，随着数字时代的到来，网络、信息和数据改变了旧局面。根据德鲁克的观点，互联网带来了"零距离"，数据作为资源可以共享，信息不对称性逐渐削弱，用户可以掌握和企业对等的信息。数字时代，即使企业再大，如果不进行生态化，也无法获得持续的竞争力。中小企业应当选择"专业化"，融入大型企业的生态系统中，成为生态的一部分，以获得利润与存活机会。平台化企业则应该主动建立自身生态系统，通过"共赢"思维不断扩大生态范围。

中国拥有着最大量级的网民规模，电子商务领域拥有广阔的消费市场和前景。但与此同时，令人费解的是电子商务的消费占比相对较低。原因很简单，线上不可能"吃掉"线下，反之，线下也不可能"吃掉"线上，接下来一定是互相合作和取长补短的过程，是共同推进整个商业的良性循环和发展的过程。

没有线上或线下的消费者，只有线上或者线下的"购物场景"。在数字时代，很多人等车、坐车、用餐，甚至走路，都会看手机，浏览购物 App。这说明数字时代的商业渠道是碎片化的，它没有一个规定的时间和固定的地点，而是每时每刻、随时随地的过程。

当所有线下的商业模式要转型做 O2O，扩大自己的生态圈时，摆在它们面前的还有诸多要解决的发展瓶颈和困难。在竞争异常激烈的行业环境中，一个购物中心刚开业时非常火爆，但是过几个月由于地理位置不好，里面的营业员比顾客还要多。此外，面对越来越高的营销成本、人力成本、租金成本等，如果没有大数据赋能的精准营销，你的客户是谁、喜欢什么、不喜欢什么、多久购物一次、收入水平什么样，恐怕是摆在企业走向生态化之路的最底层逻辑拷问。

未来 30 年，必定会是一个前所未有的发展与不平凡的时代。平台未来的竞争形态是什么样？哪些现有的问题会被放大？哪些新的问题可能涌现？这是关乎企业战略定位和发展方向的三个问题，站在时代的风口，企业对这些问题的回答就是未来发展的基础。

共赢思维和生态化定位，共同指向了两个词：溯本与正道。

溯本是叩问企业的本心。企业为什么活着？又希望走向何方？忘记了本心的企业，没有前行的魄力。而时代越向人们展露出迷人的姿态，企业的本心就越容易迷失在万千的选择中。溯本，才有了脚下的路。

正道是摆正自己的姿态，走在正确的道路上，解决现实的问题。不管企业对未来做出如何精准的展望，现实的问题永远是最重要的问题。那些只顾着未来是什么样子，忘记了脚下的路的人，只会跌得头破血流。因此，企业应当先立志，再持一颗本心端正地面向未来。

人生在于不断地奔驰。或许可以说，企业只需要叩问自己的本心，解决现在的问题。它永远也不应该走到未来的那一端，它只属于现在。对于一个企业来说，无须凝视着远方不放过，那不是未来，路不在那里，路在脚下。

11.3　我们可以走多远

如果看不到未来有多远，可以回头看一看已经走过的路。

1900 年 4 月 27 日，英国皇家学会礼堂的演讲台上，著名物理学家威廉·汤姆森（William Thomson）正在发表一篇题为《19 世纪热和光的动力学理论上空的乌云》（Nineteenth-Century Clouds over the Dynamical Theory of Heat and Light）的演讲。

汤姆森回顾了物理学取得的伟大成就，随后，他对观众激情澎湃地说道："物理学的大厦已落成，以后能做的只有一些修修补补的工作。"经典物理学已经是"一门高度发展的、几乎是臻善臻美的科学"，它只剩下两朵乌云，就像某个角落里的一粒尘屑或一个小气泡，等待人们进行研究和分类。其中一朵是有关光的波动理论，而另一朵出现在关于能量均分的麦克斯韦-玻尔兹曼（Maxwell-Boltzmann）理论上。

这个时候，你可能要替汤姆森摇摇头，但是，当时在场的绝大部分听众欣然接受了这个观点。别忘了，这些听众里有着当时世界上最聪明的"大脑"。

可是，谁能想到，正是这两朵不足道的"乌云"，引发了相对论和量子力学的诞生。经典力学允诺的那个确定性的世界，我们再也不可能回去了。

一百年之后，得益于互联网的快速发展，人类的社会模式发生了天翻地覆的改变，量子计算领域的突破和新型计算架构的发展，使人类能够掌控的算力以指数级增长。一百年时间里，曾经的"两朵乌云"让人们重新点亮了科技树，实现了人工智能和量子领域从 0 到 1 的突破，然后用短短 20 年的时间，把 1 极致应用到了 1 000。

思科公司（Cisco）曾预测，到 2020 年，全球物联网连接设备会超过 500 亿个，产生 600 泽（600×10^{270}）字节的信息，而实践证明，这只是一个保守的估计而已。卫星成像、无人机、自动驾驶、人工智能……物联网正在重塑生产组织方式，带来一场大发展与大变革。

现在，假如我们想象 1900 年 4 月 27 日那场激情澎湃的演讲大厅里，西装革履的随便一位，也许他拥有当时最聪明的大脑、最广博的见识，但是当他看到你面前的这些东西的时候，必然会目瞪口呆——手机、电脑、智能芯片、信用卡、电子邮件、短信……其实，根本不用为难这样一位 120 多年前的先生，只需要找到一位 30 年前的人，他看到下面这些东西，也会说不出话来——社交网络、二维码、朋友圈、电商、蜂巢快递柜……

科技爆炸的时代，如果快进到 15 年后，我们也会像英国皇家学会院士一样目瞪口呆。时代确实在变化，它就在我们眼前，以超过预知的速度成长着、变化着。遥望未来，我们不知道将会发生什么，但是回望过去，我们能够看到历史车轮的深深辙痕。

我们所处的这个数字时代，配送公司也可能成为零售平台、打车软件甚至地图公司的最大对手。事实确实如此。虽然生态竞争的战略思维是"共赢"而不是"竞争"，但是，竞争并未消失。"共赢"思维下的企业将会面临更复杂的环境考验，生态竞争从不允许企业停下脚步。

时代在剧变，我们已经进入第四次产业革命。2020 年，中国的网民规模已经全球第一，数字经济规模全球第二，占 GDP 比重超过 1/3。云计算、大数据、物联网、人工智能、下一代移动网络技术……数字经济的发展孕育了全新的商业模式和经济范式，正在重塑全球经济格局。本书分析了诸如亚马逊、谷歌、微软等大量国际顶级企业，也写到了京东、百度、阿里巴巴等国内互联网龙头，这些公司全部构建了自己的数字化平台。数字化平台正在成为促进国民经济发展的重要支柱。这些企业向平台生态系统转型，已然成为生态竞争场里的明星。然而，它们的未来如何，又应当如何，我们无法轻下结论。

张瑞敏说："没有成功的企业，只有时代的企业。"今天我们所及之处，是要探索出一条把企业做大、做强的路；而平台企业的未来真貌，仍藏匿于朦胧的面纱之后。哪些现有的问题会被放大？哪些新的问题可能涌现？如此种种，我们仍有太多的未知和遐想。而在平台竞争之外，我们看到的是数字时代不确定性和希望并存的未来。

现在我们可以确定的是，数字时代只有一个未来，那就是生态竞争。

图书在版编目（CIP）数据

生态竞争：数字时代的企业生存法则／易靖韬著
. －－北京：中国人民大学出版社，2023.4
ISBN 978-7-300-31179-1

Ⅰ.①生… Ⅱ.①易… Ⅲ.①信息技术－应用－企业
管理－研究 Ⅳ.①F272.7

中国版本图书馆 CIP 数据核字（2022）第 203647 号

生态竞争：数字时代的企业生存法则

易靖韬　著

Shengtai Jingzheng：Shuzi Shidai de Qiye Shengcun Faze

出版发行	中国人民大学出版社		
社　　址	北京中关村大街 31 号	**邮政编码**	100080
电　　话	010－62511242（总编室）	010－62511770（质管部）	
	010－82501766（邮购部）	010－62514148（门市部）	
	010－62515195（发行公司）	010－62515275（盗版举报）	
网　　址	http://www.crup.com.cn		
经　　销	新华书店		
印　　刷	涿州市星河印刷有限公司		
开　　本	720 mm×1000 mm　1/16	**版　　次**	2023 年 4 月第 1 版
印　　张	17.5 插页 3	**印　　次**	2023 年 7 月第 2 次印刷
字　　数	216 000	**定　　价**	98.00 元